中-南亚地区安全研究(三)

胡志勇　王鸣野　著

知识产权出版社

全国百佳图书出版单位

图书在版编目（CIP）数据

中-南亚地区安全研究.三／胡志勇，王鸣野著.—北京:知识产权出版社,2016.12
ISBN 978-7-5130-4652-7

Ⅰ.①中… Ⅱ.①胡… ②王… Ⅲ.①国家安全—研究—中亚②国家安全—研究—南亚
Ⅳ.①D730.35

中国版本图书馆 CIP 数据核字（2016）第 311893 号

内容简介

本书主要以中亚和南亚为重点，全面探讨和分析了美国、俄罗斯及印度等国家对中国
"一带一路"的态度与认知，并重点分析和研究了各国在"一带一路"建设中的角色与合作空
间及应对举措。"一带一路"倡议给中亚和南亚地区带来了新一轮发展机遇。特别是就中-南
亚政策调整及其影响作了全面的分析与探讨，针对中亚和南亚地区出现的新问题，提出了一
系列对策与建议。

责任编辑:王　辉　　　　　　　　　责任出版:孙婷婷

中-南亚地区安全研究（三）

胡志勇　王鸣野　著

出版发行:	知识产权出版社有限责任公司	网　　址:	http://www.ipph.cn
电　　话:	010-82004826		http://www.laichushu.com
社　　址:	北京市海淀区西外太平庄 55 号	邮　　编:	100081
责编电话:	010-82000860 转 8381	责编邮箱:	wanghui@cnipr.com
发行电话:	010-82000860 转 8101/8029	发行传真:	010-82000893/82003279
印　　刷:	北京中献拓方科技发展有限公司	经　　销:	新华书店及相关销售网点
开　　本:	720 mm×1000 mm　1/16	印　　张:	11.25
版　　次:	2016 年 12 月第 1 版	印　　次:	2016 年 12 月第 1 次印刷
字　　数:	200 千字	定　　价:	38.00 元
ISBN 978-7-5130-4652-7			

目　　录

总论 "一带一路"的 地缘意义与挑战

中国领导人提出的"一带一路"倡议正在积极推进,为中国新一轮经济发展创造了有利的条件和机遇,但与此同时也带来了一定的地缘风险,面临着诸多挑战。中国应正确面对风险,切实做好相关风险评估等防范风险的措施,控制风险,避免损失,更顺利、可持续地推进"一带一路"建设。

实际上,中国领导人提出的"一带一路"倡议给中亚、南亚地区带来新一轮发展机遇。但与此同时,由于"一带一路"沿线国家和地区民族、宗教矛盾没有得到根本性的改善,民族因素和宗教因素众多、民族问题和宗教问题复杂,是恐怖主义活动频繁、恐怖主义事件多发的区域。尽管中亚和南亚国家加大了对恐怖主义的打击力度,但没有从根本上消除中亚和南亚地区的恐怖主义,中亚和南亚地区的恐怖主义活动此起彼伏,给中国的"一带一路"建设带来了诸多不确定因素。

同时,由于中资企业人员素质和企业文化没有达到较高的标准,中资企业在沿线国家和地区的投资与建设可能会与当地的社会发展及风俗习惯发生激烈的碰撞,甚至可能阻碍中资企业的投资,从而严重影响到"一带一路"倡议的正常推进。

因此,中国政府和中资企业必须高度正视"一带一路"沿线国家和地区的社会发展状况,充分做好投资前的项目评估和预案工作(包括当地民族、宗教和风俗习惯,尤其要做好当地恐怖主义活动风险评估),以减少不必要的损失。

中国新一届领导人提出的"一带一路"倡议充分反映了中国合作共赢的新理念、新蓝图、新途径和新模式。中国以"一带一路"加强与沿线国家共同打造平等

互利、合作共赢的"利益共同体"和"命运共同体"的新理念。❶

一、"一带一路"倡议的战略意义

2013 年 9 月,中国国家主席习近平在哈萨克斯坦倡议用创新的合作模式,共同建设丝绸之路经济带。❷ 同年 10 月,习近平主席访问印度尼西亚期间,又提出了构建 21 世纪海上丝绸之路的战略构想。"一带一路"倡议构想审时度势,对密切中国同中亚、南亚周边国家及欧亚国家之间的经济贸易关系,深化区域交流合作,统筹国内国际发展,维护周边环境,拓展西部大开发和对外开放的空间,具有重大的现实意义。❸ "一带一路"已成为中国新一届领导人外交政策与国际经济战略的核心,为中国新一轮经济发展创造了有利的条件与机遇。

"一带一路"是合作发展的理念与倡议,是充分依靠中国与有关国家既有的双边、多边机制,借助既有的、行之有效的区域合作平台,积极主动地发展与沿线国家的经济合作伙伴关系,为现有的地区机制注入新的内涵与活力。"一带一路"有助于中国与沿线国家和地区共同打造政治互信、经济融合、文化包容的利益共同体、命运共同体和责任共同体。"一带一路"将进一步推动中国与"一带一路"沿线国家友好合作关系,从而实现构建"经济共同体"向"命运共同体"的历史性转变,因而"一带一路"具有十分重要的现实意义。

第一,"一带一路"体现了开放性和包容性。"一带一路"不是一个封闭、固定、排外的机制。"一带一路"倡议的地域和国别范围呈现了开放性的特征。与其他国家相比,中国提出的"一带一路"倡议计划更详尽,范围更广,涉及国家、地区更多,受益面更大。"一带一路"倡议旨在使中国发展引擎所驱动的地缘经济潜力,形成巨大的正外部性,为相关国家和地区所共享。"一带一路"也并非从零开始,而是现有合作的延续与升级。❹ 而且,"一带一路"具有包容性:中亚、俄罗斯、南亚和东南亚国家是优先方向,中东和东非国家成为"一带一路"的交会之地,欧洲、独联体和非洲部分国家也可融入合作。有关各方可以把现有的、计划中的合作项目

---

❶ 摘自:习近平主席出席金砖国家领导人第六次会晤时,接受拉美四国媒体联合采访会议纪要,2014-09-12.

❷ 赵学亮.习近平在哈萨克斯坦演讲:共建丝绸之路经济带[N].京华时报,2013-09-08.

❸ 冯宗宪."一带一路"构想的战略意义[N].光明日报,2014-10-20.

❹ Stephanie Daveson .One Belt,One Road strategy:A new opportunity[N]. Brookings News,2015-3-2.

连接起来,形成系列、可持续发展的合作态势,从而发挥"一加一大于二"的整合效应。

第二,"一带一路"体现了广泛性特征。"一带一路"交流合作范畴非常广泛,优先领域和早期收获项目可以是基础设施互联互通,也可以是贸易投资便利化和产业合作,而且,"一带一路"有助于进一步加强中国与沿线国家和地区之间的人文交流与人员往来。"一带一路"包含的合作项目与合作方式,都可以把政治互信、地缘毗邻、经济互补的优势转化为务实合作、持续增长的优势,从而实现物畅其流、政通人和、互利互惠、共同发展的目标。

第三,进一步提高中国在国际新秩序构建中的地位与作用。在"一带一路"建设不断推进进程中,中国坚持正确的义利观,道义为先、义利并举,带动沿线发展中国家的经济发展。● 中国不仅要打造中国经济的升级版,而且通过"一带一路"积极打造中国对外开放的升级版,在扩大与世界各国特别是周边国家的互利合作进程中不断提高中国在构建国际新秩序中的地位,积极发挥一个负责任大国的政治担当,带动和推动广大发展中国家全面发展。

2014 年中国通过了《丝绸之路经济带和 21 世纪海上丝绸之路建设战略规划》,2015 年又对外发布了《推动共建丝绸之路经济带和 21 世纪海上丝绸之路的愿景与行动》。目前,已有 100 多个国家和国际组织参与其中,中国同 30 多个沿线国家签署了共建"一带一路"合作协议、同 20 多个国家开展国际产能合作,联合国等国际组织也态度积极,以亚投行、丝路基金为代表的金融合作不断深入,一批有影响力的标志性项目逐步落地。"一带一路"建设从无到有、由点及面,进度和成果超出预期。

积极推进"一带一路"建设,聚焦政策沟通、设施联通、贸易畅通、资金融通、民心相通,聚焦构建互利合作网络、新型合作模式、多元合作平台,聚焦携手打造绿色丝绸之路、健康丝绸之路、智力丝绸之路、和平丝绸之路,扎实把"一带一路"建设推向前进,让"一带一路"建设造福沿线各国人民。

以"一带一路"建设为契机,开展跨国互联互通,提高贸易和投资合作水平,推动国际产能和装备制造合作,本质上是通过提高有效供给来催生新的需求,实现世

● 习近平:中国坚持和积极践行正确的义利观,新华社,2015 年 1 月 8 日。

界经济再平衡。积极支持沿线国家推进工业化、现代化和提高基础设施水平的迫切需要,有利于稳定当前的世界经济形势。

积极推进"一带一路"建设,坚持各国共商、共建、共享,遵循平等、追求互利,牢牢把握重点方向,聚焦重点地区、重点国家、重点项目,造福沿线各国人民。重点支持基础设施互联互通、能源资源开发利用、经贸产业合作区建设、产业核心技术研发支撑等战略性优先项目。切实推进统筹协调,坚持陆海统筹,坚持内外统筹,鼓励国内企业到沿线国家投资经营,形成全方位开放发展的局面。以基础设施互联互通、产能合作、经贸产业合作区为抓手,实施好一批示范性项目,让有关国家不断有实实在在的获得感。切实推进金融创新,创新国际化的融资模式,深化金融领域合作,打造多层次金融平台,建立服务"一带一路"建设长期、稳定、可持续、风险可控的金融保障体系。切实推进民心相通,弘扬丝路精神,推进文明交流互鉴,重视人文合作。切实推进舆论宣传,积极宣传"一带一路"建设的实实在在的成果,加强"一带一路"建设学术研究、理论支撑、话语体系建设。切实推进安全保障,完善安全风险评估、监测预警、应急处置,建立健全工作机制。

推进"一带一路"建设是中国做出的重大战略决策,加强发展战略对接,通过协议、规划、机制、项目等方式,共同推动包容性发展。把握重点方向,瞄准重点地区、重点国家,抓好"一带一路"建设重点项目、重大工程的推进落实。加强统筹协调,把有限的资源整合好、利用好,持续形成"一带一路"建设的强大合力。❶

二、"一带一路"面临的地缘风险与挑战

中国的"一带一路"正改变中国与世界其他主要大国的双边关系,正在引发新一轮全球地缘政治与地缘经济的博弈,并将给国际政治、经济新秩序的重构带来诸多新的因素。但与此同时,"一带一路"也带来了一定的地缘风险,面临着诸多挑战。❷ "一带一路"可能具有潜在的巨大收益,但也不能忽视"一带一路"诸如相关投资收益率偏低、投资安全不确定性、可能加深而非缓解沿线国家对中国崛起的疑

---

❶ 张晓松,安蓓.习近平:让"一带一路"建设造福沿线各国人民,新华网,2016-08-17.http://news.Xin-huanet.com/Polities/2016-08/07/c.1119408654.htm.

❷ Lucio Blanco Pitlo III.China's "One Belt,One Road" To Where? Why do Beijing's regional trade and trans-port plans worry so many people?[J]. The Diplomat,2015(2).

虑等潜在风险。❶

"一带一路"沿线国家的政治风险已经成为中国国家战略推进与中国企业走出去的最大风险。如何保障中国企业海外投资安全成为中国必须面对的挑战。❷因此,对于"一带一路"国家的政治风险进行分析与评估已经成为当前中国国际问题研究最为急迫的任务之一,中国应切实做好相关风险评估等防范风险的措施,切实强化"一带一路"建设中的风险管控问题❸,更顺利、可持续地推进"一带一路"建设。

目前,中国对外经济发展正以"一带一路"为导引,积极地加强与"一带一路"沿线国家和地区展开经济合作。在中国的积极努力下,"亚洲基础设施投资银行"和"丝路基金"宣告成立。全球的视线正聚焦中国,中国正发展成为世界的中心。但是,"一带一路"也存在着政治、经济和安全等领域的风险。相比于欧美地区,"一带一路"上的一些国家,不仅基础设施建设落后、经济发展水平较低,而且存在着政局动荡、腐败严重等一系列的重大风险。中国企业对相应风险应做到充分而准确的评估,并制订出有针对性的应对方案。❹特别是随着"一带一路"具体项目的不断铺开,沿线国家和地区的不安全因素陡然上升。中资企业应充分注意到这一点。否则,"一带一路"建设可能成为阻碍中国新一轮经济发展的障碍。

以中国与巴基斯坦达成规模达 460 亿美元的投资计划为标志,中国"一带一路"倡议正由蓝图变成一个个具体的项目。但这些项目能否真正落实建设仍有诸多不确定的地缘因素。具体而言:

在全球地缘政治方面:由于"一带一路"沿线国家在政治、经济、文化、社会等层面与中国存在着巨大的差异,中国在团结这些国家上面临着诸多障碍。

首先,中国在规划和实施"一带一路"倡议构想进程中将不可避免地受到美国的影响,在美国看来,出于抗衡美国"亚太再平衡"等一系列考虑,中国提出陆海并进的"一带一路"倡议,一方面在战略空间上可以实现向西拓展;另一方面也能满

---

❶ C Belt. China's One Belt, One Road Initiative:New Round of Opening Up? [J].RSIS, Commentaries,2015 (3).

❷ 张明.直面一带一路的五大风险[J].国际经济评论,2015(4).

❸ 马昀."一带一路"建设中的风险管控问题[J].政治经济学评论,2015(4).

❹ 储毅,柴平一.绸缪"一带一路"五大风险[J].金融博览:财富,2015(6).

足中国快速增长的能源资源进口需求及急迫的海上通道安全需求。"丝绸之路经济带"的建设为中国提供了在经济和外交上拉近"本国与南亚、中亚和包括沙特阿拉伯在内的海湾国家关系"的机遇,超越长期以来中国对外开放和交往主要面向的东亚及太平洋方向,向广阔的西部方向大力拓展。

其次,"一带一路"经过的沿线国家由于政治体制不同,政治的不确定性依然存在。"一带一路"建设不得不面对沿线国家主权冲突与世界主要大国地缘战略博弈等现实问题。❶ 而且,还不得不面临沿线国家政权更迭所带来的种种被动局面,同时也面临着沿线国家各种政治力量冲突的潜在危险。在"一带一路"建设进程中,面临着沿线国家法律冲突的问题,以及生态、环保等方面的冲突。

而且,中国将在美国从阿富汗撤军之际密切与阿富汗的经济与商业联系,进一步发展与巴基斯坦的关系以打通赴印度洋通道,增强与资源丰富的海湾及非洲国家的互联互通。另外,欧盟也将成为中国扩大共同利益的工作重点。

在安全方面:尽管中国积极推进"一带一路"建设,但是事实上亚太国家仍欢迎美国在亚太地区发挥积极作用。随着中国在南海等问题上的态度日趋强势,某些国家不得不求助于美国发挥更大的地区安全保障作用。

"一带一路"沿线地缘政治因素错综复杂,伴随"一带一路"建设的不断推进,相关民族问题将会逐渐升温。❷ 中国必须考虑到沿途国家面临的安全困境。而且,极端宗教势力、暴力恐怖势力和民族分裂势力已成为影响中国"一带一路"沿途各国顺利实现"五通"的一大障碍。

中巴经济走廊起自瓜达尔港,终于新疆喀什。从瓜达尔港到喀什,中巴经济走廊还途经一系列塔利班武装分子占领区。到目前为止,武装分子仍控制着巴基斯坦与阿富汗的西北边境,武装分子在边境地区影响力依然很大。因此,中巴经济走廊建设的安全隐患在于它随时可能因战乱而受阻。❸ 潜在的危险性不容忽视。

以中巴铁路为例,西至巴基斯坦的瓜达尔港,东至中国新疆的喀什市。喀什是中国新疆维吾尔自治区的重要城市,也是中国新疆南疆地区维吾尔族集中聚居地。一旦中巴铁路修通,那么喀什将无疑成为地区中心,吸引更多其他国家的穆斯林前

---

❶ 张明.直面一带一路的五大风险[J].国际经济评论,2015(4).
❷ 蒋利辉,冯刚."一带一路"民族地区的重大战略机遇[J].中国民族,2015(5).
❸ 李希光.中巴经济走廊的战略价值与安全形势[N].人民论坛,2015-07-17.

来居住。

从更深层次考虑，"21世纪海上丝绸之路"建设将使中国的触角超越西太平洋海域，向南深入南太平洋、向西开辟进入印度洋的通道，与美国、印度、日本等国在这些海域的海上力量抗衡。

从地缘战略考量，为了应对和牵制中国崛起，美国积极拉拢印度，美、印两国都以牵制中国为深化战略伙伴关系的出发点。印度出于本国的战略利益，对中国"一带一路"倡议表现出了极大的摇摆心态，并产生安全方面的担忧。

"一带一路"经中亚到中东、俄罗斯和欧洲，这条现代丝绸之路将连接起65个国家和44亿人口。"一带一路"最终将中国与印度洋、东非、红海以及地中海相联结。这些目标的实现完全取决于中国日益增长的海上力量，但中国军事力量能否与之相匹配不能不引起中国高层的关注，如果安全没有跟上，很可能导致血本无归。一旦"一带一路"沿线国家政局发生波动，或者出现战火，中国的投资能不能收回成本都将成为必须考虑的一个现实问题。"一带一路"沿线国家多采取"平衡外交"和"实用外交"战略，使中国与其合作也面临更多的困难与障碍。

"一带一路"倡议的实施使得大国对中国周边地区更为关注，大国周边地缘竞争将更为激烈。美国视中国的"一带一路"为地缘挑战，是试图控制欧亚大陆的中心地带，对美国的世界霸权构成挑战，与美国的"新丝绸之路"战略和"亚太再平衡"战略形成对冲。"地缘政治在美国影响深远，根植于人们的意识中，成为政治家、战略家们观察国际事务、思考战略问题的一种习惯性观念。在美国的国家安全战略中，始终隐含和贯穿着深厚的地缘政治思想，它的战略是以稳定的地理考虑为基础的。"[1]对于美国的世界霸权而言，其将欧亚大陆出现挑战性国家或联盟视为首要挑战，在战略应对上则是竭尽全力地阻止敌对联盟形成，限制敌对或潜在敌对国家的发展。这也使得美国在这些国家(主要是中、俄两国)的周边地区积极介入并谋求扩大影响。在中国"一带一路"倡议谋求重点突破的陆上区域——南亚和中亚，美国一直不遗余力地谋求加强地缘战略。在南亚，通过与巴基斯坦和印度的均衡外交，逐渐建立和扩大了美国影响。在中亚地区，美国以反恐战争为契机也不断加强介入。从2005年下半年开始，美国开始不断加强其南亚和中亚政策统合，

---

❶ 陆俊元.美国国家安全战略中的地缘政治思想[J].人文地理,1999(3).

美国国务院新设了南亚与中亚事务署,试图以阿富汗为中心整合中亚与南亚,打造一个"大中亚"地区。❶ 2011 年 7 月,希拉里提出"新丝绸之路"计划,进一步统合美国的中亚和南亚政策,具有浓厚的意识形态色彩和显著的地缘战略意图。与此同时,美国"亚太再平衡"战略的实施则是谋求抵消中国在亚太地区不断增强的影响力,继续维持其在该地区的优势地位。中国"一带一路"从陆海两个方向进行着力,正好与美国的两大战略实现地缘重合,无疑会加剧两国之间的地缘竞争。奥巴马总统更是明确表示,中国的"一带一路"、亚投行建设将挑战美国的规则制定权,危及美国在亚太地区的主导地位,这是美国方面所不愿看到的。❷ 由此可见,美国基于地缘政治的视角,将中国的"一带一路"视为地缘战略挑战,中、美两国未来在此的摩擦不可避免。

中、俄两国互为友好邻邦和全面战略协作伙伴,但"一带一路"倡议的实施需要处理好两国在地缘方面可能形成的竞争。俄罗斯是一个深受地缘政治影响的国家,俄罗斯横跨欧亚大陆,幅员辽阔,地缘政治深刻地影响着俄罗斯的内政外交。在俄罗斯的历史发展上,"以地理扩张及由此催生的救世使命为根本内核的地缘政治思想在保障国家安全方面打下了不可磨灭的烙印"❸。俄罗斯一直认为周边地区是俄罗斯大国地位的地缘依托。在欧洲,俄罗斯的地缘战略构想的底线是可以允许波罗的海三国、波兰、捷克等国加入北约和欧盟,但对苏联加盟共和国这一俄罗斯的"周边"势力范围却严格控制,加强反击力度。在亚洲,俄罗斯加紧了对高加索地区的地缘控制,打击格鲁吉亚的离心倾向,对中亚地区的地缘重视也在近年来得到加强,对东北亚地区的地缘战略运筹力度加大。2011 年,俄罗斯提出了"欧亚联盟",后逐渐演变为"欧亚经济联盟",其目的在于通过经济合作加强俄罗斯与周边国家的关系,增强俄罗斯对苏联地区的影响。俄罗斯的"欧亚经济联盟"与中国的"一带一路"倡议存在许多重叠之处,俄罗斯也比较忌讳中国进入其传统地缘势力范围。❹ "一带一路"倡议的布局深化了中国与中亚各国"能资"合作,引起了

❶ 曾向红.重塑中亚地缘政治环境:2005 年以来美国中亚政策的调整[J].外交评论,2008(3).
❷ President Obama.State of Union[EB/OL].[2015-01-20]http://www.whitehouse.gov/sotu.
❸ 宋德星.地缘政治、民主转型与俄罗斯外交政策[J].太平洋学报,2004(12).
❹ "一带一路"+"欧亚经济联盟"两大战略俄媒怎么看?[N/OL].(2015-06-24)[2016-06-13]俄罗斯龙报,http://www.dragonnewsru.com/news/rc_news/20150624/15908.html.

俄罗斯的疑虑和担忧。❶ 尽管当前俄罗斯基于经济利益对中国"一带一路"持欢迎态度,但在具体合作上如何减少摩擦还需谨慎运作。

为了实现中、俄两国战略对接,需要发挥各自比较优势,寻求合作契合点,化解两国的地缘竞争。中国对此需要采取务实态度,利用中国的经济优势,照顾俄罗斯的传统地位,积极推进中国的"一带一路"与俄罗斯的"欧亚经济联盟"对接,促进经济互利共赢,淡化地缘竞争色彩。

日本是中国的重要邻国,其地缘战略运筹对中国具有重要影响。日本国土主要散布在海洋上,成狭长带型,自然灾害频繁,这些地缘环境特点塑造了日本民族的性格,也促成了日本的地缘战略运筹。在东南亚地区,日本基于地缘经济积极开展地缘战略运筹,具体而言,一是通过与东南亚国家积极进行能源合作,获取油气资源;二是密切与东南亚各国的经济联系,维护日本在东南亚的经济优势;三是推动东亚区域经济合作,加强对外援助,谋求主导东南亚地区经济;四是日本利用南海争端困局激化钓鱼岛争端,并与菲、越等国串联,对华共同施压。在地缘政治方面,谋求控制海上战略通道、谋取政治大国的资本和谋划东亚地区主导权是日本在东南亚地缘战略运筹的主要目标。❷ 由于能源需求增加,日本也加强了对中亚地缘战略的关注。"2006 年 8 月小泉首相在卸任之前出访中亚两国,标志着日本中亚外交的深化。"❸在中亚地区,日本主要推行"丝绸之路外交",通过对外援助、能源合作,加强日本在中亚地区的影响。中国的"一带一路"倡议与日本的地区战略存在竞争,在东南亚和中亚地区尤为显著。可以预计,中、日两国在中国周边地区的地缘竞争将长期化、常态化。

中国新一届领导人提出的"丝绸之路经济带"及"21 世纪海上丝绸之路"战略正得到国际上诸多国家和地区的积极响应,但也受到一些国家的误解甚至警惕。❹早在 2011 年,时任美国国务卿的希拉里就提出了"新丝绸之路"计划,美国试图在阿富汗、巴基斯坦、印度及中亚等地区构建新型经济、交通和能源连同网络。而且,某些地区性大国出于本国战略利益的需要对中国"一带一路"的态度消极甚至反

---

❶ 王郁."一带一路"背景下能源资源合作机遇与挑战[J].人民论坛,2015(7).

❷ 何火萍.冷战后日本与东南亚合作的地缘战略思考[J].湖北经济学院学报,2009(1).

❸ 徐建华.日本的中亚战略[J].深圳大学学报,2007(3).

❹ 王卫星.全球视野下的"一带一路":风险与挑战[J].人民论坛:学术前沿,2015(5)(上)。

对。"丝绸之路经济带"的实施将引起印度、伊朗及土耳其等地区性大国的猜疑与警惕,而"21世纪海上丝绸之路"也会引起日本、印度的警觉。类似印度这样的国家一开始就对中国的"一带一路"心怀疑虑与戒备,认为中国的"一带一路"不仅仅是经济扩张,而且是军事扩张。为此,印度还搞了一个与中国"一带一路"相抗衡的"一丝一路"计划(又称"季风计划"),以分散中国的影响力。❶ 印度是中国在西南方向最大的邻国,是"丝绸之路经济带"和"21世纪海上丝绸之路"的汇聚之地。中国"一带一路"倡议能否成功,印度至关重要。而印度尼西亚也针对中国的"一带一路"出台了一个"海洋强国"计划,旨在对冲或抵消中国"一带一路"的影响。如何在"一带一路"不断推进进程中与这些满怀狐疑的国家处理好合作关系将成为一个巨大挑战。❷ 如何推进与"一带一路"沿线国家和地区战略规划的有序对接和有机整合、避免形成地缘战略对抗、减少排他性的恶性竞争,成为中国推进"一带一路"进程中必须面对的重要问题。

同时,在推进"一带一路"进程中,也面临着诸多非传统安全的挑战❸,涵盖恐怖主义、能源安全、跨国犯罪、海上救援与搜救、水资源与环境安全等诸多领域。目前,非传统安全挑战已经成为能否顺利推进"一带一路"倡议的重要安全因素。应对非传统安全挑战客观上需要中国整合内部资源提供必要的区域公共产品,积极推动网络型安全合作保障机制建设。从长远看,非传统安全问题的解决和应对客观上有利于沿线国家建立合作框架,推动经济发展和共同安全,提升中国战略影响力,从而实现"一带一路"倡议目标。❹

在经济方面:中国实施"一带一路"并不能替代与亚太地区方向重要经济体的联系,在短期内其影响力难以超越美国。而且,在"一带一路"建设推进进程中,"一带一路"沿线的国家和地区更加欢迎美国的存在,形成"在经济上与中国的向心力越来越大,在政治与安全上与中国的离心力越来越大"的战略悖论,尽管这些国家和地区在与中国交往中,对中国经济高度依赖,但在政治和安全领域,对中国的疑虑和不安也日趋上升,从而导致中国与周边国家关系的复杂性进一步上升。

---

❶ 木春山."一带一路"的印度风险:神秘的香料之路和季风计划[N].大公报,2015-06-16.
❷ 赵可金."一带一路"应强化安全为基[EB/OL].中国网,2015-06-15.
❸ 李扬."一带一路"面临五大非传统安全问题[EB/OL].中国皮书网,2015-04-20.
❹ 同❸

同时,中国在推进"一带一路"进程中还面临着具体落实的机制缺失挑战。目前,中国国内各部门、各省(区市)之间的有机衔接也面临着严峻挑战。国内各部门、各省(区市)为了本部门、本地区的利益,可能出现新一轮失序性竞争,许多"一带一路"项目一哄而上,并不利于中国新一轮整体开放战略。中国中央政府应避免各部门、各省(区市)在"一带一路"倡议推进中角色定位重叠、合作项目同质化、新建产能盲目扩张等现象,牢固树立"全国一盘棋"大战略。

目前,中国已开始规划并陆续公布对"一带一路"沿线国家的投资规模。如中国承诺将在巴基斯坦投资460亿美元,超过了2008年以来对巴基斯坦的所有外国直接投资的两倍,也超过了自2002年起美国投入巴基斯坦的整个援助规模,一部分基建项目可能会花费10~15年。这些投资项目高度集中于中巴经济走廊上,这条经济走廊结合了一系列交通和能源工程,以及一个直通印度洋的深海港口的开发项目。中国的投资对于巴基斯坦来说无疑是一个机会。但是,这些项目如何按时按质实施将成为一个必须考虑的问题。

三、中国应做好"一带一路"相关风险评估和对策

中国在推进"一带一路"进程中应尽快建立"一带一路"合作项目的投资风险评估与海外利益保障机制[1],以减少因沿线国家和地区政体不同、文化习俗各异及当地法律制度和市场风险等带来的投资损失,尽早规避沿线国家政局动荡、政府腐败等政治风险。同时,中国政府应及早出台保护国内民营企业"走出去"的法律法规和政策举措,加大对民营企业对外投资的政策支持、金融支持、投资保护等力度,提高民营企业的国际竞争力和企业的社会责任意识,提高民营企业的诚信意识。中国政府还应尽早建立"一带一路"建设项目投资服务保障机制,以有效管控对外投资风险,早日形成中国对外投资项目评估、服务保障、风险管控"一条龙"对外投资保障机制,有效促进和推动中国企业"走出去"[2],扩大中国在世界经济中的影响力。

中国应从国家层面加强对"一带一路"的统筹谋划,整合配置国内多方面资

---

❶ 石善涛.推进"一带一路"建设应处理好的十大关系[J].当代世界,2015(5).

❷ "一带一路"推动中国企业"走出去"让各国共享发展机遇,新华社,2015年2月5日。

源,有序推进,形成优势互补、协同开放和联动发展的良性互动局面。中国应尽早建立利益共享机制,平衡好国内各方面的利益●,以减少不必要的投资浪费及由此带来的损失。

不可否认,"一带一路"成功实施将在一定程度上推进国际新体系的重构,但不能改变全球秩序。因为现存的国际合作与全球治理机制的主导权仍掌握在发达国家手上,以美国为首的西方大国不会也不愿意看到中国主导世界的进程,这将长期影响着中国"一带一路"的推进。

而且,尽管中国 GDP 已位居世界第二,但中国国内还存在诸多短期内无法解决的问题,尽管大多数中国人生活水平不断提高,但国民整体素质离发达国家的水平还相差甚远。这些软实力不可能在短时间内迅速提升,并将成为影响中国崛起不可忽视的巨大因素。

尽管亚投行目前已拥有 57 个意向创始成员国。但是,如果资金、组织以及治理问题不能得到切实有效的解决,亚投行的象征意义将会大大超过其本身的实际意义。许多国家将不会继续投资,甚至会撤资。

因此,中国必须充分进行"一带一路"建设的风险评估,做好各种应对措施,特别要对那些高冲突国家进行全方位的风险研究,做好海外投资产业规划与引导,合理避开风险。必须借鉴国际经验,对潜在冲突进行风险管控,将损失降到最低。

同时,中国必须强调"一带一路"是经济合作倡议而非战略构想存在,积极通过各种渠道加强对美政界、学界、商界等公共外交,强调"一带一路"倡议的合作性、开放性、非排他性和互利共赢性,淡化零和博弈及对抗的抗美色彩。在具体地区和领域探索和加强中美务实合作的基础。

所以,中国在推进"一带一路"倡议的同时,必须对丝绸之路进行现代性的重构,避免大国心态,切实打消这些国家的顾虑,重构与中国密切相关的特定区域内的国际秩序,改善中国的国家安全环境,积极主动地发展与沿线国家的经济合作伙伴关系,共同打造政治互信、经济融合、文化包容的利益共同体和命运共同体。

中国积极推进"一带一路"建设,就中国国家发展战略而言,的确是一个具有战略眼光的决策。但是,在实施进程中,必须考虑到沿线国家和地区的实际情况,

---

● 宋荣华,等."一带一路"战略引领中国企业走出去[N].人民日报,2014-12-27.

特别是要全盘考量沿线国家和地区的地缘政治、地缘经济与地缘安全的不确定因素及其对中国"一带一路"的影响,中国政府必须清醒地认识到"一带一路"不是包治中国经济的灵丹妙药,若在推进进程中对方方面面考虑不周到,有可能导致在政治上失分、在经济上血本无归、在安全上"引狼入室"等严重后果。因此,笔者个人建议:

互联≠互通:在"一带一路"建设推进进程中,可以将沿线国家和地区考虑进去,但是,对于那些恐怖活动严重、民族问题突出的国家和地区不可实现互通。

互赢≠独赢:在"一带一路"建设推进进程中,与沿线国家和地区实现互利共赢,但是,中资企业不可以只顾及自己赚钱赢利而忽视当地的生态环境及当地发展状况。

互惠≠通惠:在"一带一路"建设推进进程中,对沿线国家和地区积极提供互惠的便利,但是,中资企业不能对沿线国家和地区大包大揽,什么都优惠而可能导致"赔本赚吆喝",得不偿失。

互利≠通吃:在"一带一路"建设推进进程中,给沿线国家和地区提供互利的同时必须考虑自身因素,量力而行,千万不能"通吃",而犯"贪多嚼不烂"的错误。

第一章 "一带一路"视域下中-南亚地区恐怖主义新特征

"一带一路"是以习近平为总书记的新一届中央领导集体提出的重大倡议,其沿线涵盖亚洲、欧洲大部分地区及非洲部分地区的广阔地带。"一带一路"沿线是民族因素和宗教因素众多、民族问题和宗教问题复杂且多变的地带,也是恐怖主义活动频繁、恐怖主义事件多发的区域。中亚和南亚地区处于"一带一路"沿线地区恐怖主义势力活动频繁、恐怖主义袭击事件多发的核心地带,中亚地区的乌兹别克斯坦、塔吉克斯坦、吉尔吉斯斯坦等国家,南亚地区的阿富汗、巴基斯坦、印度、斯里兰卡、孟加拉国等国家,均承受着恐怖主义的严重威胁。"9·11"事件后,虽然中亚和南亚国家加大了对恐怖主义的打击力度,但这并没有消除中亚和南亚地区的恐怖主义,甚至因为一些因素的作用,恐怖主义在部分国家出现了膨胀和蔓延的现象。通过对近年来的中亚和南亚地区恐怖主义活动的数据整理和信息梳理可以发现,中亚和南亚地区的恐怖主义活动呈现出一系列应该引起高度关注的新特点。

在中亚和南亚地区的恐怖主义组织身上及发生的各类恐怖主义袭击事件中,不少明显或隐约地能看到民族或宗教的影子,甚至民族、宗教两者兼有。这些状况容易产生误导,使不少民众对中亚和南亚地区复杂的恐怖主义形势作出简单而直观性的判断,即将恐怖主义与特定民族或特定宗教生硬地关联在一起。而这种倾向使恐怖主义与民族、宗教的关系比过去显得更为混乱不堪,阻碍着人们正确而科学地认识它们之间的关系,制约着中亚和南亚国家及与此相关的国家对恐怖主义的单独或合力打击,对中国"一带一路"倡议的实施也具有很大的破坏性。对中亚和南亚地区的恐怖主义与民族、宗教之间的关系进行全面梳理和科学认识,是厘清很多恐怖主义现象和问题的根本,是有效打击中亚和南亚地区披着民族、宗教外衣发展和活动的恐怖主义势力的重要前提。

第一节　中亚和南亚地区恐怖主义的
基本状况与新特征

　　长期以来,中亚和南亚地区是恐怖主义组织众多、恐怖主义活动频繁、恐怖主义事件频发的区域,是"恐怖主义弧形带"中连接中东地区和东南亚地区的关键的中间段。近年来,随着多种因素的作用,中亚和南亚地区的恐怖主义组织及其活动状态出现了一些新特点。

一、中亚和南亚地区的恐怖主义基本状况

　　2001年的"9·11"事件既是全球恐怖主义组织发展及其活动的分水岭,也是中亚和南亚地区恐怖主义组织发展及其活动的分水岭。"9·11"事件前,虽然中亚和南亚地区也曾是恐怖主义组织众多且活动较为频繁的地区,但"9·11"事件后,恐怖主义组织数量大量增加,恐怖主义活动也更为频繁。在一定程度上,"9·11"事件唤醒了中亚和南亚地区大量"休眠"的恐怖主义组织,催生了大批新的恐怖主义组织,使得恐怖主义势力在中亚和南亚地区的大部分区域存在和蔓延,也使得中亚和南亚地区成为当今世界"恐怖主义弧形带"的重要组成部分。"9·11"事件后,从中东地区到中亚地区、南亚地区,再到东南亚地区,形成了一条充斥着恐怖主义组织、活动、事件的"恐怖主义弧形带"。中东地区是这条"弧形带"的起点。由于特殊的地缘战略位置,以及复杂的历史、民族、宗教、资源等方面的因素,中东地区长期以来存在大量各类形态的恐怖主义组织,每年发生大量恐怖主义袭击事件,特别是伊拉克、叙利亚先后成为恐怖主义组织的滋生地和练兵场。东南亚地区是这条"弧形带"的末端,这一地区的恐怖主义组织也不少,且恐怖主义活动频繁,多次发生在世界范围内有恶劣影响的恐怖主义袭击事件,菲律宾、印度尼西亚、马来西亚是东南亚国家中相对的"重灾区"。

　　中亚和南亚地区则是连接这条"弧形带"的关键的中间段。被西方地缘政治

学家称为"世界枢纽地带"的中亚地区❶，有不少恐怖主义组织存在和活动。其中，在中亚地区较为活跃的恐怖主义组织，按照俄罗斯和中亚国家相关机构的认定，有 20 个左右❷。2015 年，在塔吉克斯坦，甚至先后出现了特警司令（哈里莫夫）加入"伊斯兰国"、被解职的国防部副部长（阿布杜哈里穆·纳扎尔佐德）策划发动恐怖主义袭击事件等让外界大跌眼镜的现象。随着"9·11"事件的发生，"基地"组织及其前领导人本·拉登在短时间内成为世界"知名"的恐怖主义组织和恐怖分子，它们的大本营——阿富汗及其所在的南亚地区也随之成为国际社会关注的焦点。2001 年后，美国为首的北约国家对阿富汗的军事行动给了塔利班势力和"基地"组织沉重打击，本·拉登也于 2011 年被美国特种部队打死，但目前，"基地"组织和塔利班势力仍然在阿富汗南部和巴基斯坦北部地区拥有较强力量并较为活跃，且不断向阿富汗其他区域扩张。在南亚地区，还存在大量其他的恐怖主义组织，有影响的如"虔诚军"、巴基斯坦塔利班运动❸等。❹ 中亚和南亚地区的恐怖主义组织以宗教极端型恐怖主义组织居多，也有一定数量的民族分裂型恐怖主义组织及其他类型的恐怖主义组织。此外，近年来，随着巴基斯坦加大了对恐怖主义组织的打击力度，"基地"组织等一些常年窝藏在巴基斯坦的恐怖主义组织逐渐向阿富汗、塔吉克斯坦等国家转移，并相互勾结，发展势力，发动恐怖主义袭击。与此同时，一些在叙利亚等中东地区的"圣战"分子也不断回流中亚和南亚地区。以中亚地区为例，哈萨克斯坦、吉尔吉斯斯坦等五国均有不少在叙利亚的"圣战"分子，根据相关资料，哈萨克斯坦在叙利亚的"圣战"分子约有 190 人，塔吉克斯坦超过 200 人，吉尔吉斯斯坦有约 100 人，乌兹别克斯坦有约 45 人，土库曼斯坦也有数十人。❺ 这些人

---

❶ 李景治,宫玉涛,等.反恐战争与世界格局的发展变化[M].北京:当代世界出版社,2009:284-285.

❷ 李琪.中亚地区安全化矩阵中的极端主义与恐怖主义问题[J].新疆师范大学学报:哲学社会科学版,2013(3).

❸ 巴基斯坦塔利班运动由贝图拉·马哈苏德建立。最初,马哈苏德领导的武装组织只是阿富汗塔利班的分支。2007 年,马哈苏德自立门户,成立独立的巴基斯坦塔利班运动。2013 年 11 月,巴基斯坦塔利班运动在其头目哈基姆被美国无人机打死后走向分裂,多次出现内部派别脱离巴基斯坦塔利班运动而自立门户的现象。

❹ 需要特别说明的是,国际社会和各主权国家对哪些组织属于恐怖主义组织的认定并不完全一致,联合国安理会也只是确定了世界范围内的部分组织为恐怖主义组织,且没有定期更新。本研究的恐怖主义组织案例大部分来源于联合国安理会确定的名单,但一些组织(如"虔诚军"、巴基斯坦塔利班运动等)则因其多次发起针对平民的暴力袭击事件,本书将其作为恐怖主义组织的案例使用。

❺ 中国现代国际关系研究院反恐中心.国际恐怖主义与反恐怖年鉴(2013—2014)[M].北京:时事出版社,2015:102.

已经陆续回国,策划并实施恐怖主义袭击事件。随着回国的"圣战"分子的增多,中亚国家将承受更大的恐怖主义袭击威胁。

从发生的恐怖主义袭击事件来说,进入 21 世纪后,中亚地区、南亚地区每年发生大量的恐怖主义袭击事件,特别是南亚地区一度成为世界上承受恐怖主义袭击最多的地区之一。例如,2000—2006 年,全球共发生恐怖主义袭击事件 21460 起,其中发生在南亚地区的达 4233 起,接近总数的 20%。❶ 2006 年南亚恐怖活动致死人数达 1841 人,比上年增加了 82%,是 2000 年 297 人的 6 倍多。❷ 2009 年,南亚地区是世界上发生恐怖主义袭击次数最多的地区之一,占世界上恐怖主义袭击事件总数的 44%,也是连续两年死亡人数最多的地区之一,占世界恐怖主义袭击死亡总数的 42%。❸ 近年来,因为中东地区恐怖主义袭击数量的大幅增加,南亚地区虽然发生的恐怖主义袭击事件次数占世界总数的比重下降,但从绝对数量上看,仍然是世界上发生恐怖主义袭击事件较多的地区之一。从国家情况来看,阿富汗、巴基斯坦和印度是遭受恐怖主义袭击的"重灾区",印度甚至已经成为各种恐怖主义的"试验田"。2013 年,巴基斯坦因恐怖主义袭击死亡的人数超过 5300 人,仅 2013 年 7 月就发生了 27 起恐怖主义袭击事件,造成 127 人死亡,400 多人受伤。2013 年和 2014 年,印度国内的恐怖主义袭击事件共造成了 1861 人死亡。❶ 根据位于澳大利亚悉尼的国际智库——经济与和平研究所(IEP)2014 年发布的报告,在全球恐怖主义指数排名中,阿富汗、巴基斯坦和印度均位列前十,排名越靠前,说明这个国家遭受的恐怖主义威胁越大,发生的恐怖主义事件越多。此外,斯里兰卡、孟加拉国、尼泊尔等国家也经常遭受恐怖主义袭击。

二、中亚和南亚地区恐怖主义活动的新特点

近年来,中亚和南亚地区恐怖主义活动出现了一些不同于以往的新特点。厘清这些新特点,有助于对中亚和南亚地区恐怖主义的现存状况和未来发展有一个清晰的认知和判断。这些新特点主要体现在以下几个方面。

❶ 胡志勇.南亚恐怖主义的特点及根源析论[J].现代国际关系,2008(12).
❷ 张家栋.2006 年世界恐怖活动状况述评[J].教学与研究,2007(5).
❸ 马勇,等.南亚地区恐怖主义态势与反恐合作[J].国际研究参考,2013(1).
❶ 王世达.南亚恐怖主义及反恐形势[J].印度洋经济体研究,2015(5).

1.恐怖主义组织将硬目标和软目标都作为袭击对象，但越来越明显地指向了软目标

就世界范围来说，以往的恐怖主义袭击，普遍针对国家领导人等政要或社会活动领袖、外交官等社会名流为代表的有影响力的个人，或者针对重要的政府机构、军事设施、标志性建筑等"重要单位"，这些可称为硬目标。"9·11"事件中对纽约世贸中心大楼和美国国防部所在的"五角大楼"的袭击是恐怖主义组织对硬目标袭击的典型展示。具体到中亚和南亚国家，"9·11"事件之前，这些国家的领导人、社会活动领袖、外交官、重要的政府机构、军事设施等曾成为恐怖主义袭击的主要袭击对象。"9·11"事件后特别是近年来，世界各地的恐怖主义组织在袭击对象选择上出现了新的变化，即部署并鼓动其成员及支持者不再局限于袭击硬目标，要求他们将袭击更多地转向防守薄弱的软目标，如地铁、火车、公交车、旅游景点、教堂、超市、酒店、医院、剧场、学校、银行等交通工具和公共活动场所。毫无疑问，相对于硬目标，恐怖主义组织对软目标的袭击更为容易和可能。对这些软目标的袭击，其受害者大多是普通民众，由于防范意识薄弱，这部分人更容易、更可能因恐怖主义袭击受到伤害。

和其他地区有所不同，中亚和南亚地区的恐怖主义组织仍然重视对硬目标的袭击，但它们也越来越明显地将袭击指向了软目标。就硬目标来说，在中亚和南亚地区，政治领导人、外交官、军事设施、警察等硬目标仍然是恐怖主义袭击的主要对象之一。例如，2007 年 12 月 27 日的巴基斯坦前总理贝娜齐尔·布托被自杀式袭击身亡事件、2011 年 4 月 23 日的塔吉克斯坦边防哨所被恐怖袭击事件、2013 年 4 月 17 日的印度人民党在班加罗尔的办公室被炸弹袭击事件、2013 年 8 月 8 日的巴基斯坦俾路支省安全部队被炸弹袭击事件、2013 年 9 月 8 日的阿富汗国家安全局驻中部瓦尔达克省分部被恐怖袭击事件、2015 年 9 月 4 日的塔吉克斯坦首都杜尚别的警察局被恐怖袭击事件等都属于对硬目标的袭击。

与此同时，中亚和南亚地区发生了大量恐怖主义组织针对软目标的恐怖主义袭击事件，其中尤以阿富汗、巴基斯坦和印度发生的恐怖主义袭击事件为多，造成的伤亡也更严重。巴基斯坦和印度有较大影响的袭击事件如 2008 年 9 月 20 日的巴基斯坦伊斯兰堡万豪酒店炸弹袭击事件、2008 年 11 月 26 日的印度孟买连环恐怖袭击事件、2011 年 7 月 13 日的印度孟买连环恐怖袭击事件、2013 年 2 月 21 日的

印度海德拉巴市的炸弹袭击事件、2014 年 12 月 16 日的巴基斯坦白沙瓦市军人子弟学校暴力袭击事件、2016 年 3 月 27 日的巴基斯坦拉合尔市的恐怖袭击事件等。在阿富汗发生的针对普通民众的暴力袭击事件更是多发,近年来有较大影响的袭击事件如 2011 年 12 月 6 日和 2012 年 9 月 18 日发生在首都喀布尔市中心的自杀式爆炸袭击事件、2014 年 11 月 23 日发生在帕克提卡省乌尔贡地区的自杀式汽车炸弹袭击事件、2015 年 8 月 7 日发生在首都喀布尔的恐怖袭击事件、2016 年 1 月 17 日发生在楠格哈尔省首府贾拉拉巴德市的自杀式炸弹袭击事件等。2015 年 7 月,阿富汗塔利班前领导人奥马尔的死讯确认后,奥马尔的继任者阿赫塔尔·穆罕默德·曼苏尔成为新头目,但他在塔利班中并不服众。为此,他通过发动一系列恐怖主义袭击事件来树立威信、巩固权力,这使得 2015 年 7 月后阿富汗的恐怖主义袭击事件明显增多,造成的伤亡人数也大大增加。2016 年 5 月,曼苏尔在空袭中被打死,阿富汗塔利班新领导人出于树立威信、巩固权力等因素的考虑,有可能发动新一轮的恐怖主义袭击潮。

对于恐怖主义组织来说,暴力恐怖的行为相对廉价,可以通过较小的代价获得较大的"收益",通过一次恐怖主义袭击事件就能够在一定范围内造成巨大的社会心理创伤,很多时候,恐怖主义组织的"暴力的目标就是想击垮常规的意志"❶。从社会心理学的角度看,对软目标的袭击对当事者及能够影响群体的信心和意志会有更大的损伤力,诱发人们的心理恐惧与精神不安,产生大范围的恐慌氛围。况且,由于软目标更加难以防范,恐怖主义组织袭击的成功概率更大。在恐怖主义组织看来,对普通民众的恐怖主义袭击,恐慌的不仅仅是当地居民或特定人群,而且可能将这种恐慌情绪通过一定的媒介扩散到更多的群体甚至是其他国家的民众。在中亚和南亚地区,频繁发生的恐怖主义袭击特别是一些有较大影响的暴力袭击事件就产生了类似的效果。

2."基地"组织的影响力和作用力下降,"伊斯兰国"强势向中亚和南亚地区扩张

"基地"组织在阿富汗的"大本营"被摧毁,但"基地"组织并没有被彻底打垮,其领导层和不少成员转移到阿富汗南部山区及靠近阿富汗的巴基斯坦北部区域活

---

❶ Addison M.Violent Politics:Strategies of Internal Conflict[M].New York:Palgrave,2002:17-18.

动并对外发号施令。此外，"基地"组织的一些骨干力量还渗透到世界各地，在一些国家建立了分支机构。受"基地"组织的影响，一些恐怖主义组织纷纷复制"基地"组织的架构、理念和行为原则，呈现出"基地"主义化的特点。"基地"组织一度成为其他恐怖主义势力顶礼膜拜和仿效的对象，甚至一度成为恐怖主义的代名词。"基地"组织的领导人本·拉登也一度成为中亚和南亚地区乃至世界各地恐怖主义势力的"精神领袖"。"9·11"事件后，中亚和南亚地区包括世界范围内的不少重大恐怖主义袭击事件被渲染成"基地"组织所为，其实很多袭击事件是其他恐怖主义组织打着"基地"组织的名义实施的。这些势力并不全部受"基地"组织的直接或间接领导，而是它们接受了"基地"组织的理念和行为原则，或在袭击手段、方式上仿效"基地"组织，并打着"基地"组织的旗号发动恐怖袭击。近年来，这种状况有了较大转变。随着"基地"组织遭受重创，活动能力减弱，本·拉登也于2011年被美军打死，"基地"组织的影响力和作用力开始下降。很多恐怖主义组织也已经不再打着"基地"组织的旗号去发动恐怖主义袭击，也不再接受"基地"组织的领导、指导及其理念和行为原则。当然，"基地"组织在中亚和南亚地区乃至世界范围内影响力和作用力的下降是相对的，其仍然是中亚和南亚地区乃至当今世界最具影响力、破坏力的恐怖主义组织之一。

与"基地"组织影响力和作用力在下降相对应的是，一个新的具有较大影响力和作用力的恐怖主义组织——"伊斯兰国"（IS）正在强势崛起，并强势向中亚和南亚地区扩张。最初，"伊斯兰国"是一个活跃在伊拉克、叙利亚及周边区域的组织，前身为"基地"组织在伊拉克的分支，但后来与其他恐怖主义组织合并、改组，并于2013年开始强势崛起。"伊斯兰国"目前不仅已经摆脱了"基地"组织的控制，甚至已经与"基地"组织疏远并公开决裂，还拥有了代替"基地"组织成为国际恐怖主义"领头羊"的实力和野心。2014年6月，"伊斯兰国"建立了一个拥有一定管辖区和人口的所谓的"哈里发国家"，并设立了相对完整的国家机构"治理"控制区。从这方面说，"伊斯兰国"已经俨然是一个"政权"而非仅仅是恐怖主义组织。[1] 这是"基地"组织都没有实现的目标，而建立真正的用伊斯兰教法统治的"哈里发国家"正

---

[1] 中国现代国际关系研究院编.国际战略与安全形势评估（2015—2016）［M］.北京:时事出版社,2016:107.

是很多伊斯兰背景的恐怖主义组织梦寐以求的目标。"伊斯兰国"也借此谋求成为"国际圣战运动"的新领导者,它公开呼吁全世界的穆斯林对其效忠,为其效命。随着"伊斯兰国"影响力的扩大,其他地区的恐怖分子不断投奔"伊斯兰国",包括南亚和中亚地区在内的世界范围内的一些恐怖主义组织甚至隔空向"伊斯兰国"称臣。2014年7月,巴基斯坦的"圣战与哈里发运动"宣布悬挂"伊斯兰国"旗帜,成为南亚向"伊斯兰国"称臣的首个极端组织。根据时任联合国秘书长潘基文在2016年2月5日发布的一份报告,截至2015年12月,全球范围内已经有34个极端组织宣誓效忠"伊斯兰国"。● 这其中就包括"乌兹别克斯坦伊斯兰运动"等中亚和南亚地区的恐怖主义组织。"伊斯兰国"也在通过实际行动强势地向中亚和南亚地区渗透、扩张,在中亚和南亚地区大量招募成员,发展支持力量。目前,"伊斯兰国"在南亚地区已经初步形成了由宣传、招募、训练、派遣等各环节组成的扩张体系。❷ 在乌兹别克斯坦、塔吉克斯坦、巴基斯坦、阿富汗、孟加拉国等伊斯兰激进势力众多的国家的不少地方出现了"伊斯兰国"的宣传材料,"伊斯兰国"的旗帜甚至公开在一些地方"迎风飘扬",不少当地的恐怖主义组织派成员到中东支援"伊斯兰国","伊斯兰国"已经派遣人员在一些国家活动,建立分支机构。在阿富汗首都喀布尔,一些学生甚至成立了支持"伊斯兰国"的地下组织❸,由此可见"伊斯兰国"向阿富汗渗透的程度。

"伊斯兰国"甚至挖角"基地"组织及其长期盟友阿富汗塔利班的成员,双方在多领域、多方面展开了竞争。● 在这个过程中,"伊斯兰国"日益占据优势,并不断取得成功。例如,2013年4月,"伊斯兰国"在崛起的初期就兼并了"基地"组织在叙利亚的分支机构——"支持阵线"。2014年6月,"伊斯兰国"建立"哈里发国家"时,呼吁全球的穆斯林向其效忠,颇有领导"国际圣战运动"之势,这也是公开向一直自视为"国际圣战运动"领导者的"基地"组织示威、挑战。在"伊斯兰国"影响、诱惑下,"基地"组织、阿富汗塔利班的一些分支也倒向了"伊斯兰国"。2014年4月,来自阿富汗、土库曼斯坦、伊朗的9位"基地"组织大佬宣布退出"基地"组织,

---

● 陈立希.34武装组织效忠"伊斯兰国"[N].羊城晚报,2016-02-07.
❷ 郑彬."伊斯兰国"加速东扩致南亚东南亚安全形势趋紧[N].学习时报,2015-08-10.
❸ 中国现代国际关系研究院.国际战略与安全形势评估(2015—2016)[M].北京:时事出版社,2016:116.
● 郭强."基地"组织与"伊斯兰国":从合作到竞争[J].国际研究参考,2015(12).

加入"伊斯兰国"。2014年10月,巴基斯坦塔利班运动发言人沙希杜拉·沙希德等人公开宣布效忠"伊斯兰国",并称将为"伊斯兰国"提供一切可能的支持,包括"圣战的战士"。2015年,"伊斯兰国"更是宣布在南亚地区建立一个包括阿富汗、巴基斯坦大部分及其他国家部分区域的所谓的"呼罗珊省",并成立了相关分支机构,以表明其对南亚地区拥有"管辖权"。这不可避免地引起了"基地"组织高层的强烈不满,双方在中亚和南亚地区展开了争夺支持者和势力范围的"暗战"甚至"明战"。例如,针对"伊斯兰国"在南亚地区咄咄逼人的行动,"基地"组织也采取反制措施,宣布建立新的南亚分支机构❶,具体领导在南亚地区的"圣战",并对抗"伊斯兰国"在南亚地区的扩张。同时,为了应对"伊斯兰国"的强势扩张,"基地"组织也加强了同阿富汗塔利班等组织的联系和"友谊",甚至暂时抛开了它们之间的矛盾,联合起来对付"伊斯兰国"的"争权夺利"行为。为了相互竞争,"伊斯兰国"与"基地"组织及其盟友不断制造恐怖主义袭击事件,以彰显自身的存在和实力,甚至进行了直接针对对方的暴力袭击。事实上,在中亚和南亚地区,一些恐怖主义组织之间是合作与竞争甚至斗争共存的关系,形成了竞相作恶的态势。例如,2014年6月8日,"乌兹别克斯坦伊斯兰运动"与巴基斯坦塔利班运动联合袭击了巴基斯坦卡拉奇国际机场,造成至少28人死亡。

目前,随着"伊斯兰国"势力的增强、影响力的扩大,其所采用的暴恐模式正在成为中亚和南亚地区恐怖主义组织模仿的对象,"'基地'开创了恐怖主义的现代化模式,'伊斯兰国'则继承并升级了这一模式,使恐怖主义模式进入新的时代"❷。

3.恐怖主义组织借助高科技发动恐怖袭击的危险不断增加

近年来,中亚和南亚地区的恐怖主义组织越来越注重借助高科技发动恐怖主义袭击,这是它们活动的一个新特点。中亚和南亚地区的不少恐怖主义组织重视借助现代科学技术手段组织、策划、实施恐怖主义袭击活动,科学技术对人类社会的负面影响正在被恐怖主义组织无限放大、极力实践。近年来,"基地"组织、"伊斯兰国"为代表的恐怖主义组织加强了对高技能人才的培训、引诱和招募。一些恐怖主义组织通过举办"培训班"等方式培养了一批掌握高科技的"骨干队伍",并通

---

❶ 杨凯.伊斯兰国与"基地"组织在东南亚、南亚的扩张比较[J].东南亚研究,2015(5).
❷ 中国现代国际关系研究院编.国际战略与安全形势评估(2015—2016)[M].北京:时事出版社,2016:107.

过各种方式引诱和招募高科技人才。这些掌握高技能的成员能够运用现代科学技术手段进行恐怖主义宣传、募集资金、协调行动,使恐怖主义组织在组织、策划、实施暴力恐怖袭击事件时更为便利、周密,危害也更大。在中亚和南亚地区,"基地"组织、"伊斯兰国"等恐怖主义组织也善于利用网络指挥、动员成员或支持者发动恐怖主义袭击,这使得恐怖主义袭击行为更加难以预防,其造成的袭击效果和危害也更大。在近年来中亚和南亚地区发生的一系列恐怖主义袭击事件中,大都有恐怖主义组织借助高科技策划、实施的痕迹。在一些袭击事件中,一些恐怖分子甚至表现出比当地警方更善于使用高科技的特点。此外,"基地"组织等恐怖主义组织在千方百计获得核武器、生物武器、化学武器等高科技含量的大规模杀伤性武器,一旦被其掌握和使用,后果更是不堪设想。从人才和制造技术来说,"基地"组织、"伊斯兰国"等恐怖主义组织已经招募了一些掌握大规模杀伤性武器制造技术的人才。也就是说,这些组织实际上已经具备制造大规模杀伤性武器的初级甚至更高的技术水平,只要拥有一定的设备和材料,它们有可能制造出大规模杀伤性武器。现实中,一些恐怖主义组织也在千方百计地窃取、走私相关的设备、材料甚至成型的大规模杀伤性武器,中亚和南亚国家在这方面为它们也提供了一定的"便利"。印度和巴基斯坦均是有核国家,哈萨克斯坦、乌兹别克斯坦等中亚五国虽然目前均是非核国家,但拥有一定数量的核设备和材料,一些国家也拥有成型的生物武器、化学武器或制造材料。这些国家的核武器、设备和材料的保管并非绝对保险,存在被恐怖主义组织窃取的可能性,况且也不能完全杜绝这些国家中掌握或可以接近大规模杀伤性武器、设备和材料的人向恐怖主义组织走私、输送大规模杀伤性武器或制造材料的可能性。

第二节 恐怖主义与民族宗教因素的关系分析

一、恐怖主义与民族因素的"特定关联性"

当今世界上,存在着超过 2000 个大大小小的民族。经过长期的历史发展和积淀,不同的民族普遍形成了有自身特点的民族习俗、文化观念、价值信仰。从古至今,这些为数众多的民族在所在国家的发展进程中扮演着不同的作用,不少民族成为影响所在国家发展轨迹的重要因素。当今世界包括中亚和南亚国家在内的大部分国家是多民族国家,不同的民族共同为某一个国家的形成和发展贡献着力量。

民族主义从来不是纯粹的,它具有利己和排他的特性,这种特性在一定条件下被激化就容易形成民族分裂主义。长期以来,不少民族分裂势力为了实现分裂目的而不择手段,包括暴力恐怖的手段,这就是"民族分裂型恐怖主义"。民族分裂主义者的主要理论依据是近代以来被广为演绎和应用的民族自决理论。但实际上,现实中的民族分裂主义者是在滥用民族自决理论,是在将民族自决理论庸俗化,而这将导致"民族自决权是国际生活的无序状态而不是有序状态的主要制造者"[1]。

中亚和南亚地区的民族分裂主义组织普遍持有"本民族第一""本民族至上"的思想,他们利用民众对本民族语言、宗教、文化、心理、生活习俗等的高度认同,打着维护本民族整体利益的旗号,煽动本民族民众对所在国的中央政府、主体民族或其他民族的心理仇恨,并建立一定的政治军事组织,以便使他们实现目的获得硬性条件。这在上述分裂组织身上体现得非常明显。在历史上和现实中,中亚和南亚地区的不少民族分裂势力还得到了外部势力不同程度的支持。由于国际社会目前对恐怖主义的界定存在较大的模糊性,缺乏统一、权威的界定。这也为一些国家内部的民族分裂势力争取外部支持或外部势力出于某种战略目的或意识形态思维而主动支持某些民族分裂势力提供了借口。

二、恐怖主义与宗教因素的"特定关联性"

美国社会学家彼得·贝格尔(Peter Berger)曾总结说,宗教在历史上既表现为维系世界的力量,又表现为动摇世界的力量[2],具有明显的双重性。并且,"由于宗教能够使人类生活和行为神圣化,从而可能变成一种最强有力、最顽固的社会控制方式"[3]。有西方学者认为,"暴力是宗教的本质因素,没有无宗教的暴力,也没有

---

[1] 埃里·凯杜里.民族主义[M].张明明,译.北京:中央编译出版社,2002:8.
[2] 何锦熙,王建敏.西方社会学说史纲[M].成都:四川大学出版社,1995:120.
[3] 吕大吉.西方宗教学说史[M].北京:中国社会科学出版社,1984:181.

无暴力的宗教"❶,这个观点有点绝对,但在宗教极端主义思想影响较大的地区却有其合理性,每个宗教有可能成为暴力的精神依托和动力。此外,在冲突和存在困难的地区,宗教更容易吸收民众❷,宗教的这一特点也容易为从事恐怖主义的宗教极端主义势力所利用,这也是存在冲突和发展困难的地区宗教极端组织活动频繁、恐怖主义事件多发的重要原因。中亚和南亚地区就属于类似地区,是各种宗教并存、博弈和斗争的区域,也是各种宗教极端主义思想、宗教极端势力并存、博弈和斗争的区域,有不少宗教极端势力选择了恐怖主义的行为方式,成为宗教极端型的恐怖主义组织。

纵观人类社会的文明发展史和宗教发展史,可以看出,宗教矛盾和冲突是不同文明间冲突的根源之一,也是恐怖主义产生和发展的重要原因,各类宗教的极端势力,为了宣扬自己的主张,或争取最大的利益,进行着殊死的较量,恐怖的暴力手段成为很多宗教极端势力的选择,这些宗教极端势力用一种偏执、无限扩大化、极端片面、绝对化的观点来诠释自己的信仰体系,最终形成了恐怖主义。极端化了的宗教因素所导致或激化的暴力冲突,不仅可以发生在不同宗教之间,在宗教内部的不同派别之间也经常发生。例如,在古代到近代的印度(现在的印度和巴基斯坦曾同为一个国家),印度教教徒和伊斯兰教教徒曾长期处于敌对状态,这成为近代以来在印度多次爆发宗教性质的大规模冲突甚至战争的重要诱因,也是最终导致印巴分治的宗教性原因。在印巴分治过程中及印巴分治之后出现了一系列冲突甚至战争,这其中也有非常明显的宗教因素作祟。而印巴分治遗留下来的克什米尔归属问题则成为印度和巴基斯坦之间民族、宗教冲突不断的根源。❸ 冷战结束以后,在印度和巴基斯坦等国家内部,印度教教徒和穆斯林之间、印度教教徒和其他宗教的教徒之间、穆斯林和其他宗教的教徒之间都多次爆发暴力冲突,且这种冲突仍在持续。例如,2013 年 9 月,因为两个印度教和穆斯林家庭的矛盾,引发了印度的北方邦穆扎法尔讷格尔地区的宗教暴力冲突,造成了数百人的伤亡。2013 年 2 月,"印度圣战者组织"在印度海德拉巴一个购物中心发动的炸弹袭击,造成了数百人伤

---

❶ Hent de Vries.Religion and Violence:Philosophical Perspectives from Kant to Derrida[M].Baltimore and London:The Johns Hopkins University Press,2002:1.

❷ Steven Hause,William Maltby.Western Civilization,Belmont,CA:West/Wadsworth,1999:157.

❸ 吴于廑,等.世界史·现代史编(下卷)[M].北京:高等教育出版社,1994:173.

亡。在南亚地区的伊斯兰教内部的逊尼派、什叶派和艾哈迈迪亚派等彼此之间也时常发生严重的冲突。例如，在巴基斯坦，逊尼派占据主导，什叶派和艾哈迈迪亚派则居少数，这些教派均有自己的激进组织，这些不同教派的激进组织之间不断发动针对对方的暴力袭击。2012 年，巴基斯坦发生了 173 起教派冲突，造成了 507 人死亡。2013 年则发生了 128 起教派冲突，造成 525 人死亡。❶ 近两年来，巴基斯坦国内的教派冲突仍然不断，造成的伤亡人数居高不下。如果目前这些国家内部的宗教状态持续，上述的事件很有可能在未来会经常性地发生。此外，对这些国家来说，处理与宗教相关的突发事件也是棘手的。2014 年 12 月，巴基斯坦逊尼派领导人沙姆斯·穆阿维叶遭到暗杀，引发了巴基斯坦各大城市逊尼派的抗议活动，此前的一名什叶派领导人在卡拉奇被暗杀，同样引发了什叶派的强烈不满。这样的重大事件如果处理不好、失当，也很容易使不同教派的教众将矛头指向有矛盾的教派的教众，从而容易引发大规模的教派冲突。

第三节　恐怖主义因素的民族宗教性解析

客观地说，民族分裂型恐怖主义组织特别是宗教极端型恐怖主义是中亚和南亚地区恐怖主义组织的主要群体，"乌兹别克斯坦伊斯兰运动""伊扎布特"、俾路支解放军、阿萨姆联合解放阵线、巴基斯坦塔利班运动、"基地"组织、"伊斯兰国"等民族分裂组织或宗教极端组织毫无例外地都有从事恐怖主义的经历。

不可否认，在中亚和南亚地区乃至世界范围内的恐怖主义组织中，以伊斯兰教为背景的恐怖主义组织无论从数量、规模和破坏性影响来看，都是相对突出的。这可能与宗教激进组织倡导的"圣战"（Jihad）主张有一定关系。❷ 如果认为"Jihad"仅仅是指一种恐怖主义式的、带有暴力恐怖色彩的"圣战"，这本身就是对"Jihad"的一种非常狭隘的解释。但中亚和南亚地区乃至世界范围内的一些极端组织和个

---

❶ 王世达.南亚恐怖主义及反恐形势[J].印度洋经济体研究,2015(5).
❷ 宫玉涛."一带一路"场域中恐怖主义与民族宗教关系辨析[J].国际关系研究,2016(1).

人却"最大限度地将这一狭隘的解释发挥到了极致,并主张和实施极端形式的做法"❶。这些极端组织在所谓的"圣战"旗号下发展势力、开展活动,并为其暴力恐怖活动寻找理论依据,公开宣称:"当代伊斯兰世界的一切问题只能通过战斗来解决……除了'吉哈德'之外别无他途。""由于敌人已经深入到伊斯兰世界内部……每个穆斯林都可以不受时间、地点和方式的约束,可以随时随地地向伊斯兰的敌人发起进攻,以自己的鲜血和生命为安拉奋斗"。❷ 正是因为以伊斯兰教为背景的恐怖主义组织在中亚和南亚地区乃至世界范围内较高的活跃度,以及境外的一些恐怖主义组织长期以来以印度为袭击对象,穆斯林居多数的巴基斯坦同印度教教徒居多数的印度在历史上和现实中的多次冲突、战争和长期的敌对,以及印度境内的穆斯林同印度教教徒经常发生冲突的现象,使得一些印度教背景的极端组织和个人发出了"恐怖主义威胁就是伊斯兰威胁"等误导性、敌视性言论。相反,一些伊斯兰教背景的激进组织和个人持对应的思维、观点和态度,也与印度和巴基斯坦的冲突、穆斯林和印度教徒的冲突等原因有关系。这种把一种宗教整体视为恐怖主义威胁的思维、观点和态度,是造成、加剧印度和巴基斯坦矛盾与冲突的重要祸根,也是隔阂乃至仇恨得以形成、长期延续的重要因素。

在中亚和南亚地区,披着民族或宗教外衣、打着民族或宗教旗号用暴力恐怖手段实现自身不可告人目的已经成为部分恐怖主义组织的选择,这也给所在国的安全与稳定乃至地区的和平与稳定带来了较大的消极影响。民族分裂型恐怖主义组织和宗教极端型恐怖主义组织等势力的活动导致中亚和南亚地区长期处于动荡、冲突之中,使所在国部分或整体的暴力冲突不断、社会治安恶化、政局动荡不安,也使所在国的领土完整与主权统一受到巨大威胁。乌兹别克斯坦、塔吉克斯坦、阿富汗、巴基斯坦、印度、斯里兰卡等国家都普遍受此影响。例如,在中亚地区,"乌兹别克斯坦伊斯兰运动"等恐怖主义组织的活动不仅导致一些国家内部的动荡,制约这些国家的经济发展,也对一些国家之间的关系带来了消极影响。近年来,随着恐怖主义威胁的增大,乌兹别克斯坦等国家每年都投入大量的人力、物力、财力来防范和打击恐怖主义势力,这不可避免地制约了国家对其他方面的投入。"乌兹别克斯

❶ 山内昌之.伊斯兰极端主义与美国[M]//中国现代国际关系研究所反恐怖研究中心.恐怖主义与反恐怖斗争理论探索.北京:时事出版社,2002:88.
❷ 肖宪.当代国际伊斯兰潮[M].北京:世界知识出版社,1997:138-139.

坦伊斯兰运动"等恐怖主义组织越来越经常地采取跨国方式进行渗透,发动恐怖主义袭击,而各国在打击恐怖主义方面不具有完全一致性,这对塔吉克斯坦和乌兹别克斯坦、吉尔吉斯斯坦的国家间关系产生了一定的消极影响。在南亚地区,民族分裂型恐怖主义组织、宗教极端型恐怖主义组织的存在及其活动对相关国家的安全与稳定、领土完整和主权统一产生更大威胁,是现实和潜在的重大安全隐患。在阿富汗,长期的持续的恐怖主义袭击和暴力冲突使得阿富汗的经济和社会发展受到重创,整个国家长期处于动荡的状态,人民的生命和财产无法获得基本保障。印度、巴基斯坦、孟加拉国、斯里兰卡境内一些经常发生恐怖主义袭击的区域,往往也是暴力冲突不断、社会治安不佳的区域,当地的经济发展也会受到不同程度的影响。例如,印度孟买多次受到恐怖主义袭击,这对孟买的旅游和招商引资工作产生了不利影响。印控克什米尔是风景秀美之地,有"东方瑞士"的美称,以往也是有名的旅游胜地,但长期且频繁的恐怖主义袭击事件则最终导致这里的外国旅游寥寥无几,外国投资者也闻而却步。从印度和巴基斯坦关系上说,巴基斯坦境内特别是巴控克什米尔的一些恐怖主义组织多次跨境对印度境内的目标发动恐怖主义袭击,如2008年11月2日印度孟买发生的系列恐怖主义袭击事件就被印度认定是在巴基斯坦境内的恐怖主义组织跨境所为。对此,印度把矛头指向了巴基斯坦政府,多次指责巴基斯坦相关部门暗中支持了一些针对印度发动恐怖主义袭击的恐怖主义组织,这招致了巴基斯坦政府的强烈不满和坚决反对,对两国之间本来就并不和谐的关系产生了消极影响。此外,长期以来,伊斯兰激进势力在巴基斯坦开设了不少宗教学校,向学生灌输仇视印度教等其他教派的宗教极端主义思想,这不仅为恐怖主义的产生和发展提供了"土壤",也为印度和巴基斯坦关系的发展埋下了巨大隐患。

第四节　本章小结

不可否认,在中亚和南亚地区,恐怖主义的产生和发展与民族因素、宗教因素存在某种特定的关联性,错综复杂的民族问题、宗教问题也引发了各种类型的恐怖主义难题,这增加了解决恐怖主义问题的难度。但相应地,要解决中亚和南亚地区已经非常严峻的恐怖主义难题,特别是要发挥各国的合力打击披着民族、宗教外衣发展和活动的恐怖主义势力,需要从理论上厘清恐怖主义与民族、宗教的关系,客观地认识和对待一些特定的民族、宗教及其教众,争取尽可能多的国家、民众、教众参与到反对恐怖主义斗争中去。

在恐怖主义已经严重损害中亚和南亚国家人民生命财产、国家的安全、稳定及主权的形势下,如果一味地将恐怖主义与某一民族或某一宗教的关系普遍化、绝对化,甚至为了自身利益以种种理由对恐怖主义组织及其行为采取纵容、支持的态度,其结果只能是扩大恐怖主义组织的"群众基础",助长恐怖主义组织的嚣张气焰,从而掩盖恐怖主义组织反人类、反社会的极端性性质和邪恶本质,甚至会变相地"帮助"恐怖主义组织继续从事恐怖主义活动,也有可能因此继续导致相关国家之间关系的紧张、冲突。"9·11"事件后,美国等西方国家在反对恐怖主义斗争过程中的偏颇做法已经提供了足够的教训,中亚和南亚国家及相关方在防范、打击恐怖主义时应竭力避免。中亚和南亚地区乃至世界范围内的不少恐怖主义组织是在西方国家的纵容甚至支持下发展壮大的,典型的事例如 20 世纪七八十年代美国中情局在阿富汗对"基地"组织等"圣战"势力的支持。❶ "伊斯兰国"之所以能发展到今天,美国等西方国家也不能说没有责任。

随着上海合作组织、南亚区域合作联盟等地区性组织的发展壮大,随着印度、巴基斯坦正式加入上海合作组织,阿富汗、斯里兰卡等国家已经成为上海合作组织的观察员国或对话伙伴国,并在积极谋求加入上海合作组织。而上海合作组织在防范和打击恐怖主义方面已经走在了其他区域性组织的前面,特别是已经成立了专门的机构——地区反恐怖机构执行委员会,通过了《上海合作组织反恐怖主义公约》等法律文件,这意味着上海合作组织具备了在中亚和南亚国家防范和打击恐怖主义过程中扮演重要的支持和协调角色的能力、条件。上海合作组织不仅可以对这些国家提供信息、技术的支持,也可以协调各国在防范和打击恐怖主义过程中的行动,应该在防范和打击恐怖主义方面发挥作用,还可以为因恐怖主义跨境袭击或打击恐怖主义问题上的不一致性产生矛盾甚至冲突的相关国家提供对话、协商的平台。目前,"基地"组织的阴魂不散、"伊斯兰国"向中亚和南亚地区的强势扩张

---

❶ 张力.当代南亚恐怖主义的起源与诱发因素[J].南亚研究季刊,2013(1).

及其对各国的安全、利益的威胁和侵害，为相关国家打造反恐合作机制提供了前所未有的契机。如果中亚和南亚各国能够抓住这一历史契机，将是多赢的结果。

此外，随着"一带一路"倡议的实施，中国政府和学者正在并应该继续密切关注中亚和南亚国家的恐怖主义发展、活动状况，政府在这方面也应该加强与中亚和南亚国家的沟通、合作，并为相关国家防范和打击恐怖主义的行为提供力所能及的帮助和支持。

第二章 南亚恐怖主义及反恐合作

冷战结束以后,恐怖袭击主要集中发生在中亚和南亚地区,基于民族分离主义而演变的恐怖活动严重影响了南亚地区各国政治发展与民族融合的进程,给南亚各国政府带来了严峻挑战,也影响和毒化了南亚地区的安全环境。❶ 正确分析和评估近年来中-南亚地区恐怖主义形势,特别是探讨南亚民族分离主义特点、提出相应对策建议,有助于提高南亚各国政府对打击民族分离主义的认识,切实改善和提高南亚各民族生活水平,从而加快南亚地区各民族融合进程。

第一节 民族分离主义与南亚恐怖主义关联性

一、南亚恐怖主义新特征

南亚地区恐怖主义既含有国际恐怖主义的一般性特征,又呈现出本地区的一些新特点。

民族分离主义是指一国之内的政治力量以民族为单位的分裂倾向、政治诉求与分裂活动。民族分离主义已发展成为当代民族国家问题中最为突出的问题,而民族分离主义日趋与恐怖暴力活动相结合,成为诱发恐怖主义的导火线。

目前世界上 1/3 的恐怖组织是由极端民族主义分子组成的,民族发展不均衡

---

❶ Chakma B.Global Fight Against Terrorism in Afghanistan:Impact on South Asian Security[M].London:Palgrave Macmillan UK,2014:106.

及民族矛盾已成为冷战后恐怖主义泛滥的主要原因之一。❶ 冷战后民族主义类型恐怖主义具有分离性、宗教性和危害性大等特征。民族分离主义所造成的国家分裂、社会混乱等后果以及与恐怖主义相结合所实行的一系列暗杀、自杀性暴力恐怖活动,已经严重影响到了全世界的和平与安宁❷,并成为南亚各国安全与社会稳定的主要威胁之一。❸

众所周知,民族分离主义是民族主义极端化的产物,与暴力恐怖主义具有天然的联系,是产生恐怖主义活动的重要基础。民族分离主义的存在已严重威胁到国家主权,对现有国际秩序构成了潜在危害与挑战。❹ 但极端民族主义并不完全等同于恐怖主义。极端民族主义打着民族融合的旗号、传播民族至上思想、从事恐怖活动或分裂活动❺,进一步刺激了南亚地区恐怖活动的激化与蔓延。

民族分离主义的兴起是冷战后世界政治领域内的重大事件,它在一定程度上导致了地缘政治版图的碎片化趋势,对整个国际体系的发展产生了深刻影响。民族分离主义是特定的民族将其政治诉求与脱离现有政治共同体相联系的一种民族主义的特殊形式。❻ 民族分离主义所引起的恐怖活动已成为南亚地区持续动荡不安的重要原因。

冷战结束以来,多民族国家共同体内部所发生的一系列的民族矛盾、民族冲突直接导致了民族分离主义活动的加剧。民族分离主义组织采取的恐怖行动,最根本的目的是要对政治进程施加影响,以改变政治现状。

在南亚,从民族分离运动发展成恐怖主义,由于其具有反对民族歧视与不平等待遇的内涵,得到了南亚一些国家的同情甚至支持❼,其具有一定的迷惑性而使南亚地区部分民众混淆了对民族主义与民族分离主义的认识,从而给南亚各国打击民族分离势力带来一定的难度。

---

❶ G Akhmat,K Zaman,S Tan,et al. Exploring the r Root Causes of Terrorism in South Asia:Everybody Should Be Concerned,Quality & Quantity,2014,48.

❷ 石徐.关于冷战后民族自决的几点认识[J].法制博览旬刊,2013(11).

❸ S Singh.Threat of Terrorism in South Asia,Indian Streams Research Journal,2014,4.

❹ 赵海立.2014 年世界部分地区民族问题热点扫描[J].中国民族,2015(1).

❺ 林利蔚.宗教极端势力的危害与防范对策思考[J].四川警察学院学报,2014(3).

❻ 张永红."民族分离主义"辨析[J].理论月刊,2011(7).

❼ R Gupta. Poetics and Politics of Borderland Dwelling:Baltis in Kargil,South Asia Multidisciplinary Academic Journal,2014,10.

民族分离主义与暴力恐怖主义具有一种内在的联系。恐怖组织利用某些民族、宗教矛盾和民众情绪从事暴力恐怖活动的目的，就在于维护其以极端性与残暴性建立的"权威地位"和左右民众的能力。

民族分离型恐怖主义产生的根源与猖獗的原因极其复杂，既包括民族分离主义产生的成因，也包括分离主义演变成恐怖主义的原因。而南亚民族分离运动与意识形态、精英、群众等相关联，成为南亚恐怖活动的根源之一。

冷战结束以来，民族分离主义不仅成为南亚恐怖主义活动的主要根源之一，而且还发展成为南亚恐怖主义最显著特征之一。因民族分离运动而引发的民族冲突导致了南亚恐怖活动异常猖獗，民族分离型恐怖主义已成为南亚地区最为普遍和危害最为严重的恐怖主义形态。

而且，冷战后民族分离型恐怖主义在南亚地区活动猖獗，更多地表现出了消极的一面。南亚地区民族分离主义思潮的上升，又进一步加剧了本地区的恐怖主义活动，从而在南亚地区形成了恶性循环的态势。主张民族分裂的民族分离主义存在着追求本民族狭隘的民族利益、过度排斥其他民族的极端倾向，导致因民族分裂而引发数起新的民族矛盾与民族纠纷。❶ 由于印度国内地区发展不平衡等因素，"左"翼暴力行动不断上升，其目标就是通过暴力革命解决社会和经济不平等的问题，特别是贫富差距不断扩大、教育失衡等社会现象成为恐怖主义活动的导火索❷，纳萨尔分子已经对全印度行政区 1/4 的地区造成了一定的威胁，成为印度有史以来所面临的最大的国内安全挑战。❸ 民族分离型恐怖主义已成为南亚地区最为普遍也是危害最严重的恐怖主义类型之一。

二、民族因素与南亚恐怖主义的关联性

1.民族矛盾日趋激烈成为南亚地区恐怖主义活动猖獗的主要诱因

由于历史上的某些原因，印度民族问题呈现出了明显的跨界性和"溢出效应"，如印度、巴基斯坦之间的旁遮普问题；印度、孟加拉国之间的阿萨姆武装分子

---

❶ 余建华,等.恐怖主义的历史演变[M].上海：上海人民出版社,2015：342.

❷ G Akhmat,K Zaman,S Tan,et al.Exploring the Root Causes of Terrorism in South Asia：Everybody Should Be Concerned,Quality & Quantity,2014,48.

❸ Sumit Ganguli,etc.,India Arising：What Does New Delhi Want To Do? World Policies,Spring,2014.

以及米佐拉姆邦反政府武装等问题；印度、斯里兰卡之间的泰米尔问题等。这些问题由于长期得不到公正、合理解决，已严重影响了印度与其周边邻国的双边关系的正常发展。

而且，印度中央政府采取抑制地方民族主义的做法激起了少数民族的暴力反抗。❶ 双方的激烈对抗为民族分离主义的产生创造了天然的土壤。据统计，目前，在印度境内，活跃着大大小小的恐怖主义、分裂主义和极端主义组织约有 176 个，其中阿萨姆邦约有 36 个，查谟—克什米尔地区约有 36 个，曼尼普尔邦约有 39 个，特里普纳邦约有 30 个。❷ 这些民族极端分子在印度国内制造了多起飞机、火车和汽车爆炸案。他们借机大肆宣传民族差异，不断激化民族矛盾，积极煽动民众与印度中央政府对立。因为印度的诸多民族具有跨界性的特征，一国的民族问题往往引起其他邻国的连锁效应。❸ 实际上，这些民族分离分子的煽风点火已经给整个南亚地区的安全局势带来了严重后果。

印度和巴基斯坦两国因克什米尔民族归属问题长期争执不休❹，双方敌对情绪一直没有减弱，成为影响印、巴双边关系发展的重要原因之一。而且，印度东北部的米佐人在印度以语言划分边界的时候，也提出单独建邦甚至单独建国的要求。印度指责并抗议巴基斯坦支持米佐人反对印度。

在印度南部的泰米尔拉杜邦、安德拉邦等地主要居住着达罗毗荼人，他们在人口上仅次于印度斯坦族，达罗毗荼人的民族运动也已严重影响了印度乃至整个南亚地区的和平与安全。

斯里兰卡境内的泰米尔"猛虎"组织是斯里兰卡泰米尔族的反政府武装组织。该组织采用"自杀性爆炸袭击"多次制造恐怖事件，造成大量平民伤亡，沉重打击了斯里兰卡的旅游经济。❺

另外，印度大吉岭地区的廓尔喀民族解放阵线不断在印度、尼泊尔边境地区发

---

❶ Mitra S K.Liberal Politics in An Illiberal Context：Adversarial Politics and Policy Continuity in the Indian Political System[M].Wiesbaden：Springer Fachmedien Wiesbaden，2013：499-526.

❷ 张家栋.当代南亚恐怖活动状况[J].南亚研究，2009(2)：27.

❸ 陈利君，林延明.印度阿萨姆邦骚乱及其连锁反应事件分析[J].世界民族，2013(4).

❹ Mukherjee K.The Kashmir Conflict in South Asia：Voices from Srinagar[J].Defense & Security Analysis，2014，30(1)：44-45.

❺ 余建华，等.恐怖主义的历史演变[M].上海：上海人民出版社，2015：203.

起暴力运动。廓尔喀问题严重影响了印度与尼泊尔的关系。印度独立后,廓尔喀人的民族主义情绪开始高涨,并建立了全印廓尔喀同盟,他们多次提出自治要求,但都被印度政府所拒绝或不予理睬,从而激化了彼此之间的民族矛盾。

由于上述南亚地区民族矛盾并没有得到及时、公正的解决,民族恐怖主义给南亚国家带来了严峻挑战,政府出台的传统反恐政策及南亚各国政府在处理民族问题上的政策失误等❶,使这些民族矛盾长期日积月累,刺激了南亚恐怖主义情绪,助长了南亚恐怖分子的气焰,可能产生广泛的支持叛乱或民族分离主义运动,直接为南亚恐怖主义活动推波助澜。

2.民族分离主义进一步刺激了南亚地区恐怖主义猖獗态势

冷战结束以来,恐怖主义与民族分离主义等不断融合,致使南亚地区各民族矛盾日趋紧张❷,恶化了南亚地区的安全局势,耗费了南亚地区国家大量的人力、物力、财力,也进一步拉大了南亚地区经济发展不平衡的差距。在南亚地区,由民族问题引发的恐怖活动呈现出以下两种发展趋势:

第一,在南亚地区,由民族问题引发的恐怖活动不会在短期内消失。

第二,随着民族矛盾进一步发展,新的恐怖主义热点在南亚地区将不断出现,其危害性将日趋增大。

这主要有以下几个方面的原因:

首先,作为一种强烈的民族情感,民族分离主义往往表现为狭隘性与复仇性的特质。❸ 由于南亚地区多年民族冲突已经在人们心理上留下了长期难以治愈的创伤,因而仇视和隔膜难以在短期内消除。斯里兰卡政府与"猛虎"组织的和平谈判几经夭折,就是由相互之间根深蒂固的偏见与不信任造成的。

其次,极端民族势力利用本民族的信仰号召、煽动群众❶,具有很大的欺骗性。在南亚地区,许多极端民族团体仍继续将恐怖主义作为实现本民族政治目标的重

---

❶　Banarjee,Subrata,Alam,Mohammad Ashraful:The Extent of Terrorism in South Asia:A Study on Historical Perspective of Terrorism,Asian Journal of Research in Social Sciences,2015

❷　王世达.南亚恐怖主义及反恐形势[J].印度洋经济体研究,2015(5).

❸　R Gupta. Poetics and Politics of Borderland Dwelling:Baltis in Kargil, South Asia Multidisciplinary Academic Journal,2014,10.

❶　Dipak K Gupta.Stephen Tankel.Storming the World Stage:The Story of Lashkar-e-Taiba Dilip Hiro.Apocalyptic Realm:Jihadists in South Asia,Terrorism & Political Violence,2013,25:499-501.

要手段。

以印度为例,印度国内民族众多,印度民族问题易在全国及南亚地区产生"多米诺"骨牌效应,少数民族居住区贫困、落后的现状为当地的一些民族分裂分子提供了活动的土壤❶,恐怖袭击事件有增无减,严重影响了印度与其邻国的关系。

印度自1947年独立至今,从民族分裂分子到伊斯兰极端势力,再到极"左"武装、频频出击的叛乱分子,过去几十年不断困扰着印度大部分地区的居民。而印度各地经济不平衡发展与贫富分化日趋严重,加重了各民族民众的不满,民族分离活动愈演愈烈。错综复杂的民族矛盾所引发的民族分离主义运动已成为影响印度"大国目标"的巨大阻碍。

以阿萨姆邦为代表的印度东北部地区聚居生活着两百多个少数民族,汇集多种语言、宗教和文化,在民族、语言、文化等方面,他们与印度其他民族有所差异,宗教和民族矛盾相当尖锐。❷ 阿萨姆在印度独立以前就与其他地区少有联系。印度独立后,这些民族纷纷要求自治,有的甚至要求建立独立的国家,并提出建立单独的语言邦。印度独立以后,再加上经济落后和发展不均衡,因此成为印度分裂恐怖活动的"重灾区"。而印度政府大力推行国家认同,与当地原住部族认同发生强烈碰撞,民族分离主义顺势而生并愈发猖獗。❸ 印度东北部地区已成为印度民族分离主义最活跃的地区,呈现出了时间长、烈度强等特点,破坏了印度国家的完整性❹,给印度国家稳定带来了一定的挑战。

成立于1979年的"阿萨姆联合解放阵线"已发展成为印度东北部地区最有影响的分离主义组织,他们采取暗杀、绑架、袭击军警等暴力恐怖活动,主张摆脱印度的控制,谋求成立一个拥有独立主权的社会主义国家——"阿萨姆国"。过去30年来,该组织在阿萨姆邦主要从事民族分裂活动,并逐渐转型为恐怖主义组织,频繁制造恐怖活动,引发的各种暴力活动已导致1万余人丧生。印度东北地区民族分离运动与反政府武装活动持续不断并呈现激化趋势。❺ 进入21世纪以来,反政府

---

❶ Z Anwar,T Afza.Impact of Terrorism,Gas Shortage and Political Instability on FDI Inflows in Pakistan,Science International,2014.

❷ 陈利君,林延明.印度阿萨姆邦骚乱及其连锁反应事件分析[J].世界民族,2013(4).

❸ 金丰,乌元春.分裂恐怖主义势力 印度大国梦的隐忧[N].环球时报,2011-11-30.

❹ 李金轲,马得汶.印度那加人的民族分离主义浅析[J].世界民族,2010(2).

❺ 吕昭义,余芳琼.印度东北地区的民族分离运动与反政府武装[J].南亚研究,2010(2).

武装组织出现恐怖主义化、黑社会化趋向。

印度东北部反政府武装组织实质上是民族分裂主义型的恐怖主义[1]，印度东北部地区那加人分离主义运动是亚洲地区持续时间最长、发展最复杂的分离运动之一，其核心矛盾是印度少数民族与印度中央主体族群之间展开的长期纷争，对印度国内政治与南亚其他国家之间关系产生了深刻的影响。

据印度安全部门统计，目前至少有 50 个大大小小的恐怖组织活跃在印度东北部地区。而"波多民族民主阵线"和"特里普拉民族解放阵线"与"阿萨姆联合解放阵线"已成为东北部地区最大的三支反政府武装组织。他们时常联手袭击当地军警和政府，成为印度中央政府的"心腹之患"。

最后，民族分离主义所表现出来的情绪化、盲动性、传染性、煽动性等特性，外部势力干预常导致民族恐怖主义蔓延，始于 20 世纪 70 年代末的印度特里普拉邦的部族与孟加拉移民之间大规模暴力冲突到 21 世纪初演变并逐步恐怖主义化。

第二节　南亚恐怖主义形势严峻

2013—2014 年，南亚整体恐怖主义形势仍然比较严峻，巴基斯坦、阿富汗深陷恐怖主义泥潭不能自拔，印度仍然面临左翼激进势力、宗教极端势力和东北部分裂势力的严重威胁。

一、印度整体喜忧参半

自 2012 年以来，印度安全形势已有所好转，但仍是恐怖袭击多发国之一。根据澳大利亚智库——经济与和平研究所（IEP）2014 年发布的报告，印度恐怖主义指数为7.86。印度的恐怖组织主要分为左翼激进势力、宗教极端势力和东北部分裂势力。与 2012 年相比，近几年暴恐事件死亡总人数有所上升。2013 年，印度国内各种暴恐事件共造成885 人死亡，包括恐怖分子 388 人，安全部队 193 人和平民

---

[1] 杨恩润,陈利君.试析印度东北部地区反政府武装组织及其活动的性质界定[J].东南亚南亚研究,2010(2).

304 人。2014 年,共造成 976 人死亡,包括恐怖分子 408 人,安全部队 161 人,平民 407 人❶。2013—2014 年两年内共造成 1861 人死亡,其中,左翼激进势力造成 735 人死亡,印度东北部分离主义叛乱造成 717 人死亡。❷

左翼激进势力依旧活跃。2013 年,左翼激进势力共造成 421 人死亡,占总死亡人数近半,与 2012 年相比有所增加。2014 年则有所回落,共造成 314 人死亡。❸ 纳萨尔派(毛派)是印度主要左翼激进势力,曾被前总理辛格称为印度"最主要安全威胁",在切蒂斯格尔邦和卡纳塔克邦等地尤为活跃。作为印度最大的反政府武装组织,该武装继续袭击印度政府机构和安全部队。2014 年 4 月,纳萨尔派在印度中部恰蒂斯加尔邦加尔达尔普尔地区和比加普尔地区,袭击选举工作人员和安全部队人员,造成至少 15 人死亡。4 月 24 日,又在印度中部恰尔肯德邦针对选举人员发动地雷袭击,造成至少 8 人死亡。

东北部分离主义势力造成大量伤亡。与 2012 年相比,2013 年印度东北部分离主义活动死亡人数有所下降,为 252 人,2014 年则有所回升,为 465 人,占总死亡人数近半。❹ 印度东北部分离主义势力包括"波多民族民主阵线"(NDFB)和"阿萨姆联合解放阵线"(ULFA)等。2014 年 5 月 1 至 2 日,印度东北部爆发严重暴力事件,近 30 名穆斯林被杀,数间民宅被烧毁,数百人被迫离开家园。印度警方称,"波多民族民主阵线"系主要黑手。❺ 2014 年 12 月 23 日,阿萨姆邦再次发生重大流血事件,"波多民族民主阵线"为报复政府清剿行为,袭击并屠杀部落民,造成 70 人死亡,超过 80 人受伤,250 人失踪。

大选前族群冲突升温,大选后有所缓和。印度教派和民族众多,族群矛盾和冲突多发,尤以印度教和穆斯林间的教派矛盾为甚。2013 年 9 月初,印度北方邦穆扎

❶ India fatalities:1994—2015.[EB/OL].[2015-02-20]http://www.satp.org/satporgtp/countries/india/database/indiafatalities.htm.

❷ India fatalities:1994—2015.[EB/OL].[2015-02-20]http://www.satp.org/satporgtp/countries/india/database/indiafatalities.htm.

❸ Cumulative Fatalities by Conflict Theatres.[EB/OL].[2015-02-20]http://www.satp.org/satporgtp/countries/india/database/Cumulative_Fatalities.htm.

❹ Cumulative Fatalities by Conflict Theatres:2005-2015.[EB/OL].[2015-02-20]http://www.satp.org/satporgtp/countries/india/database/Cumulative_Fatalities.htm.

❺ Dozens of Muslims killed in ethnic violence in north-east India.[EB/OL].[2015-01-01]http://www.theguardian.com/world/2014/may/03/dozens-muslims-killed-ethnic-violence-north-east-india-assam.

法尔讷格尔地区爆发宗教暴力冲突,截至 10 月底已造成 60 余人丧生。事故源于当地印度教徒和穆斯林两个家庭间的纠纷,但最终演变为两大宗教和族群间的流血冲突。当地警方多次实施宵禁,学校停课,商店关门,民众正常生活被打乱。印度新总理莫迪上任后,安全形势总体平稳,未发生大规模宗教冲突。

二、阿富汗安全形势迅速恶化

2013—2014 年是阿富汗反恐战争的转折年。2013 年中期,以美国为首的国际安全援助部队将主要防务责任移交给阿富汗国家安全部队,后者逐步承担起维护国家安全的责任。整体来看,阿富汗安全形势自 2013 年以来迅速恶化,阿富汗塔利班频繁发动较大规模的恐怖袭击。联合国 2013 年年底发布报告称,当年共有超过 12000 名塔利班成员被捕、丧生或受伤,阿富汗安全形势恶化由此可见一斑。❶ 2015 年 2 月,联合国报告显示,2014 年阿富汗平民伤亡人数高达 10548 人,同比上升了 22%,多数是由地面战场冲突造成。2014 年更是国际安全援助部队撤出作战部队的关键年份,塔利班围绕外国军队撤出和阿富汗举行总统大选两大关键节点加大袭击力度。2014 年已经成为 2001 年以来阿富汗安全形势最为糟糕的一年。

首先,塔利班继续实施非对称作战军事行动。塔利班早已认识到不能同以美国为首的国际安全援助部队硬拼,多年来一直使用包括简易爆炸装置(IED)、突袭重要军政目标及暗杀军政要人等在内的非对称作战手法与外军和阿富汗安全部队周旋。为了持续对阿富汗政府施压,塔利班一度不区分目标实施袭击,造成严重平民伤亡,这损及其在阿富汉民众中的形象。为此,塔利班调整作战手法,将袭击目标转向阿富汉军政设施及外国在阿富汉人员和机构,避免伤及无辜平民。

其次,塔利班试图破坏 2014 年阿富汗总统大选。阿富汗未来长治久安的核心在于顺利实现三重过渡,即政治、经济和安全过渡,其中政治过渡的核心就是顺利举行总统大选,经选举产生下一任总统,实现权力顺利移交及从"卡尔扎伊时代"向"后卡尔扎伊时代"的过渡。塔利班武装分子袭击阿富汗"独立选举委员会"总

---

❶　UN report detailing Taliban fighter deaths warns of force's illicit funding[EB/OL].[2015-01-28]http://www.theguardian.com/world/2013/nov/17/un-report-taliban-fighter-deaths.

部。塔利班在 2014 年 4 月 5 日总统选举投票日之前针对选举相关目标连续发动恐怖袭击,明显试图破坏选举。在国际安全援助部队和阿富汗安全部队的全力保驾护航之下,阿富汗总统选举整体顺利进行,投票率保持较高水平,这在一定程度上反映了阿富汗民众心理的变化,即希望通过参加投票影响阿富汗未来政治进程乃至国家的整体发展方向。

最后,重新发动较大规模地面进攻行动。随着以美国为首的国际安全援助部队持续向阿富汗国家安全部队移交防卫责任,阿富汗安全部队,特别是国民军逐渐成为与塔利班作战的主体力量。整体上而言,国民军作战装备要强于塔利班,但并未形成压制性优势,这为塔利班卷土重来提供了可能。2013 年中期以来,塔利班数次发动数百人参与的较大规模地面进攻行动,这与之前其一味依赖武装伏击、自杀式炸弹袭击等做法形成了鲜明的对比。8 月,阿富汗军队被迫与塔利班谈判,这标志着阿富汗军队彻底失去对桑金地区的控制。塔利班控制桑金地区袭击彰显其仍然具有相当作战潜力,不排除未来控制若干乡村地区,乃至中小城镇的可能性。当月,超过 700 名塔利班武装分子还在卢格尔省的查尔赫区袭击阿富汗安全部队。9 月,700 余名塔利班武装分子袭击卢格尔省战略意义巨大的阿杰尔斯坦地区,导致至少 100 名安全部队成员和平民死亡,地方当局已经紧急向阿富汉中央政府求援。阿杰尔斯坦位于连接首都喀布尔和南部总镇坎大哈的交通要道,战略意义重大。此后,塔利班不断发动较大规模地面进攻行动。例如,塔利班指挥官塞得·拉赫曼表示,塔利班已经控制了瓦尔达克省的赛义达巴德地区。塔利班战士白天公开巡逻,并且设立宗教法庭解决当地纠纷,征收税款,在当地学校传授塔利班制定的课程。在北部昆都士省,阿富汗官员承认塔利班已经控制了察哈尔达拉和达什阿奇两个地区。

其次,巴基斯坦塔利班逐渐走向分裂。2013 年,美军无人机袭击打死巴基斯坦塔利班(以下简称"巴塔")领导人哈基姆拉·马赫苏德,该组织陷入领导人危机,在谁接任哈基姆拉及是否与政府和谈问题上争执不下。出任"巴塔"领导人的法兹鲁拉既不能服众,也无法再和谈问题上凝聚共识。2014 年 3 月,法兹鲁拉宣布暂时与政府停火,这成为"巴塔"走向分裂的导火索。此前,乌玛尔·卡西米就宣布成立"自由印度"组织,公开反对和谈,继续与巴军作战。5 月中旬,萨迦那·马赫苏德宣布成立南瓦济里斯坦塔利班,并且指责"巴塔"已经"背离了伊斯兰教的基本原则"。随后,来自莫哈曼德部落区的奥马尔·哈立德·呼罗珊与巴焦尔、开伯尔、奥拉克宰、查萨达、白沙瓦和斯瓦特地区的武装组织领导人宣布成立"自由圣战者"组织。该组织与先前的"自由印度"组织合并,并由卡西米统一领导。9 月中旬,北瓦济里斯坦部落区的谢赫亚尔·马赫苏德宣布脱离"巴塔"。10 月 13 日,"巴塔"发言人沙希杜拉·沙希德及 5 名地区埃米尔(包括来自库拉姆的多拉特·汗,奥拉克宰的赛义德·汗,开伯尔的古尔·扎曼,白沙瓦的哈桑·斯瓦提及汉古的哈立德·曼苏尔)发布视频,宣布脱离"巴塔",对"伊斯兰国"大头目巴格达迪效忠。❶

　　"巴塔"走向分裂彰显其内部派别林立及不同派别具有不同的利益诉求,同时也表明尽管该组织具有与"基地"组织类似的全球"圣战"理念,但其本质上仍然是一个基于部落纽带的组织。在法兹鲁拉之前,"巴塔"连续多任领导人均出自马赫苏德部落,该部落也是"巴塔"组织下最强和最核心的一支武装。法兹鲁拉上台之后,马赫苏德部落并不认可其领导权,而且"巴塔"内部派系在和谈等问题上立场不同,最终导致了 2014 年不断出现各派别脱离"巴塔"、自立门户的现象。然而,"巴塔"自身分裂却不一定是好事,这意味着"巴塔"不再具有统一的领导机构和组织形态,而是进一步分散成为各自为政、没有隶属的极端组织,未来巴军在武装清剿或者和谈时将面临找不到合适对象的困难。

第三节　推动南亚地区各民族发展
消除恐怖主义隐患

　　民族分离主义的产生与民族国家建构中民族结构上的非均衡性和文化上的非均质性及民族自决权原则密切相关。民族分离主义的现实表现和后果更进一步说明,人类应该以更加理性的方式处理民族问题。❷

　　而各种极端思潮特别是极端民族主义与宗教极端主义相结合已成为中-南亚地区恐怖主义泛滥的主要根源。民族极端主义激化导致南亚地区反恐局势"越反

---

　　❶　Discord dissolves Pakistani Taliban coalition[EB/OL].[2015-01-22]http://www.longwarjournal.org/archives/2014/10/discord_dissolves_pa.php.

　　❷　张永红."民族分离主义"辨析[J].理论月刊,2011(7).

越恐"。

因此,南亚各国政府在反对一切形式的恐怖主义的同时,特别要反对将恐怖主义问题与特定民族与宗教相挂钩。❶ 只有南亚各国政府致力于标本兼治,建立公正合理的国际新秩序,推动社会公正与公平,各民族求同存异、和平共处,才能形成合力,共同努力打击恐怖主义。

南亚地区各国应积极利用和平谈判的手段,彻底摈弃恐怖主义,实现中-南亚地区各民族之间的和解,中-南亚各国政府应通过实行或扩大民族自治权、改善不同民族生活条件等措施缓解民族矛盾。❷ 树立正确的民族观,积极持久地推动南亚各民族之间的融合进程。

由于民族分离主义势力在世界范围内具有普遍性,因此,南亚各国应求同存异,寻求打击民族分离主义及恐怖主义活动的国际共识。

1.切断并消除滋生恐怖主义的经济根源

经济和社会发展缓慢成为极端组织活动猖獗的重要原因之一。❸ 南亚地区各国应通过有效政策促进民族贫困地区的经济发展,消除和切断滋生恐怖主义的经济根源,摆脱贫困落后状态。同时,南亚各国政府应制定出本国各民族中长期发展规划,大力发展民族经济,提高各民族凝聚力与向心力,增加国家认同感❹,改善他们的生活条件,切断民族分离主义分子进行民族分离活动和恐怖活动的资金来源,铲除国际民族分离主义活动的"基地",使民族分离势力失去立足之地。中-南亚各国政府应将工作重心放在国内经济发展及扶贫领域❺,除了积极与反政府武装进行谈判和解外,还必须在少数民族居住区大力发展民族经济,消除贫困,不断提高当地民族的生活水平,消除恐怖主义滋生的土壤。

2.将打击恐怖主义活动上升为国家安全战略的重点

民族分离主义采取非传统安全的袭击手段,增加了南亚各国维护安全的成本。

---

❶ 王毅:国际反恐必须发挥联合国及其安理会的主导作用,2014 年 9 月 24 日。见 http://www.un.org//20140924news/

❷ Banarjee, Subrata, Alam, Mohammad Ashraful: The Extent of Terrorism in South Asia: A Study on Historical Perspective of Terrorism, Asian Journal of Research in Social Sciences, 2015

❸ 王雷."伊斯兰国"极端组织兴起与中东政治变迁[J].亚非纵横,2014(6).

❹ G A Khan. Failure of Federalism Causes Nationalism/separatism. The Case of Balochistan in Pakistan. International Academic Conferences, 2014.

❺ 张世均.印度阿萨姆邦的民族问题及其应对策略[J].南亚研究季刊,2012(4).

中-南亚地区各国政府应把打击恐怖主义活动纳入国家安全战略层面,积极主动教育和接触最底层的民众,使其及时了解和支持政府打击恐怖主义的政策与决心,从而使反恐行动成为国家安全战略的重点。

实际上,南亚国家反恐战略经常事与愿违。因此,一个理想的反恐战略就是使政府有组织的监管通过鼓励民族温和派采取"胡萝卜加大棒"刚柔相济的政策来达到惩处那些恐怖暴力活动的目的。❶

3.南亚各国应不断提高政府治理水平,彻底消除腐败现象

面对恐怖主义活动越来越猖獗的态势,南亚各国政府应努力提高政府治理水平,彻底消除腐败现象❷,进一步从源头上根除恐怖主义。

在涉及民族利益方面,在民主与法制的程序下,南亚各国政府应努力提高政府治理水平,克服腐败所带来的消极形象,在中-南亚地区打造"公正、廉洁、清明"的行政团队,彻底消除腐败现象。南亚各国应积极采取行动,促进不同民族群体之间的对话与沟通❸,建立公平、平等、宽容的公民社会,调解各民族之间的矛盾与误解❹,积极在南亚地区倡导文化多样性与价值多元化共存,推行民族教育、改善少数民族生活水平等措施,❺防止当地民族问题演变成为民族分离主义,进而形成恐怖主义行为,进一步从源头上根除恐怖主义。

4.加强国家间反恐合作

恐怖活动给南亚各国的稳定和发展带来了巨大的威胁,但在合作反恐方面又为南亚相关国家提供了相互合作的空间。❻ 南亚地区尤其是南亚各国在联合反恐上达成了共识,并形成了初步合作机制,在定期召开部长级会商、情报互通、司法协调、切断恐怖组织财政来源、举行联合军演、联合组建或训练反恐警察等方面开展

---

❶　张力.反恐矛盾对美巴关系的新挑战[J].南亚研究季刊,2012(3).

❷　Banarjee Subrata,Alam Mohammad Ashraful.The Extent of Terrorism in South Asia:A Study on Historical Perspective of Terrorism,Asian Journal of Research in Social Sciences,2015,3.

❸　青觉.民族政治辑刊(2)[M].北京:社科文献出版社,2013:28.

❹　Damien Kingsbury.Mediated Constitutionalism as A Solution to Separatism,Autonomy & Armed Separatism in South & Southeast Asia,2012,2.

❺　张世均.印度阿萨姆邦的民族问题及其应对策略[J].南亚研究季刊,2012(4).

❻　涂华忠,和红梅.构建中国与东南亚、南亚国家反恐合作机制研究[J].东南亚南亚研究,2014(2).

合作。[1] 加强中-南亚地区各国间的双边或多边合作成为有效打击恐怖主义活动的必要条件。传统安全手段并不能完全遏制恐怖主义,南亚各国必须共同努力消除滋生恐怖主义暴力行为的土壤。因此,南亚反恐主义的地区合作使多边合作更有意义。南亚地区各国应在反恐活动中主动交流、加强彼此间的合作,重视国际与地区间的合作,积极参与地区外的双边或多边反恐机制[2],主动打击各种恐怖主义活动。

南亚各国还应共同加强国家安全工作,树立新的国家安全观,进行有组织的国际安全合作,构建打击恐怖主义与民族分离主义的长效合作机制,针对不同类型的民族分离主义,采取相应不同的对策,戒除一切形式的霸权主义和强权政治,这也是遏制当今民族分离主义势力进行恐怖主义活动的有效途径。

第四节　本章小结

近年来,南亚地区政治形势诡谲多变,暴力特征明显,南亚地区恐怖主义活动时有发生。暴力恐怖主义一直成为南亚地区安全的"不治"之症,时至今日,南亚国家仍然无法找到有效的手段加以解决。[3] 恐怖活动在南亚地区呈现出蔓延的趋势。

谢里夫在2014年巴基斯坦民选政府政权平稳过渡中重新上台执政,虽在国内经济增长和维护安全稳定上取得些许成就,但巴基斯坦仍旧面临着来自国内外的诸多威胁,国内外威胁交织在一起。巴基斯坦内外交困,整体政治安全形势不容乐观,但并未失控。虽然巴基斯坦安全局势总体可控,但暗藏的危机加速了巴基斯坦国内政治安全局势的恶化,并对中国在南亚地区利益以及新疆地区的安全稳定形势产生了一定的影响。[4]

---

[1] M Jabeen, I A Choudhry.Role of SAARC for Countering Terrorism in South Asia,South Asian Studies,2013, 28.

[2] 谢许潭,张明明.美巴主流英文报纸对两国反恐合作解读的对比分析[J].南亚研究,2015(3).

[3] 杨思灵.2015年南亚地区政治与安全形势[J].东南亚南亚研究,2016(1).

[4] 姚芸.2014年巴基斯坦政治安全局势分析[J].江南社会学院学报,2015(2).

而且,巴基斯坦俾路支问题一直是南亚安全问题的重点,也成为南亚、中东地区的热点之一。由于独特的历史属性与敏感的地缘位置,巴基斯坦俾路支问题一直得不到妥善解决,并使得整个巴基斯坦俾路支省陷入动荡不安的态势,严重影响了中国"一带一路"建设推进。而且,在近十年的冲突和对抗中,俾路支民族分离主义者已经逐渐走向了恐怖主义的道路。与此同时,由于巴基斯坦长久以来的"伊斯兰化"政策,巴基斯坦俾路支问题已经日趋"宗教化"。

随着中国倡议的"中巴经济走廊"建设不断展开和中国"一带一路"建设在巴基斯坦全面铺开,中、巴两国间的经济合作日益深化,中国在巴基斯坦俾路支省境内的投资急速上升。实际上,中国已逐渐成为巴基斯坦俾路支问题的利益攸关方之一。如何处理好复杂而敏感的历史遗留问题,如何使中、巴两国之间的政治经济合作更好地惠及于民,成为中、巴两国领导层无法回避的问题。而中国方面在巴基斯坦俾路支问题上的态度与政策也将深刻影响中国"西进"战略的实施进程与实际效果。❶

巴基斯坦俾路支民族主义是族裔民族主义的典型个案。巴基斯坦俾路支民族主义"非现代性""非均衡性"和"萨达尔性"等特点使得西方学者无法正确合理解读巴基斯坦俾路支民族主义问题。因此,只有妥善解决好在现代化进程中传统与现代、收益与分配、民主与权力之间的关系,才是应对俾路支民族主义冲击的有效途径。❷

中、巴两国是全天候的战略伙伴关系,中、巴两国建设经济走廊并不存在政治障碍,而且巴基斯坦对建设经济走廊的热情非常高。随着中巴经济走廊正式步入全面实施阶段。尽管中巴经济走廊发展前景向好,但是囿于巴基斯坦方面的政治、经济及安全形势,在巴基斯坦当地民族特别是巴基斯坦俾路支人问题没有得到彻底公正解决之前,推进中巴经济走廊建设面临着诸多不确定性的风险❸:在政治上,巴基斯坦政局存在着诸多不稳定因素,且各政党还未真正就经济走廊路线达成共识;在经济上,巴基斯坦产业基础薄弱,投资环境欠佳;在安全上,巴基斯坦国内安全形势并不稳定,且瓜德尔港所在的俾路支省安全形势更令人担忧。而且,域外

❶　于开明.巴基斯坦俾路支问题研究[D].西安:西北大学,2014.
❷　王晋.民族、族群、国家理论与俾路支民族主义[J].印度洋经济体研究,2015(1).
❸　高会平.中巴经济走廊建设中的巴基斯坦风险分析[J].东南亚南亚研究,2014(1).

国家可能对中巴经济走廊有所干扰。这些风险都可能阻碍中巴经济走廊建设。❶

多年来的南亚反恐斗争实践也表明，有效应对恐怖主义依赖于南亚地区国家间的通力合作。需要通过增进南亚各国间的互信以维持稳定的地区安全局势，并积极推动南盟反恐合作机制不断向前发展。印、巴两国启动了联合反恐机制，以共同应对面临的威胁。虽然南亚的反恐合作在平抑恐怖活动的泛滥、切断恐怖主义资金来源等方面获得一定进展，但受制于印度与巴基斯坦的长期对立，合作的进一步拓展又受到一定的制约，从而影响到了南亚反恐的实际效果。

---

❶ 姚芸.中巴经济走廊面临的风险分析[J].南亚研究,2015(2).

第三章 丝绸之路经济带的
"利益链"设计与构建

丝绸之路经济带倡议是当前欧亚地区经济合作的重要载体之一。本地区"文明结合部"的空间特性,各国对于政府主导和市场运作原则的理解,主要行为体在战略"大棋局"中的协作与竞争,是该倡议面临的主要变量。丝绸之路经济带"利益链"倡导通过政治设计加强战略对接的顶层利益,深化以企业为主体的互联互通谋求的直接利益,以参照市场运作的国际产能合作实现的协同利益,以及将第三方市场的联合开发作为创新途径的延伸利益四个方面,打造沿线国家的利益趋同、需求对接和行动规范标准。而由国际权力转移和全球力量格局变化带来的输入性压力,由节点国家自身政治、经济和社会发展产生的原发性压力,以及国家间双边或多边互动传导的交叉性压力,影响着利益链构建的主观动力和客观效果。

第一节 丝路经济带的潜在支撑和现实挑战

"丝绸之路经济带"(以下简称"丝路经济带")倡议是当前中国所提出的最为重要的发展与合作构想之一。自 2013 年 9 月问世以来,该倡议得到了地区各国和国际社会的广泛关注。不同于其他区域性倡议,中国未就丝路经济带体的项目计划、时间节点和最终目标给出单方面设想,而是强调该倡议的多边性和公共性,提出以"共商、共建、共享"原则为基础的实践方式,为地区发展提供公共产品。具体来看,构建相互衔接嵌入的"丝路"利益链是化解矛盾,打造"政治互信、经济融合、文化包容的利益共同体"❶之关键。

一、丝路经济带倡议的地缘意义

丝路经济带倡议的历史含义源于古丝绸之路,其覆盖的核心区域主要包括中亚6国、西亚18国、独联体4国和中东欧16国等。按照中国的定义,丝路经济带的合作精神"就是要促进文明互鉴,坚持以开放包容心态看待对方,用对话交流代替冲突对抗,创造不同社会制度、不同信仰、不同文化传统的国家和谐相处的典范;要尊重道路选择,不能要求有着不同文化传统、历史遭遇、现实国情的国家都采用同一种发展模式;要坚持合作共赢,倡导对话和平"❷。当前,丝路经济带在欧亚地区的建设优势和挑战并存。

首先,对于欧亚历史情怀的身份认同是丝路经济带的基础。欧亚多数国家地处古代丝绸之路沿线,对丝路经济带概念具有天然的历史情怀和身份认同。其中,中亚6国地处欧亚大陆中部,是古代丝绸之路的核心走廊,位于大陆的"心脏地带",具有独特的地缘政治和经济意义;独联体4国是欧亚不同文明间的"过渡区域",也是古丝绸之路的重要节点;西亚国家以其独特的文化背景和经济基础承担了丝绸之路易物贸易的重要支撑点。沿线国家通过长期交往达到了不同种族、信仰、文化背景的相互借鉴,不但促进了国家间的互信,也共同推动了人类文明进步。因此,欧亚大陆各国对于这种丝绸之路"精神",也有着更多的代入感和认同性。实际上,丝路经济带倡议的根本,就是要实现沿线各国共同建设开放包容的互信之路、互利合作的共赢之路、和谐共处的和平之路,以及文明互鉴的友谊之路,重现丝绸之路昔日之辉煌。这种目标符合沿线各国的期待。

但从现实归属的角度看,欧亚"文明结合部"地区所面临的外部思潮冲击尤为突出。无论是政治经济依存度还是社会文化交融度层面,包括中亚在内的独联体地区都与俄罗斯紧密相连,被视为俄罗斯传统势力范围。在经济上,俄罗斯与独联体成员国的贸易呈现一边倒趋势。根据俄罗斯海关统计数据,2011年俄对外贸易

---

❶ 推动共建丝绸之路经济带和21世纪海上丝绸之路的愿景与行动,新华社,2015年3月28日。

❷ 习近平在中阿合作论坛第六届部长级会议开幕式上的讲话:"弘扬丝路精神,深化中阿合作"[N].人民日报,2014-06-06.

总额为 8212 亿美元,其中与独联体成员国的贸易额为 1234 亿美元,占比为七分之一。[1] 2015 年上半年俄罗斯对外贸易总额的 3114 亿美元中,与独联体成员国的贸易总额为 380 亿美元。[2] 虽然俄罗斯长期保持的独联体国家最大贸易伙伴国地位近年来在某些国家被中国所超越,但历史上长期合作形成的信任度不可忽视。在安全层面,俄罗斯主导下的集体安全条约组织成为维护地区和平最为重要的机制,与上海合作组织等地区机制在地区反恐、打击毒品和跨国犯罪领域的合作也取得了一定效果。换句话说,俄罗斯仍然是该地区最为主要的合作主体。

近年来,美国等西方国家不断增强在后苏联空间的实质性存在,并提出以中亚五国为主要成员参与的"大中亚计划",通过在安全、民主、经济、交通和能源等领域的合作,将中亚和南亚合并为新的地区组合,以此实现在该地区的利益。[3] 上述政策带来的价值观冲击在客观上成为格鲁吉亚、乌克兰、吉尔吉斯斯坦等国爆发"颜色革命"的导火索,北约东扩进程也加剧了俄罗斯为维护其传统势力范围,与美、欧在东欧和中亚地区形成战略对峙的局面。随着奥巴马政府正式推出"重返亚太"战略[4]和乌克兰危机的影响,欧亚国家在大国博弈的地缘背景下时常徘徊于东西方之间,对"欧亚认同"和自我身份定位逐步产生怀疑,这种隶属于"文明结合部"的特殊心理是构建丝路经济带的重要变量。

其次,"中国模式"的感召力同样值得关注。改革开放以来,中国开创了非西方经济制度高速发展的先河,坚守独立自主的和平外交政策,强调世界多极化和国际关系民主化,强调多元文明间的平等合作,形成了具有感召力的"中国模式"。从数据上看,2014 年中国的 GDP 总量从 1978 年的约 2200 亿美元增长到超过 10 万亿美元,人均 GDP 约 7500 美元。在宏观经济增长的同时,居民收入和经济效益持续提高,城镇居民人均可支配收入实际增长 7%,农村居民人均纯收入实际增长

---

❶　Федеральная Служба Государственной Статистики, Основные показатели Российской Федерации, http://www.gks.ru/wps/wcm/connect/rosstat_main/rosstat/ru/statistics/ftrade/#

❷　Федеральная Служба Государственной Статистики, О состоянии внешней торговли в январе-июле 2015 года, http://www.gks.ru/bgd/free/b04_03/IssWWW.exe/Stg/d06/191.htm.

❸　Frederick Starr. A Partnership for Central Asia[J/OL]. Foreign Affairs. 2005, 84(4):164. http://www.cfr.org/russia-and-central-asia/partnership-central-asia/p8937.

❹　"美国重返亚太"之说始于时任美国国务卿的希拉里·克林顿 2009 年 7 月 22 日在参加东盟外长扩大会议时的演说。Hillary Rodham Clinton. Press Availability at the ASEAN Summit. Laguna Phuket, Thailand, U.S. Department of State, 2009-7-22, http://www.state.gov/secretary/rm/2009a/july/126320.htm.

9.3%,农村贫困人口减少 1650 万人,城乡居民收入差距继续缩小。❶ 中国已经成为新的国际政治经济秩序的倡导者,而广大发展中国家将受益于这个权力转移的过程。对于丝路经济带沿线国来说,中国模式的感召力在于宏观经济的高速发展,注重这种发展的内生效应和实际作用,特别是改善人民生活水平的现实层面,建立以包容性增长为特点的发展模式。这种感召力同样源生于自身发展的普惠效应,也就是通过自身的经济、社会等全方位发展,促进国际政治经济秩序的合理化改革,强调每个国家都有权独立自主地选择各自的发展道路,以及塑造独特价值观和社会制度的可能性。在这当中,坚持市场运作是中国经济发展和对外投资的重要原则,但在国际宏观环境变化导致的市场失灵、地缘政治格局变动引发的多边贸易纠纷中,政府作为拥有绝对资源和行为能力的主体,扮演着不可或缺的作用。

2008 年全球金融危机以来,各国政府均采取了宽松的货币政策和积极的财政政策,以降低利率、为金融机构提供援助性贷款、通过货币互换给全球银行体系注入流动性等手段进行主动干预。在"丝路"建设问题上,中国中央"一带一路"建设工作领导小组负责统筹协调和顶层设计,强调"加强组织指导,统筹协调配合,充分发挥地方、部门和市场主体的主动性,充分发挥沿线国家政府和人民的积极性"❷,也反映出政府在该倡议实践中扮演重要角色。

市场运作是"丝路"建设中所强调的重要原则之一。"遵循市场规律和国际通行规则,充分发挥市场在资源配置中的决定性作用和各类企业的主体作用"❸被视为该倡议的核心。如何在丝路经济带建设中处理好看得见和看不见的"两只手",处理好凯恩斯主义和新自由主义的辩证关系,协调好政府主导与市场运作之间的矛盾,是构建丝路经济带"利益链"必须考虑的环节。

最后,大国博弈无疑是丝路经济带建设不得不考虑的关键。前美国总统国家安全事务顾问布热津斯基曾提出,(欧亚)这片西起葡萄牙,东至白令海峡,北达拉普兰,南至马来西亚的"大棋盘"是最重要的地缘政治中心,在未来将对美国的领

---

❶ 李克强.政府工作报告——2014 年 3 月 5 日在第十二届全国人民代表大会第二次会议上［M］.北京:人民出版社,2014.

❷ 张高丽在推进"一带一路"建设工作会议上的讲话:"努力实现'一带一路'建设良好开局"［EB/OL］.(2015-02-01)［2016-07-16］http://news.xinhuanet.com/politics/2015/02/01/c_1114209284.htm.

❸ 国家发展改革委、外交部、商务部.推动共建丝绸之路经济带和21 世纪海上丝绸之路的愿景与行动,新华社,2015 年 3 月 28 日.

导地位发出挑战。● 在现实中,这片连接亚太和欧洲两大经济圈,占世界经济总量近 1/4 的广袤地区正逐渐成为多国协作发展的重要试验场。历史经验表明,如何协调域内大国的利益取向,培育共同意愿和实现互补性竞争,是区域发展的重要因素。

2014 年中俄贸易总值较 2013 年同期增长了 6.8%,总值为 952.8 亿美元。俄罗斯出口中国的商品增长 4.9%,达 416 亿美元;中国出口俄罗斯的商品增长 8.2%,达 536.8 亿美元。中国成为俄罗斯的第一大贸易伙伴,而俄罗斯是中国第九大贸易伙伴。● 近年来,两国在创新领域战略性大项目合作得到进一步提升,在宽体客机研制、信息通信和节能环保等领域展开合作。在《中俄关于经济现代化领域合作备忘录》框架内,拓展制药、船舶和运输机械制造等领域的深度合作。2014 年,两国签署《中国卫星导航系统委员会与俄罗斯联邦航天局在卫星导航领域合作谅解备忘录》,推动民用航空和航空制造合作,扩大卫星导航、航空发动机、工艺与材料等领域的合作;推动信息通信领域的合作,在无线通信设备、集成电路设计等方面开展交流。中国还积极参与了俄罗斯高铁、铁路升级改造等基础设施建设,中国中铁二院工程集团有限公司将作为中俄企业联营体中的一方参与俄罗斯首条高速铁路莫斯科至喀山段的规划设计工作,为中俄传统贸易合作开创全新领域。沿线国家认同中俄的"窗口效应",两国全方位战略协作伙伴关系是丝路经济带的有力支撑,可带动对外辐射效应。

中、俄两国将把扩大投资贸易合作作为优先方向,为经济增长和扩大就业培育新的增长点。在投资便利化问题上做足文章,将产业园区建设和大型投资项目作为对接基础,在物流、交通基础设施、多式联运等领域加强互联互通,扩大并优化区域生产网络。两国将研究推动建立中国与欧亚经济联盟自贸区,促进扩大贸易、直接投资和贷款领域的本币结算,实现货币互换,深化在出口信贷、保险、项目和贸易融资、银行卡领域的合作。值得注意的是,两国在元首和政府层面达成协议,提出通过丝路基金、亚洲基础设施投资银行、上海合作组织银联体等金融机构,进一步加强双方的金融合作,推动区域和全球多边合作,形成并推广符合时代要求的有效

● 兹比格涅夫·布热津斯基.大棋局[M].中国国际问题研究所,译.上海:上海人民出版社,2010:20.

● 中华人民共和国海关总署编:《中国海关统计年鉴》,2014 年,http://www.chinacustomsstat.com/aspx/1/NewData/Stat_Data.aspx? State=1&next=4#.

规则与实践。

二、丝路经济带"利益链"的个体单元

"利益链"指链条型人群产生上下游的利益关系,也指以链条型方式将不同类型的利益关系进行相互嵌入和捆绑。丝路经济带"利益链"在范围单元上,主要由个体利益、区域利益和多边利益组成。

从丝路经济带的个体利益来看,主要包括安全、经济、政治和文化四个方面。安全利益是沿线国家生存和发展的基本条件,被视为核心利益。其中既包括国家主权独立和领土完整,保证国内政治、经济、科学和文化的和平发展,也包括维护国家的战略安全。经济利益范围很广,从内部来看,包括维护独立自主发展民族经济的主权,推动社会经济的发展和人民生活水平的提高。从外部来看,其核心是维护沿线国家在世界经济中的相应地位,保障对外贸易、投资、货币金融关系的稳定发展。国家的政治利益是国家利益的必要部分,主要是维护国家现有的社会制度和占统治地位的意识形态。文化与利益虽然不属于同样的范畴,但文化利益确是国家利益的重要组成部分,包括意识形态的维护,历史文化传统的保持,民族认同感的确立和维系,与安全、经济、政治密切相关的各种文化现象等。事实上,构建丝路经济带的核心问题看似围绕经济利益展开,但实际上无法脱离稳固的内外政治环境,以及密切的人文交流。其涉及的并非单一领域利益,而是一种多重利益综合体。

"本地优先"思想是构建区域利益的关键,也就是一切都以本地区为首,强调域内的互动,并促进区域内的历史、文化和身份等多元认同。而国家层面的区域治理,则指通过系统的方法来组建地方政府,将尊重和保留地方自治权作为其核心。❶ 丝路经济带的区域利益主要指相近地缘结构的主权国家群体,在利益拓展的过程中寻求共同认知和目标,并以此为框架借助相应的标准和行为准则进行互动的观念。在这当中,共同的地理联系和形态结构,向外扩展逻辑所产生的外溢效应与共同利益,以及共同的域外挑战和域内需求,构成了区域利益的主要推动力。具体来看,区域利益的构建分为以下三个主要层次。

---

❶ Achibani.Localism:A Philosophy of Government (3rd edition)[M]. New York:The Ridge Publishing Group, 2013.

（1）客观共性与主观建构的关系。从字面的理解来看，区域利益是以固定的区域为实践平台的，而这个区域应具备"特性共享"要素。例如，欧洲的发展就根植于相关国家在地理上的相邻关系，在民族上的融合程度，在宗教、历史和文化上的继承性等。究其根本，是一种自然形成的共性特征，很多研究把这一特性共享看做欧洲一体化发展的根本动力。然而，如果将其作为指标应用在东北亚、东南亚或非洲地区的一体化进程中，却产生了诸多障碍阻力。从根本上看，或许是忽略了主观建构的作用。丝路经济带的主观区域利益建构主要涉及非自然形成的特性，如统一的欧亚国家身份认同建构，平等互利、相互借鉴、共同发展的价值观建构，共同责任的资格建构等。由于这种建构过程产生于行为体的主观意愿，更加能够反映不同行为体的真实目的，自然也会在一体化程度上取得更为明显的效果。因此，在共性指标中既包括客观共性，也就是共同的地理、历史、文化或宗教传统，也应当包括在面对共同威胁和挑战，以及针对共同目标所进行的主观建构。

（2）现实联系和潜在纽带的关系。这里的现实联系是学界普遍认为的各项政治、经济、社会等指标，具体表现为经济贸易的相互依赖程度，国家治理模式和意识形态的相互兼容程度，人民交往和文化交流的密切程度等。这些指标可以借助量化方法来准确反映区域内单一行为体间的联系程度，如按照优惠贸易安排❶的广度和数量界定，按照国家的政治文明、宪政体制、法律体系的相互兼容程度界定，以及按照人员迁徙流动、文化借鉴传承的频繁程度界定。这种评判标准的优点在于可以将量化数据作为依据，评估区域内部的一体化程度，但缺点是无视显性指标外的潜在联系。比如，丝路经济带沿线国家区域内的潜在纽带也是值得关注的重要指标。这当中包括政治精英的理性选择与行为偏好，利益集团的跨界效应与逐利标准，以及制度框架的约束程度等。区域内各国进行互动的主要推动力不仅在于现实的经济需求，也同样取决于主要政治精英的理性选择标准及其自身的行为偏好，而各国间这种标准和偏好的接近程度是推动区域化的潜在动力。同样，利益集团间的跨界合作也在一定程度上决定着国家间各种显性关系的紧密程度，而区域内制度框架的约束力度则是一体化进程的关键性指标，制度约束过强可能引发内

---

❶ 优惠贸易安排是经济一体化较低级和松散的一种形式，指在实行优惠贸易安排的成员国间，通过协议或其他形式，对全部商品或部分商品规定特别的优惠关税。

部合作意愿与外部利益诱惑的矛盾失衡现象,制度约束赤字则又会导致组织结构松散,最终影响到区域利益建构的成效。

(3)区域的外部挑战性与内部的合作性博弈。区域利益的建构不单涉及其内部,还取决于外部的压力和威胁。区域内成员所形成的共同意识塑造出共同的外部挑战和对手,也就加强了"区域内聚性"❶。例如,北约在两极格局瓦解和华约体系崩溃后,出现了很长一段时间的动力真空期,缺乏此间建立在外部威胁上的共同意识与目标。除了需要关注"输入性压力"所能产生的凝聚效应外,还应关注区域内部的合作性博弈发展,促使各国在外部挑战较弱的环境中塑造自我合作态势,在博弈过程中需找各领域的合作效应,从而激发产生区域内的新互动点与逐利方向,同时提高区域利益的外溢效应。

丝路经济带的多边利益虽然和区域利益一样都关注整体的身份认同,但后者更强调具有一定边界的认同,而前者则希望产生跨越边界的认同感。多边利益具备"普遍准则"和"互惠扩散"两个特点。普遍准则强调的是用一种国家间普遍接受的交往模式来代替根据个体喜好、情景差异或特殊原因将国家间的互动以个案的形式区别对待。互惠扩散则强调参与者的预期收益建立在中长期之上,而非针对某个具体事务。❷

在实践中,多边利益更像是区域利益的延伸阶段,更容易产生于区域认同程度较高的群体。在这种架构下,国家利益和区域利益具有更大程度的不可分割性,使它们更容易通过共同的行动去追求彼此的利益。❸ 普遍准则主要表现在参与者对于平等权利和责任的认同之上。这里的行为准则不单指某种制度安排中的互动规则,还包括了参与者自身的行为认知,也就是对于规则的认同。例如,丝路经济带的相关法律制度、组织结构、程序和运行规则等,都属于多边利益中的普遍行为准则。互惠的扩散性源于参与者对于制度安排的预期。参与者通过"做出自己的贡献向他人示好,但这种示好并非要确保能从特定行为者处得到回报,而是着眼于所

---

❶ 区域内聚性是区域内国家与域外国际社会间相互协调处理跨区域政策事务、区域间互动关系有组织化的内在因素。

❷ Caporaso James.International Relations Theory and Multilateralism[J].The Search for Foundations,International Organization,1992,46(3):600-601.

❸ Ruggie John.Third Try at World Order? America and Multilateralism After the Cold War[J].Political Science Quarterly,1994,109(4):556.

属团体得到持续的满意结果"❶。也就是说,这种互惠是以实现单一国家利益为最终目的,但实现的方式却是以实现群体利益为渠道。所以,在丝路经济带多边利益建构过程中,必须使沿线国家出现诸多的利益交汇点或共同利益,才有可能产生这种互惠的扩散性。缺点在于,这种群体的利益共存性往往产生于较小范围的区域机制中,而非丝路经济带这类广泛的跨区域性倡议。

多边利益构建中的"多边"既存在于国家内部对于互动方式的一种理想这一主观层面,又存在于相关制度所遵循的行为方式这一客观层面。前者的出发点是个体,解释的是一种政策导向,后者的出发点是集体,表现的则是一种运作模式。当多边利益融入国家的对外政策准则或战略时,它所代表的就是一种"行为"。这种行为建立在合作应对和治理相关问题之上,表现出对于相关制度、准则或规范的态度,从而促进国家间的互动关系。以这种形态构成的制度框架,通常将普遍参与、合作导向和统一准则作为基础,以此来规范国家间的互动方式并促进解决某些具体的共同问题。

第二节 丝路经济带"利益链"的要素构成

丝路经济带"利益链"由顶层利益、直接利益、协同利益和延伸利益四大要素构成,通过主观设计、客观联动、多方协同和外向溢出的方式将沿线各国的需求和利益诉求相互连接,构成多层嵌入、平行衔接的利益链条,其中部分已经在实践中得以显明。

一、政治设计:以议程对接为核心的顶层利益

在与欧亚各国的合作发展历程中,政治对话是地区间的主要互动方式,也是实现利益最受认可和接纳的顶层设计。欧亚地区各国正处在不同的发展阶段中,面临不同的政治或经济转型升级任务,对于"丝路"存在不同的期待,这为政治设计的主观行为留出了操作空间。丝路经济带倡议与沿线国家战略和现存地区机制具

❶ Keohane Robert.Reciprocity in International Relations[J].International Organization,1986,40(1):20.

有契合度,如俄罗斯所倡导的"欧亚经济联盟"、哈萨克斯坦的"光明之路"新经济政策、塔吉克斯坦的"能源交通粮食"三大兴国战略、土库曼斯坦的"强盛幸福时代"战略、蒙古的"草原之路"发展战略等,中国也先后与哈萨克斯坦、白俄罗斯、格鲁吉亚、匈牙利、乌兹别克斯坦等国签署了共建丝路经济带合作文件❶。上述文件是丝路经济带政治设计环节的主要成果,也是构建丝路经济带顶层利益之实践。

俄罗斯是欧亚地区多边经济合作和一体化的主要倡导者,多年来坚持推动包括独联体自贸区、欧亚经济共同体、关税同盟和统一经济空间等多项地区倡议在内的一体化进程,域内大国和关键节点国家均不同程度参与俄主导下的经济合作机制和倡议。因此,俄作为丝路经济带"利益链"构建的重要攸关方,对该倡议的态度尤为关键且为决定性因素之一。

此外,哈萨克斯坦在"光明之路"新经济政策中强调成为中亚地区商业中转集散地和欧亚间桥梁,提出建设具有国际水平的统一的集散综合体,规划交通、工业、能源、社会和文化等多领域的基础设施建设项目,总投资额达到 90 亿美元。❷ 2014年 5 月 19 日,作为丝路经济带的首个实体平台,中哈(连云港)物流合作"基地"启用。到 2020 年,经过哈萨克斯坦的货物运输规模将达到 5000 万吨,到 2050 年进一步扩大到其 10 倍。❸ 2015 年 7 月 9 日,中、俄、蒙三国领导人在俄罗斯乌法举行第二次会晤,批准了《中俄蒙发展三方合作中期路线图》,并讨论对接丝路经济带建设问题。❹ 蒙古"草原之路"倡议涵盖铁路、高速公路、油气、天然气及电气领域,与丝路经济带倡议在基础设施建设、跨境运输通道升级、贸易通关便捷化等方面具

---

❶ 其中包括:2014 年 12 月 14 日国家发展与改革委员会与哈萨克斯坦国家经济部签署的《共同建设"丝绸之路经济带"合作文件》;2014 年 12 月 22 日签署的《中国商务部和白俄罗斯经济部关于共建"丝绸之路经济带"合作议定书》;2015 年 3 月 9 日签署的《中国商务部与格鲁吉亚经济与可持续发展部关于加强共建"丝绸之路经济带"合作备忘录》;2015 年 6 月 6 日签署的《中华人民共和国政府和匈牙利政府关于共同推进丝绸之路经济带和 21 世纪海上丝绸之路建设的谅解备忘录》;2015 年 6 月 15 日中国商务部与乌兹别克斯坦外经贸部签署的《关于在落实建设"丝绸之路经济带"倡议框架下扩大互利经贸合作的议定书》。

❷ Послание Президента РК Н. Назарбаева народу Казахстана《Н¥рлы жол – Путь в будущее》, 11 Ноября 2014, http://inform.kz/rus/article/2715565.

❸ Заключительное слово Президента Республики Казахстан Назарбаева Н. А. на 25 – м заседании Совета иностранных инвесторов. Официальный сайт Президента Республики Казахстан:http://www.akorda.kz/ru/page/zaklyuchitelnoe-slovo-prezidenta-respubliki-kazakhstan-nazarbaeva-n-a-na-25-m-zasedanii-soveta-inostrannykh-in

❹ 中华人民共和国、俄罗斯联邦、蒙古国发展三方合作中期路线图[EB/OL].(2010-07-10)[2016-09-13]http://news.xinhuanet.com/world/2015-07/10/c_128004481.htm.

有较好的契合点。蒙古希望以丝路经济带倡议为路径,依托俄罗斯西抵欧洲成熟市场,依托中国东进亚太分享发展红利。

在稳固的双边关系基础上,以议程对接为目标的政治设计进程实现了初步发展。中国与东欧、中亚等地区大国均属丝路经济带"利益链"建设攸关方和受益者,须继续推动与各国的政治对话和政策"对表",深化现有战略伙伴关系的内涵与外延,发掘议程对接的实践工具,作为构建顶层利益的主要依托。

二、互联互通:以跨国企业为主体的直接利益

丝路经济带建设的核心是实现沿线国家的目标、理念和行动联通,尊重丝路文明的多样性、沿线国家发展道路的多样性,维护自主选择社会制度和发展道路的权利,相互借鉴并推动区域和跨区域的发展进步。丝路经济带在追求本国利益时兼顾他国合理关切,在区域利益建构上以单一国家发展促进各国共同发展,在多边利益建构上倡导人类命运共同体意识,共同打造丝路经济带"利益链"。2014 年 11 月 8 日,中国国家主席习近平在加强互联互通伙伴关系对话会上进一步阐述了共同建设"丝绸之路经济带"和"21 世纪海上丝绸之路"与互联互通的相互关系。"一带一路"与互联互通相融相近、相辅相成,并将"一带一路"比喻为亚洲腾飞的两只翅膀,而互联互通就是两只翅膀的血脉经络。❶

丝路经济带所强调的互联互通将传统理念中的实体互联、机构互联和人员互联"三通",拓展至以"政策沟通、设施联通、贸易畅通、资金融通、民心相通"❷为代表的"五通"。它使互联互通不仅涵盖基础设施建设的联通,也包括各沿线国家在区域和需求上的全方位对接联动,形成一种超领域的互联互通状态,是实现区域共同发展,联手培育新经济增长点和竞争优势的关键。实现丝路经济带沿线国家的互联互通主要通过以下五方面行动。

一是细化主体,自下而上推动相互融合。欧洲拥有较为成熟的公私合营(Public Private Partnership,PPP)体系、庞大的私营企业群和对外投融资力量,在资

---

❶ 习近平在加强互联互通伙伴关系对话会上的讲话:联通引领发展伙伴聚焦合作[N].人民日报, 2014-11-09.

❷ 习近平在"加强互联互通伙伴关系"东道主伙伴对话会上的讲话,"联通引领发展,伙伴聚焦合作" [EB/OL].(2014-11-08)[2016-05-14]http://news.xinhuanet.com/politics/2014-11/08/c_127192119.htm.

金配置上更具灵活性，不易受制于政治倾向和社会舆论压力，在交通运输、信息与通信技术和能源合作等具体领域更易产生逐利驱动。相反，俄罗斯、中亚等国的经济结构以国有企业为主导，根据国际货币基金组织（IMF）发布的《俄罗斯财政透明度报告》，目前俄国有经济比重达 71%，国有企业占 GDP 的 29%。❶ 在推动互联互通进程中，大型国企具备私企所无法比拟的投融资能力、人才吸纳和项目执行力，须找准合作对象推动相互融合。同时，互联互通的项目合作不应局限于大型跨国公司之间，需要将"红利"更多地向下渗透，搭建中小型企业间的合作平台。

二是明确目标，以点至面实现需求挂钩。亚洲是当前世界经济的"火车头"，国际货币基金组织《亚洲和太平洋地区经济展望》报告指出，亚洲经济增长虽然正在放缓，但该地区的经济表现仍将继续好于全球其他地区，在 2015—2016 年将实现 5.4% 的增幅。❷ 作为工业文明发源地的欧洲，具有资金、技术、管理方面的理念与实践优势，欧亚间贸易合作存在互补性。欧盟暂时没有对于欧亚互联互通的范围、形式和准则进行准确定义，这间接成为双方合作的优势，欧洲各国可以更为独立地将自身需求预先设定，纳入互联互通的整体框架内，其内涵不局限于经贸水平或投资项目数量等实质挂钩，也注重于普通民众、大众传媒等社会基本单元间的相互交流等抽象挂钩，形成不同领域、不同层级和不同维度范围内的多重需求交汇点。"加快同周边国家和区域基础设施互联互通建设，推进丝绸之路经济带、海上丝绸之路建设。"❸沿线国家对于基础设施建设的需求是利益链构建的基石，也是拓展其他领域合作的开端。沿线国家应继续推进财经领域的紧密协作，包括在双边贸易、投资和借贷中扩大本币结算规模，评估建立能源伙伴关系网的收益与影响，深化现有油气合作和基础设施建设。此外，还要促进高新领域协同发展，开展和平利用核能、民航等领域的合作，加快创新机制联动，将中俄在线电商合作与发展作为案例，拓展至沿线其他国家。改善公路、铁路、港口的运输条件，加快基础设施建设项目的落实等，深化依存利益。

三是深化水平，从外到内适应贸易结构转型。随着全球化的不断深入发展，世

---

❶ IMF Country Report, Fiscal Transparency Evaluation of Russian Federation [EB/OL]. [2014-05-14]. http://www.imf.org/external/pubs/ft/scr/2014/cr14134.pdf.

❷ IMF：Regional Economic Outlook：Asia and Pacific，World Economic and Financial Surveys，April 2014，http://www.imf.org/external/pubs/ft/reo/2014/apd/eng/areo0414.htm.

❸ 中共中央关于全面深化改革若干重大问题的决定[N].人民日报，2013-11-16.

界经济和贸易格局发生了显著变化。丝路经济带东西端贸易需求不再简单局限于消费方与生产方关系,贸易领域不再局限于传统制造业,贸易形式不局限于单方资本注入,进入了互为生产地和消费市场,以精密制造、高科技合作、节能环保合作为重点新兴领域,通过共筹、共建促进贸易升级的转型期。在丝路经济带框架下的互联互通建设中,欧洲不应继续扮演转移低端制造业和猎取廉价劳动力的投机者身份,亚洲也不再是以市场换资金、以资源换技术的被动一方。双方的合作不但需要适应当前世界经济的大环境,还需要与区域格局和领域发展的小环境相吻合,与不同国家的能力、目标和侧重点变化相呼应。

四是发掘重点,由浅至深确保合作优先排序。在未来的发展规划中,欧亚互联互通需要进行区域和领域的双重优先排序。在区域选择中,亚洲新兴经济体的快速崛起可以成为东欧国家经济振兴的契机。由于东欧国家对欧盟的经济依赖性较强,很难与亚洲国家发展独立的双边合作机制。如果按照出口占 GDP 的比重衡量中东欧国家对欧盟市场的依存度,匈牙利、斯洛伐克、爱沙尼亚、立陶宛、斯洛文尼亚及捷克对欧盟的依存度最高,上述国家 2011 年的出口占 GDP 比重平均在 60% ~ 80%。❶ 将东欧国家纳入互联互通的优先对象范畴,有助于促进多边形式下全方位合作的有效性,并吸引其他国家的参与。在领域选择中,实现"宽进严出"的议题筛选机制,在保障各国平等"发声"的前提下维持议题设置的有效性。将交通物流、通信服务等敏感性较低的行业作为优先考虑,建立"由易至难"的项目选择机制,通过"频谈慎行"的方式化解各方的矛盾,确保合作重点建立在多方共识之上。

五是拓宽外延,探索丝路经济带机制化进程。从根本上来看,丝路经济带不单是针对跨国贸易的倡议,也是全方位、多层级的跨地区对话合作机制与平台。但在现实合作层面,沿线各国的政治、经济、文化三大支柱存在较为明显的差异化发展水平,"政热经冷""经济上仰仗一方,政治上追随另一方"等论调频发于亚太、中亚和东欧地区。"丝路"沿线国家的互联互通应不局限于经济含义,而是成为全球治理、法制与良治等关键性理念问题的交流平台,用大陆意识和区域间概念淡化个体利益诉求,以政商结合、公私结合、官研结合为核心,拓展互联互通的外延。丝路经

❶ PricewaterhouseCoopers. Approaching storm:Report on transformation,Central and Eastern Europe and Euro Crisis[EB/OL].[2012-10-22] http://www.pwc.pl/pl_PL/pl/publikacje/pwc_approaching_storm_report_on_transformation.pdf,p.10.

济带不应成为现有双边或多边机制的替代者,更不应成为没有具体政策产生能力的"清谈俱乐部"。

因此,实现丝路经济带直接利益的重点是促进以企业为主体的互联互通。相近地缘结构的主权国家群体,在利益拓展的过程中寻求共同认知和目标,并以此为框架借助相应的标准和行为准则,加强相互间的实质性联系。在这当中,共同的地理联系和参与主体,以及相互适应的目标取向、贸易结构和优先排序,构成了互联互通的主要推动力,也有助于域内经济贸易等多方位的一体化和机制化,是产生直接利益的主要形态。

三、产能合作:以商业运作为框架的协同利益

2008 年金融危机以后,世界进入较为脆弱的发展时期。在高失业率和低内需等经济顽疾的背景下,各国政府的政策导向和战略目标更加注重于短期效应,很难在基础设施建设等问题上投入大量资金。丝路经济带沿线国家大多数仍处于吸引外商直接投资阶段,不具备资本输出能力,经济发展处于初步工业化水平,需要来自他方的资本、技术、人才和管理能力,而部分国家则拥有庞大的外汇和资金储备,以及富余的生产能力、劳动力市场,这为通过市场化的产能合作谋求协同利益创造了机遇。

据亚洲开发银行测算,2010—2020 年,亚洲地区年基础设施建设的资金缺口达到 8000 亿美元[1],这恰好顺应了由中国主导构建的亚投行、丝路基金等融资平台的目标,通过融资方式接承相关国家基础设施建设项目,达到缓解中国产能过剩、解决他国资金缺口的双赢效果。以中哈产能合作为例,2015 年 3 月 27 日,双方签署了涵盖广泛领域的 33 份产能合作文件,涉及钢铁、有色金属、平板玻璃、炼油、水电、汽车等广泛领域的产能合作,项目总金额达 236 亿美元。[2] 在实践中,两国的产能合作虽由政府推动,但完全依据市场客观条件和相互需求,以寻找利益交汇点的形式展开。根据哈萨克斯坦"光明之路"经济计划,为应对本国经济的持续下行压

---

[1] Asian Development Bank. Public Private Partnerships Key to Meeting Asia's \$ 8 Trillion Infrastructure Needs[EB/OL].[2012-05-30] http://www.adb.org/news/public-private-partnerships-key-meeting-asias-8-trillion-infrastructure-needs-study.

[2] 中哈签署 236 亿美元产能合作项目[EB/OL].(2015-03-29)[2016-06-12] http://politics.people.com.cn/n/2015/0329/c70731-26765355.html.

力,哈萨克斯坦将大力开展道路等大规模基础设施建设。问题在于,哈萨克斯坦虽具备相应的资金储备,但缺乏相应的技术人才和施工装备。与此同时,中国在近年来实现了交通运输需求与基础设施建设的同步快速增长,综合交通运输体系进入黄金发展期,其中公路总里程446.4万千米,居世界第2位,建成高速公路总里程达到11.2万千米,居世界首位。[1] 将高速发展所积累的优质产能优势,与哈方发展需求相互嵌入,并依据市场机制开展合同商谈、融资规划、项目分包和利润分成协商,成为丝路经济带产能合作的重要实践。实际上,产能合作是近年来中国对外合作的重要抓手。2015 年,中国企业在"一带一路"相关的 60 个国家新签对外承包工程项目合同 3987 份,新签合同额 926.4 亿美元,占同期中国对外承包工程新签合同额的 44.1%,同比增长 7.4%;完成营业额 692.6 亿美元,占同期总额的 45%,同比增长 7.6%。[2]

　　同时,丝路经济带产能合作不局限于承包工程项目,也包括直接投资、人才输送和培训等多种形式。2014 年 11 月,中国宣布出资 400 亿美元成立丝路基金,为"一带一路"沿线国家基础设施建设、资源开发、产业合作等有关项目提供投融资支持。[3] 商务部数据显示,2015 年,中国企业共对"一带一路"相关的 49 个国家进行了直接投资,投资额合计 148.2 亿美元,同比增长 18.2%,占总额的 12.6%,投资主要流向新加坡、哈萨克斯坦、老挝、印度尼西亚、俄罗斯和泰国等。[4] 以中国与亚美尼亚为例,除了直接参与铁路、公路、核电和电力领域工程项目,还计划借助丰富的基础设施建设经验和高质量的装备优势,共建钢铁、水泥、玻璃灯生产线,形成原材料的就地取材和技术工人的就地培养,带动当地就业的同时助推亚工业化进程。可见,在全球基础设施建设新一轮发展的机遇期,以发展中国家为主要群体的丝路经济带沿线国在工业化和城镇化进程中的步伐加快。在政府推动、企业主导、商业运作的合作机制指导下,国际投融资和产能合作是发掘利益交汇点,拓展沿线国多

---

[1]　交通部:《2014 年全国收费公路统计公报》,2015 年 6 月 30 日,http://www.mot.gov.cn/zfxxgk/bnssj/glj/201506/t20150630_1841938.html.

[2]　商务部:2015 年与"一带一路"相关国家经贸合作情况,2016 年 1 月 21 日,http://www.mofcom.gov.cn/article/tongjiziliao/dgzz/201601/20160101239881.shtml.

[3]　习近平在"加强互联互通伙伴关系"东道主伙伴对话会上的讲话:联通引领发展,伙伴聚焦合作,新华社,2014 年 11 月 8 日。

[4]　商务部.2015 年与"一带一路"相关国家经贸合作情况[EB/OL].(2016-01-21)[2016-07-13]http://www.mofcom.gov.cn/article/tongjiziliao/dgzz/201601/20160101239881.shtml.

边、双边合作,培育相互依赖、共同发展、互利共赢的协同利益的重要渠道。

四、联合开发:聚焦第三方市场的延伸利益

作为国际产能合作的延伸阶段,联合开发第三方市场有助于调动潜在产业要素,充分发挥各方的比较优势以回应不同的需求预期,实现"各得其所、互利共赢"❶,达到"2+1>3"的溢出效果。这种联合开发的"互惠扩散"效应,实际上强调参与各方的预期收益建立在中长期之上,而非针对某个具体事务。❷ "丝路"沿线国的欧亚认同、发展中国家认同、非西方性认同等现存基础,经济结构间的互补性差异,成为此类联合开发的先决条件。在这种架构下,个体利益和多边利益具有更大程度的不可分割性,使他们更容易通过共同的行动去追求彼此的利益❸,实现三方之间的"互补性竞争"。

第三节　丝路经济带"利益链"压力效应

丝路经济带"利益链"的构建还需关注由外部力量格局变化带来的"输入性压力",节点国家自身政治、经济和社会发展产生的"原发性压力",以及沿线国家间双边或多边的"交叉性压力"带来的挑战。

一、国际权力转移趋势对丝路经济带"利益链"的影响

在输入性压力方面,国际权力转移趋势带来影响更为明显。近年来,国际关系格局发生了重大变化。以美国为首的西方国家在 2008 年金融危机后普遍受到冲击,迫切需要借助中国、印度、巴西等新兴经济体的力量走出危机。随着俄罗斯等大国在本地区影响力持续上升,美国在东亚和东欧两个地区均感受到巨大压力。

❶ 李克强.用中国装备和国际产能合作结缘世界推动形成优进优出开放型经济新格局[EB/OL].(2015-04-03)[2016-03-18]http://politics.people.com.cn/n/2015/0403/c1024-26798184.html.

❷ Caporaso J.International Relations Theory and Multilateralism:The Search for Foundations[J].International Organization,1992,46(3):600-601.

❸ Ruggie J.Third Try at World Order? America and Multilateralism After the Cold War[J].Political Science Quarterly,1994,109(4):556.

由此,奥巴马政府正式推出"重返亚太"战略。[1] 美国为首的西方国家以"重返亚太战略""新丝绸之路"计划、欧盟伙伴国计划东扩为抓手,应对中俄不断上升的影响力。在经济上,积极推动"跨太平洋伙伴关系协定(TPP)",以抵消中国的经济影响力;在安全上,不断挑动、助推中国与周边国家的矛盾,竭力打散东亚国家之间的区域合作。2016年5月,时任美国总统奥巴马在《华盛顿邮报》撰文称,美国主导的跨太平洋伙伴关系协定执行高标准,将确保由美国而不是中国制定21世纪全球贸易规则。[2] 中美之间的权力变化成为当前亚太地区众多问题的背后因素之一,也是丝路经济带建设中不得不考虑的影响因子。

在原发性压力方面,地缘政治和经济因素显著提高。国际金融危机深层次影响在相当长时期依然存在,全球经济贸易增长乏力,不稳定、不确定因素明显增多。乌克兰危机后,俄罗斯与西方关系在制裁下恶化,内部出现资本外流、汇率波动、经济整体下滑。2014年3月16日,克里米亚自治共和国和塞瓦斯托波尔完成公投程序,正式并入俄罗斯版图,俄罗斯与西方的关系也从此刻起跌入低谷。此后,以美国为首的西方国家的制裁重创了俄罗斯经济,阻碍了俄罗斯大国复兴战略的实施。首先是冻结资产和拒发签证,包括俄副总理罗戈津及俄罗斯石油公司总裁谢钦在内的多名政府官员和企业高管被列入入境黑名单,将包括俄罗斯石油公司、俄罗斯天然气银行(Gazprom Bank)及俄外经贸银行(VEB)列入融资黑名单。在外交层面,中止了俄罗斯G8成员资格,取消索契峰会并停止一系列有关简化签证方面的谈判。除了针对俄属企业的制裁,西方还对本国企业发出了投资禁令,禁止欧洲投资银行(EIB)及欧洲复兴开发银行(EBRD)注资俄罗斯。在军事层面,美国中止与俄罗斯的军事合作,欧盟不但对俄罗斯实施了武器禁运,法国也拒绝交付俄罗斯订购的西北风级两栖攻击舰。此轮全方位制裁措施极大地影响了俄罗斯经济发展。在经济制裁和国际油价大幅下跌的双重打压下,2014年年底开始,俄罗斯卢布急

---

[1]　"美国重返亚太"之说始于时任美国国务卿的希拉里·克林顿2009年7月22日在参加东盟外长扩大会议时的演说。Hillary Rodham Clinton.Press Availability at the ASEAN Summit[EB/OL].Laguna Phuket,Thailand,U.S.Department of State,2009-7-22,http://www.state.gov/secretary/rm/2009a/july/126320.htm.

[2]　Obama B.The TPP would let America,not China,lead the way on global trade,The Washington Post[EB/OL].(2016-05-02)[2016-09-13]https://www.washingtonpost.com/opinions/president-obama-the-tpp-would-let-america-not-china-lead-the-way-on-global-trade/2016/05/02/680540e4-0fd0-11e6-93ae-50921721165d_story.html.

剧跳水，年度资金外逃总额达到 1250 亿美元。

二、中国经济"新常态"对丝路经济带"利益链"的影响

中国经济进入"新常态"，面临长期中高速经济增长带来的潜在负面效应。经济"新常态"包含了几个重要变化：由于短期性需求的缺乏，以及劳动力、土地等生产要素价值发生了根本变化，中国经济的年均增长速度由 10% 左右放缓至 7% 左右的稳定平台。同时，作为处于工业化中后期阶段的经济体，传统制造业的发展空间被逐步挤压，中高端制造业、现代化服务业等前沿业态得到快速发展，推动经济发展的要素由自愿和低劳动力成本逐步转向创新驱动、转型发展，经济结构从增量扩能为主转向调整存量、做优增量并举。这种变化使劳动力素质普遍提升，科技创新能力显著增强，高储蓄率积累了充裕资金，新产业、新业态和新商业模式快速发展，也使中小企业借助丝路经济带"走出去"的成本和风险随之升高，意愿和能力也有可能随之减弱。

三、中俄潜在竞争态势对丝路经济带"利益链"的影响

在交叉性压力方面，中、俄两国面临丝路经济带框架下的潜在竞争态势。近 20 年，中国与中亚 5 国贸易总值增长近 100 倍。1992 年，中国与中亚 5 国双边贸易总值仅为 4.6 亿美元，而 2012 年则达 460 亿美元。根据中国 2013 年的统计数据，中国已经成为哈萨克斯坦和土库曼斯坦最大贸易伙伴，是乌兹别克斯坦和吉尔吉斯斯坦第二大贸易伙伴，是塔吉克斯坦第三大贸易伙伴[1]，紧密的经济关系使中国在中亚地区的影响力逐步加强。如何消除中国与中亚国家双边贸易的快速发展对俄罗斯带来的心理压力，实现中、俄两国在欧亚地区的互补性竞争，是未来急需解决的问题。互补性竞争的概念认为以 WTO 等机制为代表的区域经济合作规则和全球多边贸易体系间存在非替代性竞争，建立一定程度的区域经济集团也并不意味着贸易"藩篱"，而是形成了一种多边环境下的相得益彰、兼容协同的互补性竞争关系。从构建丝路经济带"利益链"的要素对比来看，产生于问题本身的影响

---

[1] 商务部.中国与中亚国家近 20 年贸易总值增长近 100 倍,哈萨克斯坦新闻社,2013 年 5 月 31 日,http://www.mofcom.gov.cn/article/i/jyjl/m/201305/20130500146769.shtml.

和需求超越了国界。中、俄两国在中亚、高加索、独联体等苏联地区增进互信,将影响力和权力拓展置于实际经济收益考量之后,提高各自对另一方的战略舒适度,追求合作原则上的一致性、合作内容上的融合性、合作目标上的趋同性,以及合作方式上的包容性,是实现中、俄互补性竞争的主要努力方向。

第四节　本章小结

丝路经济带倡议的核心问题看似围绕直接利益展开,但实际上无法脱离稳固的内外政治环境和密切的人文交流,其涉及的并非单一领域利益,而是多重利益综合体。总体来看,丝路经济带倡议虽符合沿线国各方对于扩大对外投融资规模、加快基础设施建设、拓展多双边贸易渠道、促进东西方市场融合、最大限度发挥各方比较性优势的期待,也具备较为稳固的政治、安全和人文环境,但仍属迄今为止在欧亚大陆涉及主体最广、覆盖面积最大的地区性倡议。古丝绸之路的理念和经验虽是丝路经济带建设的有益借鉴,但仍不可忽视欧洲与东方文明在此交会,带来内部历史多样性和周边环境渗透性等多方面的互动、融合甚至冲突的"文明结合部"这一空间特性;各方对于政府主导和市场运作原则的理解;以及全球和地区性大国、重要节点国家和小国在此互动过程中的地缘政治、经济博弈这三大不确定性。

推动丝路经济带倡议进入实质性拓展的关键,是构建相关沿线国家的利益链。一方面,关注沿线国家区域内部和区域间的利益联系,加强客观共性与主观建构的协同以达到"特性共享"状态,强调丝路之沿线区域内的潜在纽带,包括政治精英的理性选择与行为偏好,利益集团的跨界效应与逐利标准,以及制度框架的约束程度等,激发更多的以共同意识塑造出的外部挑战,加强"区域内聚性"并促进形成更多的特性共享和利益纽带。另一方面,需建构多边利益范畴内的普遍的行为准则,以国家间普遍接受的交往模式来代替根据个体喜好或情景差异,强调丝路合作中互惠的扩散性,使多边利益成为主导国家行为和互动方式的参考,以及对相关制度、准则或规范的态度依据,从而促进国家间的互动关系。

丝路经济带"利益链"构建的核心首先聚焦于主动的政治设计加强战略对接这一顶层利益,避免因大国和节点国家的战略舒适度下降而影响互信。通过互联互通这一重要抓手，以企业为主体加强内在联系，联手培育新经济增长点和竞争优势。以参照市场运作的国际产能合作和延伸至第三方市场的联合开发为创新途径，将传统的多边经济和贸易进程内涵进行拓展，实现协同发展和利益延伸。这种多层利益的内聚性有助于加强沿线各国的集体认同和共同预期，既有效地避免了各国出现对中国谋求地区主导权，经济上"以大欺小"，以优势市场地位换取政治资本等误判和不利声音，也可实现不同程度的利益绑定和责任分担，作为对"共商、共享、共建"原则的回应。

丝路经济带外部环境变化和节点国家的内部状态，是利益链构建的主要影响因子。如何减缓由国际权力转移和全球力量格局变化带来的输入性压力，节点国家自身政治、经济和社会发展产生的原发性压力，以及国家间双边或多边互动产生的交叉性压力，影响着利益链构建的主观动力和客观效果。把超领域的互联互通作为治理路径，努力将现有区域内外的倡议、议程与丝路经济带有效对接联动，增强沿线国家的内外协作度。把相关地区发展有效对接联动，提升沿线国家内部的地方与中央及丝路经济带"利益链"整体的现实利益纽带。把沿线国家对于创新合作的需求对接联动，增强利益链内部的传统与非传统领域合作互动，减少因合作的单一性带来的潜在波动风险。

第四章　阿富汗重建进程对中-南亚地区安全的影响

2014 年年底,以美国为首的北约驻阿富汗安全部队大幅撤离,仅留万余人在阿执行非作战任务。阿富汗进入新一阶段的国家重建期,面临政治、经济和安全三方面的转型考验。

美国大幅撤军后,阿富汗进入国家重建新阶段,政治、经济和安全领域的转型均面临严峻挑战,同时,和平进程也波折不断,难以取得突破。阿富汗局势趋紧对地区安全产生深刻影响,美国仍试图主导阿富汗事务,印度、巴基斯坦、伊朗、俄罗斯等国加大对阿富汗问题介入力度。中国积极支持阿富汗国家重建与政治和解,"一带一路"倡议与阿富汗国家发展利益高度契合。阿富汗希借助中国的"一带一路"助推其经济实现可持续发展,但亦面临区域内外诸多挑战。

第一节　阿富汗国家重建与和平进程

在外军即将大幅撤离的背景下,2014 年 4 月阿富汗举行总统选举。选举结果引发争议,在美国国务卿克里的斡旋下,9 月通过分权协议,由总统阿什拉夫·加尼与政府首席执行官阿卜杜拉·阿卜杜拉联合组建"民族团结政府(NUG)"。联合政府执政一年半后,由于两个阵营内耗严重,鲜有政绩。这一"双头体制"权责不清,前景不明,缺乏宪法基础,结构性矛盾日益凸显。按照加尼与阿卜杜拉签署的分权协议,总统和政府首席执行官在安全、经济、独立机构领域及国家安全委员会内拥有同等话语权。双方同意两年后召开大支尔格会议❶，通过修改宪法设立执行总理以替代目前的政府首席执行官。但这种类似总统总理分权的政治架构，在阿富汗历史上没有先例可循。根据 2004 年阿富汗宪法规定，阿施行总统制，总统享有行政、军事和立法等广泛权力，同时设立两位副总统协助总统行使职权，不设总理一职。设立总统制的初衷旨在战后可以集中国家资源推动阿重建，避免总理分权威胁中央集权。在过去十年中，不乏对前总统卡尔扎伊大权独揽，甚至绕开议会自行决断国家重大事务的批评，但这一集权总统制也有效保证了阿富汗政局的稳定。

一、阿富汗塔利班频繁活动导致阿富汗局势紧张

1."二元政府"矛盾不断

阿富汗现行"总统和首席执行官并驾齐驱"的"二元政府"，两个阵营矛盾不断，在内阁组建、下院选举、选举机构改革等问题上展开激烈博弈，均设法在修宪中掌握主动和优势。两派政治势力明争暗斗，实际上是阿富汗深层民族矛盾的体现。加尼主要得到了普什图族人的支持。普什图族是阿富汗的主体民族，主要分布于阿东部与南部。普什图族人认为其应主导阿政治生活，历来阿国家领导人多出自该族。阿卜杜拉被认为是"北方联盟"❷的代表，得到了少数族群塔吉克族和哈扎拉族的支持。以阿塔·努尔为代表的塔吉克族势力、哈利利代表的哈扎拉族势力对现状不满，不断向阿卜杜拉施压，要求为北方民族争取更多权益。

各支政治力量角力已严重影响阿富汗政府的有效运转，乃至阿政治进程的顺利推进。双方围绕外交、内政、国防和财政等核心部长职位争夺不休，直至 2015 年 4 月才按照"平分原则"完成对各部部长的任命，但国防部长和国家安全总局局长的重要职位仍空缺。原本定于 2015 年 4~5 月举行的下院议会选举拖了一年后仍未启动。有政党支持的阿卜杜拉希望发展政党政治，要求采取比例代表制选举，而

---

❶ 大支尔格会议，又称大国民会议。阿富汗宪法规定，大支尔格会议是人民意愿的最高体现。由议会上下两院议员、各省议会议长组成，有影响力的各大部落长老受邀参加，负责制定和修改宪法，批准国家其他有关法律；有权决定涉及阿国家独立、主权、领土完整和国家利益等问题；审议总统提交的内阁组成名单；内阁部长、最高法院法官和大法官可以列席会议；会议不定期举行。

❷ 阿富汗有 30 多个民族，其中普什图族是主体民族，但不占绝对优势，约占人口的 40%。"北方联盟"主要由塔吉克、哈扎拉和乌兹别克等北部少数民族联合而成，是反对塔利班的少数民族的军事政治联盟，其中塔吉克族占主导地位，约占阿富汗总人口的 25%。

无政党背景的加尼则倾向沿用传统的独立候选人制,并单方面成立选举改革委员会,遭到阿卜杜拉阵营抵制。按照加尼与阿卜杜拉达成的分权协议,2016年应通过召开大支尔格会议修改宪法,确定阿卜杜拉的权力和地位及阿政治体制走向。但由于双方分歧较大,至今仍未开始修宪进程。部分法律专家批评联合政府无宪法基础,呼吁政府领导人兑现政治承诺,尽快召开大支尔格会议解决当前问题。

2.安全形势再趋紧张

伴随以美国为首的北约从阿富汗大幅撤军,阿富汗塔利班再度壮大,"伊斯兰国""乌兹别克斯坦伊斯兰运动"等均加紧在阿的渗透与活动,阿富汗安全局势更趋复杂紧张。阿富汗塔利班利用北约撤军形成的"安全真空",强势反扑,不再满足于路边炸弹和自杀式袭击,开始"攻城略地",尝试与阿安全部队正面对抗。此类攻势在驻阿联军围剿下曾一度销声匿迹,但2014年以来在阿富汗东南部等地重现。如2014年9月,约700名阿富汗塔利班武装人员对加兹尼省的阿杰尔斯坦地区发动进攻,当地政府机构与警察局失守。2015年尤其是下半年以来,阿富汗塔利班攻势更加猛烈,把战火烧至阿富汗全境,尤其是阿北部、东部与南部地区的安全形势急剧恶化,如昆都士省、巴达赫尚省、帕克蒂尔省和楠格哈尔省等。阿富汗塔利班两次攻占昆都士省首府昆都士,并扬言准备进攻其他大城市。2016年4月,阿富汗塔利班宣布发动代号为"奥马利行动"的春季攻势,表示将继续对阿全国各地发动大规模袭击。

阿富汗塔利班的频繁活动造成了阿富汗军警与平民的大量伤亡。由于缺乏美军支持,阿富汗安全部队在与阿富汗塔利班交战中多次失利,部队伤亡率较2014年上升59%。驻阿美军司令尼科尔森表示,由于2015年阿全国战斗日趋激烈,阿军警伤亡激增,迟滞了北约对阿国家安全部队的培训进度,长此以往将制约阿富汗军队能力。

外国极端势力与阿富汗塔利班既合作又竞争,加强对阿富汗的渗透。扎瓦赫里领导的"基地"组织及其南亚次大陆分支均在阿保持一定程度存在。"基地"正试图通过提供招募兵员、培训以及经费支持等重新与阿富汗塔利班加强合作,欲在帕克提卡、帕克提亚、努里斯坦、库纳尔、霍斯特等省建立训练营。"伊斯兰国"自2014年9月进入阿富汗,扩张势头迅猛,在阿25个省都有活动,主要集中于楠格哈尔、库纳尔省。一些阿富汗塔利班分支已宣誓效忠于"伊斯兰国","乌兹别克斯坦伊斯兰运动"正在成为"伊斯兰国"的外籍军团主力和最大帮手,加紧向法拉、巴德吉斯、扎布尔省渗透。阿东北部与巴基斯坦接壤的努里斯坦省、库纳尔省等历来是阿政府长期失控地区,也是阿富汗塔利班控制力比较薄弱的地区,有多支外国极端组织及少量部落武装存在。"基地"、"乌兹别克斯坦伊斯兰运动"、车臣及中亚恐怖分子等近期在阿北部巴达赫尚省活动频繁,为此塔吉克斯坦于2016年年初暂时关闭了其在巴达赫尚省和昆都士省的领事馆。

3.经济发展陷入衰退

历经30多年战乱,阿富汗基础设施遭到严重破坏,工农各业百废待兴。美国发动阿富汗战争以来,"军需经济"曾支撑阿富汗经济发展保持较高增速。2003—2012年,阿富汗经济增长率平均9%。2012—2013年,阿富汗GDP达到198亿美元,同比增长11.8%,人均GDP 660美元。❶但是,为驻阿外军提供服务的经济发展模式难以持续。伴随北约驻阿军队撤离,外军在阿富汗花费锐减,外资逃逸严重,外援大幅缩水,阿富汗经济增长从2013年出现严重下滑。2013年阿富汗经济增长率仅为2%,2014年降到1.3%,2015年为1.9%。❷阿富汗中央统计局数据显示,过去一年阿富汗GDP增长同比下降50%,增长率不及1%。考虑到阿富汗人口自然增长率为2.03%,经济增速不及人口增速,阿富汗经济处于危险之中。❸阿富汗2015年失业率高达40%,同比增长15%,约36%的人口生活在贫困线以下。

阿富汗经济严重依赖外援,缺乏内生动力,未来一段时间仍离不开外部"输血"。农业是阿富汗国民经济主要支柱,占GDP比重为24.32%。❹农业现代化水平低,易受病虫害、旱灾影响,经济基础脆弱。粮食尚不能自给自足,每年需要国家援助或进口粮食解决短缺问题。服务业和工业发展缓慢,分别占GDP比重为51.33%和20.92%。❺工业则以轻工业和手工业为主,主要是中小型企业,基础薄

---

❶ 商务部.对外投资合作国别(地区)指南－阿富汗(2014年版)[EB/OL].(2015-03-20)[2015-07-15]http://aaa.ccpit.org/Category7/Asset/2015/Mar/20/onlineeditimages/file71426813794838.pdf

❷ Afghanistan | Data,世界银行,http://data.worldbank.org/country/afghanistan

❸ 中华人民共和国驻阿富汗伊斯兰共和国大使馆经济商务参赞处.阿富汗中央统计局:阿富汗GDP增长下降50%[EB/OL].(2016-03-21)[2016-05-23]http://af.mofcom.gov.cn/article/jmxw/201603/20160301279058.shtml

❹ 商务部.对外投资合作国别(地区)指南－阿富汗(2015年版)[EB/OL].(2015-12-11)[2016-03-07]http://fec.mofcom.gov.cn/article/gbdqzn/upload/afuhan.pdf

❺ 同❹。

弱,缺少完整的工业体系。服务业在战后虽得到迅速发展,但受国内零售业和贸易产业下降影响,近年来增长速度放缓。阿富汗国家经济缺乏矿业和制造业等支撑,毒品经济成为其主要财政收入之一。阿富汗每年毒品经济收入超过 26 亿美元,占 GDP 总量约 12.6%。

除了安全形势和政局动荡,外援锐减与外资撤离是阿经济短期内迅速衰退的主要原因。在包括喀布尔等在内的市区,外国公司提供的工作机会大量减少。市区房价尤其是喀布尔的房价,从 2014 年开始急速下降,亦反映了阿富汗经济动荡与衰退。阿富汗经济衰退对普通民众的生活也产生影响。

二、政治和解进程波折不断

加尼政府上台后,积极推动与阿富汗塔利班的政治和解进程。加尼总统将工作重心放在争取邻国巴基斯坦的支持上,希望通过缓和阿巴关系,使对阿富汗塔利班有特殊影响力的巴基斯坦能够在和谈问题上给予实质性推动。加尼上任后不久即出访巴基斯坦,令两国关系急速回暖。双方表示将加强安全方面的合作。巴基斯坦积极回应加尼递来的"橄榄枝",总理谢里夫与陆军参谋长拉希勒均表示将全力支持阿政府与阿富汗塔利班展开和谈。阿富汗塔利班代表与阿政府多次接触,并于 2015 年 7 月初在巴基斯坦的穆里举行第一轮正式和谈,并商定在斋月结束后举行第二轮和谈。巴方公布和谈消息后,阿富汗政府称这是首次与阿富汗塔利班举行"正式和谈",将成为双方和平的起点。在国际社会认为阿政治和解迎来曙光之际,阿富汗塔利班领袖奥马尔两年前已死的消息被爆出,阿富汗塔利班内部纷争四起,第二轮和谈被无限期推迟。

曼苏尔出任阿富汗塔利班新领袖,但其影响力远不及奥马尔,阿富汗塔利班内部陷入分裂与混战。奥马尔的儿子雅各布与胞弟马南拒绝承认曼苏尔的地位,拉起队伍另立山头,成立"反对派"。曼苏尔通过"软""硬"两手争取阿富汗塔利班内部不同派别支持,地位不断巩固。一方面,通过分享权力,安抚内部反对派;另一方面则通过频频向政府军发动攻势,对外示强。曾被认为是温和派的曼苏尔,掌权后为笼络各方势力,树立权威,不断向政府部门发起猛攻,袭击阿议会大楼,并一度攻下昆都士省省会。阿富汗塔利班的势力不断扩张,作战能力提高,甚至可在战场上与政府军展开较量。同时,"伊斯兰国""乌兹别克斯坦伊斯兰运动"等极端组织为拉拢主战的阿富汗塔利班、"基地"分子入伙,大肆攻击阿富汗塔利班与阿政府的和谈是"背叛"与"投降",令阿富汗塔利班参与和谈的动力减弱、压力增大。

2016年年初,阿富汗、巴基斯坦、中国与美国成立四方协调组,共同推动阿富汗政治和解进程。四方一致同意落实2015年阿富汗问题伊斯坦布尔进程第五次外长会期间各方达成的共识,致力于推进"阿人主导,阿人所有"的和解进程,强调应尽快重启阿富汗政府与塔利班的直接对话,以实现阿富汗及本地区的长治久安。四方会议已举行四轮,但由于阿富汗塔利班一直未派代表参加,阿富汗政府与阿富汗塔利班仍未能实现直接和谈。阿富汗塔利班3月5日发表声明称,除非外国军事力量结束对阿富汗的"占领",否则该组织不会派代表参加与阿富汗政府的和谈。阿富汗塔利班的强硬态度使阿富汗国内外对和谈产生两种态度。一是认为和谈已经失败,阿富汗塔利班在战场具有优势地位的情况下,不会参加和谈。阿富汗政府将失败的原因多归咎于巴基斯坦对阿富汗塔利班的庇护,认为只有巴基斯坦对阿富汗塔利班采取强硬措施,才能逼迫阿富汗塔利班坐到谈判桌前。阿富汗总统发言人称,巴基斯坦没有履行在四方协调组会议上所作承诺,应采取措施对其境内不愿和解的武装组织进行打击,否则阿富汗将不会参加下一轮四方协调组会议。加尼政府对巴基斯坦表现失望,质疑巴基斯坦帮助阿富汗和解的意愿和能力。另一种态度则较为乐观,认为阿富汗塔利班看似强硬的立场实为一种谈判策略。阿富汗塔利班意图在与阿富汗政府和谈之前迫使其做出让步,以获得更多的政治和军事利益,并缓解"主和派"来自阿富汗塔利班内部的压力。一旦阿富汗政府"开出"的和谈条件"合适",阿富汗塔利班将会主动参与和解进程。

第二节　阿富汗重建对地区安全影响

阿富汗的国家重建与和平进程面临严峻挑战,并有引发周边地区安全形势恶化的威胁。美国作为影响阿富汗问题最重要的外部力量,仍试图继续引导阿富汗局势未来走向。但客观上,阿富汗地区国家的作用在上升,阿富汗未来命运将更加紧密地与地区国家联系在一起。包括印度、巴基斯坦、伊朗、俄罗斯、中亚各国在内的地区国家围绕阿富汗问题展开利益博弈,将成为影响阿富汗未来局势走向的重要因素。中国无论从自身安全还是地区发展战略考虑,将一如既往地坚定支持与推动阿富汗和平重建。

一、美国仍将主导阿富汗事务

奥巴马上台后,既需要应对棘手的国内问题,又着力推进"亚太再平衡"战略,致使反恐在美国国家安全战略中的地位下降。奥巴马承诺收缩海外反恐战场,"负责任"地结束伊拉克、阿富汗两场战争。但相较于伊拉克战场的草草收尾,美国在阿富汗的撤军是精心设计、按部就班推进的。

2009 年,奥巴马执政伊始便推出阿富汗—巴基斯坦新战略,旨在缩小作战目标,锁定"基地"组织;增兵的同时公布撤军时间表;并施压巴基斯坦配合美国反恐。2010 年,美国在阿富汗驻军一度达到 10 万人,多次发动大规模清剿阿富汗塔利班的军事行动,但成效不彰。阿富汗安全形势未发生根本好转。2011 年,美国特种部队越境在巴基斯坦的阿伯塔巴德打死了"基地"组织头目本·拉登。奥巴马随即宣布"三步走"撤军方案,至 2014 年年底完成撤军。美国于 2013 年加快撤军步伐,提前将安全防务权移交给阿富汗军警。2014 年 5 月,值阿大选之际,美国表示驻阿美军年底将减至 9800 人;2015 年年底再减半,并于 2016 年年底将仅留约 1000 人。❶

奥巴马采取"速撤"方案是面对内外压力的现实选择,但这并不意味着美国将放弃阿富汗。加之,由叙利亚、伊拉克局势急剧恶化造成的"前车之鉴",令奥巴马的幕僚们不得不更加谨慎对待后期从阿富汗的撤军安排。2014 年以来,"伊斯兰国"在中东地区迅速崛起,攻城略地,并向南亚、东南亚地区加紧渗透。美国不少政学界人士认为,由于奥巴马仓促从伊拉克"裸撤",才导致了当前叙伊的乱局。为保住阿战果实,阻止极端势力合流做强,奥巴马在 2015 年 3 月阿富汗总统加尼访美时,允诺放缓撤军步伐,现有的 9800 名美军将保留至年底。❷ 2015 年 10 月,奥

---

❶　President Obama Makes a Statement on Afghanistan, The White House[EB/OL].(2014-05-27)[2015-06-18]https://www.whitehouse.gov/photos-and-video/video/2014/05/27/president-obama-makes-statement-afghanistan#transcript.

❷　Remarks by President Obama and President Ghani of Afghanistan in Joint Press Conference,The White House[EB/OL].(2015-03-24)[2015-08-16]https://www.whitehouse.gov/the-press-office/2015/03/24/remarks-president-obama-and-president-ghani-afghanistan-joint-press-conf.

巴马再度宣布延缓阿富汗撤军计划,2016 年大部分时间将在阿富汗维持 9800 名美军,在其 2017 年任期届满时,仍将在阿富汗保留 5500 名美军。❶

由于阿富汗对于美国的地缘作用并未减弱,美国通过阿富汗战争在亚洲的中心地带——俄罗斯的后院、伊朗和中国的家门口——拥有了军事"基地";并且随着全球反恐形势愈加严峻,阿富汗的反恐重要性不降反升。为此,奥巴马在放缓撤军步伐的同时,积极筹谋"后 2014"在阿富汗的战略部署,拟以最少成本获取最高收益。

在政治上,"塑造"亲美政权,并试图主导和解进程。阿战之初,美军借助"北方联盟"的力量迅速击垮阿富汗塔利班政权。在新成立的阿富汗政府中,得益于美国的支持,"北方联盟"领导层把持了军政关键部门,成为实权派。迄今,阿富汗共举行了三次总统大选,美国均施加了"特殊影响"。尤其是 2014 年大选,美国在两位总统候选人加尼与阿卜杜拉之间倾力斡旋,终使大选结果免于流产。而相互制衡的"民族团结政府"在一定程度上也利于美国继续对阿富汗新政权施加影响。

为巩固美、阿关系,美国于 2012 年与阿富汗签署《持久战略伙伴关系协议》,将阿富汗定位为"非北约重要盟国",承诺将于 2024 年前在社会经济、国防安全、制度建设等方面为其提供长期协助。美国还多次推动召开涉阿国际与地区会议,如波恩会议、伦敦会议、东京会议等,促使国际社会加大对阿富汗问题的关注与投入。

阿战后期,美国对阿富汗塔利班和"基地"组织采取分而治之策略,并积极寻求同阿富汗塔利班对话。美国推动联合国安理会解除对阿富汗塔利班高层的制裁,并划拨专款用于招募底层阿富汗塔利班成员回归社会。2013 年,美国允许阿富汗塔利班在卡塔尔设立办事处,双方近乎要展开直接对话,但由于卡尔扎伊政府的强烈反对而作罢。此后,美国一直设法与阿富汗塔利班保持接触。2016 年年初,美国作为重要一方参与阿巴中美四方协调组会议。美国在阿富汗战场上的收缩,必然会加强对阿富汗国内政治进程的干预;而美国保持在阿富汗军事存在,客观上也使其成为阿富汗未来政治和解中不可或缺的参与方。

在经济上,续推美版"丝绸之路"。奥巴马上台后,强调运用"巧实力"策略,大幅增加对阿富汗的非军事援助。美国增加对阿富汗农业和基础设施项目的投入,

---

❶ Statement by the President on Afghanistan, whitehouse.gov [EB/OL]. (2015－10－15) [2016－04－17] https://www.whitehouse.gov/the-press-office/2015/10/15/statement-president-afghanistan.

利用省级重建小组,扩充专家队伍,提供公共服务,帮助地方政府重建经济机构。2015年年初,加尼与阿卜杜拉联合访美期间,美国承诺将为阿富汗未来发展与改革项目,提供最高8亿美元的援助资金。❶

美国还打算重振"新丝绸之路"计划。2011年,美国在经济低迷、反战情绪高涨的背景下,为体面退出阿富汗而提出此计划,旨在以阿富汗为中心联通中亚与南亚,同时弱化中国与俄罗斯在该地区的作用。但囿于财力有限,美国对此计划的投入并不慷慨,打包归入此计划内的大型项目如CASA-1000输电项目和TAPI天然气管道项目❷均进展缓慢。然而,2016年以来,美国再度发力,连续通过在国会作证、发表媒体文章、四处演讲等方式,阐述"新丝绸之路"计划的重要性及取得的积极进展,并将区域性能源市场、贸易和交通便利化、提高通关和过境效率、促进人文交流四个领域作为重点推进方向❸,有意推进该计划加速实施。总投资达10亿美元的CASA-1000电力项目,先后得到世界银行、伊斯兰开发银行、欧洲投资银行、欧洲复兴开发银行及美国援助机构等提供融资支持。自2015年以来,该项目推进加速,各方就输电线路和电价等事项加紧谈判达成协议,于5月在塔吉克斯坦启动。TAPI天然气管道项目也已签署前期工程投资协议,初期预算超过2亿美元。土库曼斯坦境内段已于2015年12月开工,目前正在评估从阿富汗边境至印度之间管道建设所需的资金问题。亚洲开发银行承诺给予支持,伊斯兰开发银行表示对项目感兴趣。❶

在安全上,获得长期驻军许可,为阿富汗军事行动提供支援。美国在阿富汗战后布局最重要的一步棋是与阿政府签署了《双边防务与安全合作协定》,由联合国

---

❶ Joint Press Availability With Secretary of Defense Ashton Carter, Afghan President Ashraf Ghani, and Afghan Chief Executive Abdullah Abdullah[EB/OL].(2015-03-23)[2015-08-13]http://www.state.gov/secretary/remarks/2015/03/239713.htm 。

❷ CASA-1000输电项目是指贯穿中亚和南亚1000千米高压输电线路,将连接吉尔吉斯斯坦、塔吉克斯坦、阿富汗和巴吉斯坦四国的电力系统,旨在把塔吉克斯坦和吉尔吉斯斯坦多余的电能输送至电力短缺的阿富汗和巴基斯坦。TAPI天然气管道项目是指连接土库曼斯坦、阿富汗、巴基斯坦、和印度四国的天然气管道项目。"TAPI"是这四个国家英文首字母缩写。

❸ Nisha Desai Biswal.The New Silk Road Post-2014:Challenges and Opportunities,The Woodrow Wilson CenterWashington[J/OL].2015,10(3):15[2015-01-22].http://www.state.gov/p/sca/rls/rmks/2015/236214.htm.

❶ 商务部.TAPI线天然气管道建设正在按计划进行[EB/OL].(2016-05-01)[2016-10-16]http://www.mofcom.gov.cn/article/i/jyjl/e/201605/20160501314823.shtml.

安理会授权驻军,转变为美阿双边驻军协定,从而使美国获得在阿富汗长期驻军的法律保障。这一协议对美方极为有利,但签订过程并不顺利。美、阿两国就此协议的谈判始于 2012 年 11 月。由于事关阿富汗的主权与独立及美国未来对阿战略,双方分歧较大,谈判时常陷入僵局。驻军豁免权与搜查民宅权是双方斗争焦点。在 2013 年双方达成初步协议,并通过大支尔格会议(国民会议)批准后,阿富汗前总统卡尔扎伊又提出新要求,坚决拒绝签署该协议。随后,阿富汗陷入选举危机,新总统迟迟未能产生,而时间已临近美国的撤军期限 2014 年年底。此协议可谓"命悬一线间",最终阿富汗大选尘埃落定,加尼出任总统,并在就职的第二天就签署了该协议,为美国在阿富汗继续驻军打开了绿灯。据此协议,美军除了在阿富汗享有治外法权,还可无偿使用喀布尔、巴格拉姆等 9 个军事"基地",并允许美国根据需要自行增减驻军数量,单方面提升了驻军安排自由度。

为及早实现撤军,美国将扩充、培训阿富汗安全部队作为后期对阿工作重心。美国还多方动员北约盟国出钱出人,参与阿富汗军警的招募与培新。短短几年,阿富汗军警人数猛增至近 35 万人。尽管这支队伍的安保能力与忠诚度备受质疑,但美国及北约已为抽身泥潭作好了铺垫。当然,维持阿富汗军警每年约 41 亿美元的庞大费用,美国需要承担大部分,而且阿富汗军警的大型军事行动仍依赖美方提供空中支援、情报分享和后勤保障。为此,美国国防部长卡特表示将向国会寻求拨款,以继续向阿富汗安全部队提供资金援助至 2017 年年底。据 2016 年年初卸任的美军驻阿富汗司令约翰·坎贝尔评估,在 2024 年前阿富汗军队不能独立保卫国家安全,美国及其北约伙伴在阿的军事存在对阿富汗安全至关重要。❶早在撤军之初,奥巴马就签署"密令",允许驻阿美军在必要时可参与战斗。近来,随着"伊斯兰国"与"基地"组织在阿活动频繁,美国总统国家安全事务助理赖斯表示,奥巴马总统已授权国防部对"伊斯兰国呼罗珊省"进行打击,而且美国仍在密切关注"基地"组织在阿动向。

二、地区国家作用上升

阿富汗位于中亚、南亚和西亚交汇处,被称为"亚洲的心脏"。这个亚洲中西

---

❶ 阿富汗战局恶化 军警损失惨重[EB/OL].(2016-02-24)[2016-06-19]参考消息,http://www.cankaox-iaoxi.com/mil/20160224/1081833.shtml.

部内陆国家北邻土库曼斯坦、乌兹别克斯坦、塔吉克斯坦,西靠伊朗,南部和东部连接巴基斯坦,东北部凸出的狭长地带瓦罕走廊与中国接壤。阿富汗与周边地区国家关系多样,各国在涉阿问题上的利益关切也不尽相同,有些甚至相互冲突,致使各国对阿帮扶尚不能形成合力。但是,阿富汗实现稳定与发展符合地区整体利益,各国应凝聚共识,加强协商与沟通,积极推动阿富汗的和平重建。

1.巴基斯坦与印度在阿富汗的利益博弈

巴基斯坦是对阿富汗局势走向影响最大的邻国。阿、巴两国拥有2600多千米的共同边界,普什图族人聚居在两国边界。两国在抗击苏联入侵阿富汗期间结下特殊关系。阿富汗塔利班执政期间(1996—2001年),巴基斯坦是承认阿富汗塔利班政权的三个国家之一。美国发动阿富汗反恐战争后,将巴基斯坦捆绑在阿战之内,利用援助等迫使巴基斯坦加入反恐战场。巴基斯坦接纳了300多万阿富汗难民。巴基斯坦一直以来密切关注阿局势演变,一是警惕阿富汗出现亲印反巴政府,担心印阿联手对巴基斯坦形成东西夹击的钳形战略威胁;二是防止阿富汗国内局势失控,"恐怖外溢"殃及自身。巴基斯坦希望利用对阿富汗塔利班的独特影响力,引导阿富汗政府对巴基斯坦政策,改善阿巴关系,抗衡印度在阿富汗的利益扩张。

自阿富汗塔利班倒台后,阿、巴两国因历史、边界等问题长期关系紧张。在跨界恐怖活动问题上矛盾不断,互信脆弱。2013年,巴基斯坦谢里夫政府上台后,两国有意改善关系。谢里夫访阿时表示,将向阿富汗和解进程提供实质帮助,承诺将援阿额度增至5亿美元。阿富汗大选后,巴基斯坦政府先派出总统侯赛因参加加尼总统就职典礼,接着巴基斯坦总理国家安全和外事顾问阿齐兹和巴基斯坦陆军参谋长拉希勒·谢里夫又相继访阿。2014年11月,加尼总统访问巴基斯坦,双方签署了一系列经贸、能源合作协议,希望在2017年实现双边贸易额翻一番,达到50亿美元。在安全领域,巴基斯坦承诺将在阿富汗安全部队的训练指导和能力建设方面提供帮助和支持。阿、巴两国还签署了安全合作备忘录,共同打击恐怖主义。

巴基斯坦对阿富汗政治和解起关键作用,2015年以来,巴基斯坦在阿富汗政府与阿富汗塔利班之间积极协调,推动双方实现直接对话。巴方立场的转变有助于阿富汗实现和谈,但阿富汗塔利班在阿富汗本土实力增强,对在巴基斯坦"基地"的依赖有所下降,使得巴基斯坦对阿富汗塔利班掌控能力尚是未知。而且阿富汗政府内部对与巴基斯坦调整关系存在反对声音。近来,阿富汗塔利班的频繁攻势也让阿巴关系回暖面临强大阻力。

印度与阿富汗塔利班倒台后的阿富汗政府保持良好关系。印度在阿富汗的战略目标主要是通过支持阿富汗重建,巩固和加强与阿富汗政府的战略关系,使阿富汗成为遏制巴基斯坦的重要盟友,并减轻伊斯兰极端势力对印度的威胁。在此基础上,确立印度在南亚地区的支配地位,并通过阿富汗打开伸向中亚、中东的重要通道,获得印度所需要的油气、矿产等战略资源。为此,印度从经济、政治、安全上不断加大对阿富汗重建的投入,压缩巴基斯坦战略空间。印度已为阿富汗重建提供了 20 亿美元援助,有 3000 多名印度人在阿富汗从事项目建设。印、阿两国于 2011 年签署了战略伙伴协定及天然气、石油和矿产资源开发,以及基础设施建设的经济合作协议。印度与阿富汗"北方联盟"关系密切,对阿富汗政治和解进程心态复杂,不愿让阿富汗塔利班重返政治主流。印度支持美国在阿富汗保留驻军,担心阿富汗安全局势再度恶化威胁其在阿富汗的利益。美国希望印度在阿富汗扮演更重要的角色,为阿富汗提供更多援助尤其是军事援助。但由于巴基斯坦对此十分敏感,印度对阿富汗包括武器、设备、培训在内的军事援助所能起到的作用受到质疑。

2.俄罗斯与中亚国家在阿富汗的利益关切

阿富汗重要的地缘位置及毒品、车臣等问题,使阿富汗的稳定对俄罗斯十分重要。俄罗斯重视对阿富汗的投入,通过帮助阿富汗重建、打击毒品行动、与阿富汗展开能源合作等,增强俄罗斯在阿富汗的影响力,防止因背负苏联入侵阿富汗的历史包袱而在当前的阿富汗问题上被边缘化。俄罗斯已向阿富汗重建提供 1.6 亿美元援助,同阿富汗建立了政府间经贸合作委员会,并向阿富汗军队提供小型武器装备、人员培训等。自北约减少在阿富汗驻军后,阿富汗与俄罗斯的关系加强,希望获得包括小型武器、火炮和攻击直升机等在内的俄制军备。俄罗斯于 2016 年年初向阿富汗赠送 1 万支 AK-47 自动步枪和数百万发子弹。通过俄美协议,俄罗斯已向阿富汗提供多批米-17 直升机,并正在与阿富汗商谈签订米-35 战斗直升机的军火贸易合同。

阿富汗与中亚多国毗邻,俄罗斯视中亚为其"后院",坚决反对美国在阿富汗建立永久军事"基地",并强烈抵制美国向中亚地区渗透,以及借反恐谋求在中亚国家驻军。俄罗斯亦高度关注阿富汗毒品问题,积极推动地区禁毒合作。阿富汗毒品产量逐年增长,贩毒网络不断壮大,俄罗斯与中亚国家成为主要受害国之一。俄罗斯国家禁毒委员会主任伊万诺夫称,美国在阿富汗采取铲除罂粟的扫毒策略收效甚微,希望美国采取更强硬的措施遏制阿富汗毒品贩运。俄罗斯与阿富汗、巴基斯坦和塔吉克斯坦四国通过情报交换,消除毒品种植和加工源的联合行动机制等加强禁毒合作。俄罗斯总统打击恐怖主义和跨国有组织犯罪问题代表萨福诺夫曾表示,俄方愿与其他国家密切合作,阻止中亚毒品经俄罗斯流向欧洲。

中亚国家与俄罗斯在反恐反毒问题上关切相似,普遍担心阿富汗安全形势恶化造成恐怖分子回流本地区,将威胁本国安全与稳定。但中亚国家尤其是乌兹别克斯坦和塔吉克斯坦,不愿受制于俄罗斯,有意借阿富汗问题加强与美国等西方国家关系,提升自身地区地位,实现其安全与军事合作多元化发展。乌兹别克斯坦、吉尔吉斯斯坦等国曾允许美国在其境内设立军事"基地",向阿富汗运输军用物资,但目前均已关闭。

3.伊斯兰国家与阿富汗的复杂关系

伊朗积极参与阿富汗重建,重点援建同其毗邻的阿富汗西部省份,尤其是赫拉特省,使之成为阿富汗经济最发达的省份。近年来,伊朗通过宗教渗透、派别支持和经济援助等增强在阿富汗的影响力,为制衡美国包围圈在阿富汗西部设立缓冲区。伊朗强烈反对美国在阿富汗保留军事存在,积极参与阿富汗的和解进程,但不希望阿富汗塔利班主导阿富汗政府,支持哈扎拉和塔吉克族势力分享阿富汗国家权力。同样对阿富汗影响深远的沙特阿拉伯,也是对阿富汗援助大国。2008 年 9 月和 2009 年 2 月,沙特阿拉伯两度斡旋卡尔扎伊政府、阿富汗塔利班和阿富汗伊斯兰党三方谈判,虽然未能取得结果,但可见沙特阿拉伯在阿富汗影响力的加强。2013 年 6 月,阿富汗塔利班在卡塔尔首都设立办公室,以便与美国和阿富汗政府谈判。沙特阿拉伯曾与阿富汗塔利班关系紧密,愿充当阿富汗政府及美国与阿富汗塔利班谈判的重要通道。沙特阿拉伯与伊朗是中东地区的战略竞争对手。伊朗核协议达成后,西方国家将默认伊朗在阿富汗问题上发挥更大作用,这同时可能引起沙特阿拉伯也希望更多介入阿富汗事务。作为北约成员的土耳其,多数居民信奉伊斯兰教,阿富汗人对土耳其怀有好感,阿土关系较好。土耳其试图以中间人的身份,积极推动阿富汗和解进程与地区反恐合作。2015 年 1 月,土耳其外长表示,土耳其将继续向阿富汗提供支持。一是土耳其将驻阿富汗军队人数从 700 人增加到

1100 人,训练并装备阿富汗军队。二是土耳其将花费 5000 万欧元,运营并管理喀布尔国际机场 2 年。三是继续支持阿富汗基础设施建设。❶

第三节　丝绸之路经济带视野的中国与阿富汗合作关系

自古以来,中国与阿富汗山恋相连、渊源情深。古丝绸之路是两国友好关系的历史见证。中国提出丝绸之路经济带的战略构想,赋予中阿合作新机遇。2014 年 10 月,中、阿两国签署《关于深化战略合作伙伴关系的联合声明》,赋予世界格局新变化下中阿合作关系的丰富时代内涵。

一、中阿合作关系的战略意义

作为陆权与海权地缘再平衡战略的重要一环,共建丝绸之路经济带是中国新一届政府向西开放战略的重要布局形式。阿富汗作为共建丝绸之路经济带的天然驿站,地缘优势突出。假以时日,"阿富汗政治能形成一种平衡,并可随着时间的流逝而逐渐巩固"❷,动荡局势转向民族和解,发展中阿合作关系的战略意义自不待言。

1.地缘政治上,阿富汗与中国西部边疆的长治久安息息相关

作为古丝绸之路的重要节点国家,阿富汗因其地处中亚、西亚和南亚三个区域的交汇点与结合部,被称为"亚洲十字路口"。向西开放战略纵深推进下的中国,欲借力丝绸之路经济带打造中国一路向西,直达欧洲的共赢之旅,动荡渊薮之地阿富汗的现实影响不容忽视。

中阿边境线虽然仅约 92 千米,但却是维系中国未来西部边疆安全的天然屏障。众所周知,阿富汗是国际恐怖主义、极端宗教主义的策源地与中转站。中国的

---

❶ 商务部.土耳其将继续向阿富汗提供支持[EB/OL].(2015 – 01 – 22)[2015 – 03 – 16]http://www.mofcom.gov.cn/article/i/jyjl/j/201501/20150100874815.shtml

❷ 里亚兹·穆罕默德·汗.阿富汗和巴基斯坦冲突·极端主义·抵制现代性[M].曾祥裕,等译.北京:时事出版社,2014:318.

基本目标是力求阿富汗不对中国安全构成威胁,不成为反华势力遏制中国的棋子。阿富汗"后2014"时代,阿富汗安全局势的稳定性在很大程度上直接关乎中阿合作关系的好坏❶,进而影响到中国的边疆稳定、民族和睦、能源供应,以及丝绸之路经济带建设等一系列问题。

2.地缘经济上,阿富汗与中国经济可持续发展的未来情势紧密相连

当今世界正在为中国和平崛起提供难得的历史机遇,一方面,全球经济形势持续低迷,确保经济增长成为各国共同面临的困境之一;另一方面,中国经济发展逆流挽舟相对坚挺,不过"仅靠本国的资源肯定不足以支撑中国未来的持续发展,我们要有分享世界资源的权利,并以此来支持中国的发展"❷。

"9·11"事件以来,经过十余年苦心经营,阿富汗民族国家的经济重建工作初见端倪,中阿经济合作关系初步形成。根据世界银行数据及预测报告,阿富汗2010—2016年GDP增长率❸整体上低于南亚国家GDP平均增长率。不过,囿于局势内外交困,阿富汗拥有丰富的铁、铜、石油和天然气等矿藏资源,基本上尚未开发。因此,应当增强中阿经济利益共鸣点,凸显两国经济合作的互补性、可能性与必要性。

3.地缘博弈上,阿富汗是中美关系的重要影响因子

自"9·11"事件以来,阿富汗逐渐上升为美国面临的最主要外交安全议题之一。及至2014年12月美军在阿战斗任务结束的声明,也不过是将"并未给阿富汗人带去自由的'持久和平'行动将更名为'坚决支持'继续下去"❹。如果美国与其他相关国家不去刻意进行旨在结束战争的长期准备工作,未来世界和平将会受到严重影响❺。世界大国,尤其是美俄围绕阿富汗所衍射出的国家利益博弈仍将继续。而阿富汗安全局势的嬗变,与中国西部边疆安全息息相关。

❶　Shannon Tiezzi.China Hosted Afghan Taliban for Talks:Report[EB/OL].(2015-01-07)[2015-05-11] http://thediplomat.com/2015/01/china-hosted-afghan-taliban-for-talks-report/.

❷　张文木.世界地缘政治中的中国国家安全利益分析[M].北京:中国社会科学出版社,2012:286.

❸　全球经济展望-预测(阿富汗数据)[EB/OL].(2015-10-05)[2015-12-08]http://data.worldbank.org.cn/country/afghanistan.

❹　美军在阿富汗:更名"坚决支持"自以为是赖着不走[EB/OL].(2015-01-06)[2015-05-12]http://mil.cankaoxiaoxi.com/2015/0106/619164.shtml.

❺　Charles W.Kegley,Jr. eds.,Controversies in international relations theory:relations theory[M].Beijing:Peking University Press,2004:275.

毫无疑问,目前中美双方互视对方为拓展自身亚太地区影响力的战略对手。在阿富汗问题上,中美立场宜存"异"求"同"。"异"即分歧:在阿富汗重建进程中,美国希望中国分担部分经济重建责任,同时不希望中国参与阿富汗政治重建事宜;"同"即共识:两国都希望维护阿富汗局势稳定。因此,以如何促进阿富汗稳定为中美合作契机,对于推动构建中美新型大国关系大有裨益。

4.地缘文化上,阿富汗是沟通中国文化与中亚文化的重要纽带

古代丝绸之路联通欧洲文化圈、东方文化圈与汉文化圈,实现人类三大文化圈的理解包容、和谐共生。文化无界,信仰无疆。共建丝绸之路经济带旨在"重现"古丝绸之路经济交流与人文互鉴相得益彰胜境。地处三大文化圈互通交汇"十字路口"的阿富汗,是天然的文明交流使者。

在倡导多元文明平等对话、和谐交流的人文互鉴时代,中阿合作关系的发展,文化交流先行意义重大。"让中阿两国文化交流活跃起来,形成你中有我、我中有你、利益与共、合作互赢的区域一体化发展空间"❶。"让中亚国家人民理解中华文化的内涵,增强中华文化在中亚的影响力"❷,促进周边命运共同体的区域身份认同意识在沿线国家生根发芽。

二、中阿合作关系的发展空间

近年来,中、阿两国友好合作关系呈纵深发展趋势。从2006年签署《中阿睦邻友好条约》到2012年发表《中阿建立战略合作伙伴的联合宣言》,两国战略合作不断深化。2014年阿富汗总统加尼上任后首次外访选择中国,进一步密切了两国的友好往来关系。厘析中阿合作关系的可能发展空间,对于推动中阿合作关系的可持续性发展大有裨益。

1.政治互信空间趋高,发展中阿合作关系的基础动力

中、阿两国都坚持不干涉内政原则,奉行独立、不结盟政策。政治互信度高,成为中阿合作关系发展的基础动力。21世纪的国际交往,增加政治互信是推动务实合作之基,边界异议常常是影响政治互信走高的"囚徒困境"。而中阿边界问题,

❶ 张建成."丝绸之路经济带"视野的中阿文化交流先行战略[J].重庆社会科学,2014(12):55-56.
❷ 郭琼.中国向西开放视角下的中哈关系[J].现代国际关系,2014(4):31.

两国早已通过 1965 年 3 月 24 日的《边界议定书》加以解决。

　　国际地区形势变动不居,中、阿两国日益感受到加强双边战略合作的重要性。近几年来,中、阿两国高层往来密切。2013 年 9 月,阿富汗总统卡尔扎伊访华;2014 年 10 月,阿富汗总统加尼访华;中国"希望看到一个团结、稳定、发展、友善的阿富汗,这符合阿富汗人民根本利益,也是地区国家和国际社会的共同期待"❶。积极关注阿富汗局势,并乐于在阿富汗问题等国际事务中发挥积极作用,是中国作为大国的责任与担当。

　　2.安全互助空间求同,发展中阿合作关系的直接动力

　　当前全球与地区安全形势变化莫测。各类非传统安全问题给包括中、阿在内的世界各国人民带来日益严重的威胁。安全互助性强成为中阿合作关系发展的直接动力。国际舆论认为,在中亚地区,中国正在通过积极地成功参与涉及其国家安全利益的国际事务,而成为中亚地区的大赢家。❷ 阿富汗"三股势力"(宗教极端势力、民族分裂势力、暴力恐怖势力)是阿富汗政局动荡、中亚地区安全外溢效应的重要因子。

　　阿富汗"后 2014"时代的中亚地区安全前景愈加变幻莫测。国际社会已经整合经济援助与政治调解功能,为阿富汗的持久稳定奠定基础。接下来关键看阿富汗如何按照自己的方式去发展。❸ 不过,国际舆论对阿富汗本国安全力量的维稳能力持谨慎乐观态度,并担忧阿富汗战乱与中亚地区安全产生联动效应。一旦中东乱局握手阿富汗乱局,中国西部边疆安全必定首当其冲。加强中阿安全互助,共同防范和打击"三股势力",关乎两国国家根本利益,对话空间广阔。

　　3.经济互利空间巨大,发展中阿合作关系的核心动力

　　目前,中国是阿富汗的主要贸易伙伴、投资国,中国企业是阿富汗矿业等能源部门最主要投资者。两国在诸如经济结构、资源禀赋等方面有很强的互补性。经济互利空间巨大,是推动两国合作关系不断前进的核心动力。作为世界上最不发达的国家之一,阿富汗经济结构以农牧业为主、工业发展落后,经济援助型特征明

---

　　❶　习近平同阿富汗总统加尼举行会谈[EB/OL].(2014-10-28)[2015-03-14]http://www.chinanews.com/gn/2014/10-28/6726251.shtml.

　　❷　Martha Brill Olcott.China's Unmatched Influence in Central Asia[EB/OL].(2013-09-18)[2014-02-16]http://carnegieendowment.org/2013/09/18/china-s-unmatched-influence-in-central-asia/gnky.

　　❸　Paul D Miller.the US and Afghanistan after 2014,Survival:Global Politics and Strategy,2013,55(1):100.

显。丰富的能源资源,因安全局势不靖而开发迟缓。

进入 21 世纪以来,与世界主要经济体尚且行走在经济危机的"阴影"中不同,中国经济持续坚挺。不过,中国进出口贸易高度依赖欧美发达国家,贸易摩擦频发而增长空间不足。中国经济运行空间亟待拓展。中阿经济合作,尤其是能源合作,对于发展两国合作关系大有裨益。阿富汗与中国 2008—2012 年贸易额统计❶显示,阿富汗安全形势趋紧与政治走向不明朗,造成中阿贸易陷入低迷状态。实现两国经济合作纵深发展,任重而道远。

4.人文互鉴空间广阔,发展中阿合作关系的提升动力

中、阿两国各自拥有优秀的传统文化,文明之光在两国的历史长河中熠熠生辉。加强文化交流与合作,是推动中阿合作关系不断发展的提升动力。在诸如文化、传统、风俗、习惯、经济等社会生活的各个领域,增进中、阿两国人民的相互了解,是一项任务艰巨而又意义深远的系统工程。2008 年 1 月,阿富汗第一所孔子学院在喀布尔大学落成,标志着中阿文化交流开启新的篇章。

身处崇尚人文互学互鉴的新时代,"我们不仅要了解中国的历史文化,还要睁眼看世界,了解世界上不同民族的历史文化,去其糟粕,取其精华,从中获得启发,为我所用"❷。我们需要秉持开放、包容、互鉴的文化交流理念,高度重视中阿文化交流的双向性。加强人文交流与民间交往,能为中阿合作关系的发展夯实民意基础与社会基础。民意相通,是进一步推动中阿合作关系全面发展的重要促进因子。

5.区域互通空间多元,发展中阿合作关系的维持动力

全球化时代背景下,"中国需要经略和平发展的周边,周边同样需要和平繁荣的中国"❸。中阿发展战略的契合性与多元区域组织合作的互通性,共同构成两国合作关系不断发展的维持动力。中国新一届政府实施"中国梦",积极布局大周边外交,努力打造中国与周边国家命运共同体。阿富汗政府奉行积极外交方略,在重视与美国等西方大国交往的同时,积极拓展与周边国家的关系,以合作求安全、谋

❶ 对外投资合作国别(地区)指南－阿富汗(2014 版)[EB/OL].(2015-10-05)[2015-12-13]http://fec.mofcom.gov.cn/gbzn/gobiezhinan.shtml? COLLCC＝930204687&。

❷ 习近平论中国传统文化——十八大以来重要论述选编[EB/OL].(2014-02-28)[2014-06-18]http://news.xinhuanet.com/politics/2014-02/28/c_126206419.htm.

❸ 阮宗泽.中国需要构建怎样的周边[J].国际问题研究,2014(2):11.

发展。两国发展战略诉求殊途同归,完全可以相辅相成、共同发展。

阿富汗会有一个美好的未来,但是国际援助对于达成这个未来非常重要。❶因此,阿富汗与中国一样,除了继续推进自身机制建设以外,还离不开与其所处区域国家乃至区域外大国博弈互动。目前,阿富汗加入的区域合作组织主要有CAREC(中亚区域经济合作组织)、SAARC(南亚区域合作联盟)、OIC(伊斯兰会议组织)与ECO(经济合作组织)等;同时,它还是SCO(上合组织)观察员国。发挥上述区域组织,乃至联合国等全球组织竞合的功能,形成多元化国际支持格局,助力阿富汗民族国家重建。

三、中阿合作关系的发展瓶颈

推动中阿合作关系发展固然存在上文所述诸多积极动力因子丛,但是也存在着一些不利因素。两国应处理好这些不利因素,使其不至于影响中阿合作关系发展大局。

1.中阿失衡型贸易的持续

作为世界上最贫穷的国家之一,阿富汗经济发展水平不高。中阿经济合作基础羸弱,双边经贸往来单向失衡性特征突出。根据阿富汗近年宏观经济指标来看,由于自身"造血能力"严重不足,阿富汗经济重建取得一定成果,但是国民经济发展缓慢。其中,阿富汗与中国的贸易出口额远远低于进口额。❷巨额逆差事实说明,基于地缘优势与经济互补性,所呈现出的双边经贸往来较为密切现象,是一种"失衡性"虚假繁荣。中阿经贸往来本质上是一种单向失衡性经贸往来。

与中阿政府高层交流持续升温相比,两国经济贸易仍处于"低温"交流状态的主要原因有三。一是阿富汗安全不靖,阻扼经济交流;二是阿富汗经济结构失衡,农业生产停滞不前,工业发展水平较低,与中国经济合作属于较低层次上的经济互补运转;三是中、阿之间陆路联合、互联互通的基础设施与配套设施建设相对滞后,边贸口岸的管理制度有待进一步健全与完善,边贸经济效能不高。目前,中国对阿

---

❶ Nick B, Mills Karzai.The Failing American Intervention and the Struggle for Afghanistan[M].New Jersey: John Wiley & Sons,Inc.,2007:220.

❷ 对外投资合作国别(地区)指南-阿富汗(2014版)[EB/OL].(2015-10-05)[2015-12-13]http://fec.mofcom.gov.cn/gbzn/gobiezhinan.shtml? COLLCC=930204687&。

富汗出口产品主要为日用电器、五金机电、纺织服装、运输设备等,自阿进口商品主要是牛羊皮、农产品等。中阿双边贸易质量明显滞后于两国关于深化战略合作关系的经济合作预期。中阿贸易结构相对单一,亟须多元化转向,夯实两国合作关系的经济基础。进而实现经热与政热双轮驱动,推动中阿合作关系的良性发展。

2.美国外交立场对中阿合作关系的影响

美国借"9·11"事件以反恐的名义布棋阿富汗,已经使中国西部安全情势日趋复杂化。这其中既包括中国西部边疆"东突"恐怖因子弥散,也包括中国西部边境"军事"压力因子骤增,还包括中巴传统友好关系空间被挤压。美国于2011年提出以阿富汗为核心国家的"新丝绸之路"计划,本质上是其"亚洲再平衡"战略的实践应用版。其战略目的旨在隔山打牛。借力阿富汗邻国出物、出力,投资阿富汗,继续保持美国在欧亚大陆腹地的主导话语权,进而间接实现对中国崛起的潜在遏制。为此,中国新一届政府深刻洞察到,中国需要一种新的西向开放战略。丝绸之路经济带战略构想应时而生,阿富汗恰巧成为共建丝绸之路经济带的重要一极。

"欧亚大陆,不仅是最直接威胁美国全球地位的外交政策的发源地,也是对全球地缘政治的稳定性构成长期挑战的发源地"❶。美国将中国所倡导的丝绸之路经济带战略构想,解读为零和博弈,预设为中国对其"亚洲再平衡"战略进行平衡的再平衡战略,并积极主导布局TPP(跨太平洋伙伴关系协议)和TTIP(跨大西洋贸易与投资伙伴协议)。美国在全球范围内遏制中国话语权的战略企图,不言而喻。为此,应该谨慎审视美国"亚太再平衡"战略的生存、发展土壤。在阿富汗民族国家重建进程中,着眼中美共同战略利益关注点,努力营造中美之间良性竞争与理解合作并存的包容型竞合空间非常重要。

3.俄罗斯外交政策对中阿合作关系的影响

在中阿合作关系的发展进程中,俄罗斯的犹豫徘徊不容忽视。尽管中、俄、阿分别是上合组织的成员国与观察员国,彼此在上合组织框架内就安全、政治、经济等方面建立了良好的合作关系;但是在中、俄、阿三角关系中,俄罗斯始终是影响中阿关系发展的重要潜在因子。俄阿之间历史关系复杂而现实关系诡秘,俄罗斯在

---

❶ 兹比格涅夫·布热津斯基.战略远见:美国与全球权力危机[M].洪漫,等译.北京:新华出版社,2012:128.

阿富汗的影响力将会广泛而深远地存在。由于"中国不谋求地区事务主导权,不经营势力范围"❶,因此,中、俄两国在阿富汗问题上并不存在根本性的利益冲突。

但是,俄罗斯对中国的日益强大是否会挤压其中亚的生存空间,保持警惕之心的立场从未改变。它在非常重视阿富汗的地缘意义之余,积极着手构建欧亚经济联盟。2015 年 1 月,由俄罗斯主导的独联体内经济一体化项目"欧亚经济联盟"于俄罗斯外焦内困之际"千呼万唤始出来"。国际舆论认为,"欧亚经济联盟在逆境中如期诞生并顺利实现扩员,显示了成员国对推进一体化机制的共同意愿"❷。毫无疑问,欧亚经济联盟启动与丝绸之路经济带建设会产生一系列反应。为此,中国需要特别兼顾俄罗斯在阿富汗的切身利益,充分利用阿富汗的战略缓冲作用,把握好与俄罗斯的交往火候,积极开创丝绸之路经济带与欧亚经济联盟等地缘体和谐竞合、多元共赢局面。

4.阿富汗政府制衡型外交的实施

自"9·11"事件以来,阿富汗政府积极谋求"势力均衡"(balance of power)外交向"影响力均衡"(balance of influence)外交转向。尽管阿富汗政府与美国扶持有着千丝万缕的联系,但是从卡尔扎伊政府到加尼政府,都自始至终努力保持国家利益的独立外交话语权。"势力均衡"外交往往通过两类手段"内强外联"来实现国家立场的表达,"一是内部手段(增强经济能力和军事力量,实行明智的战略),二是外部手段(加强和扩大同盟,或是削弱和缩小敌对同盟的力量)"❸。但是,阿富汗作为一个整体弱小国家,依赖脆弱性高,与大国结盟会导致对大国的依赖,也存在被大国抛弃或者被迫卷入与其他大国冲突的可能。选择"影响力均衡"外交则致力于保持区域外大国对阿富汗影响力的多元化均衡,避免任何一个大国主导阿富汗局面的历史悲剧重演。

对于一个现代民主制国家而言,"权力失衡除了会带来具体威胁外,还会令弱国感到不安,为它们增强自身实力提供理由"❹。阿富汗正是基于此而采取"影响

---

❶　习近平:中国不谋求地区事务主导权[EB/OL].(2013-09-08)[2013-11-14]http://news.china.com. cn/2013-09/08/content_29963130.htm。

❷　逆境而生的欧亚经济联盟[EB/OL].(2015-01-13)[2015-06-10]http://news.xinhuanet.com/world/ 2015-01/13/c_127377063.htm。

❸　肯尼思·华尔兹.国际政治理论[M].信强,译.上海:上海人民出版社,2008:125.

❹　肯尼思·沃尔兹.现实主义与国际政治[M].张睿壮,等译.北京:北京大学出版社,2008:197.

力均衡"外交,即一种非零和博弈式、多元动态化"势力均衡"外交。通过实施中国、俄罗斯、美国、巴基斯坦、印度、伊朗等诸国在阿影响力的总体平衡战略,来最大化维护阿富汗国家利益。依赖的多元化布局,无疑会降低阿富汗的依赖脆弱性与敏感性,进而扩大其选择自由与行动空间。不过,我们要注意到,阿富汗政府积极将其独立、中立、不结盟政策的外交理念生根发芽,主动与周边国家多元互动,以期最终"独善其身"的愿景,或许会因其独特的枢纽地缘背景而遥遥无期。

5.中阿失位型沟通的存在

中阿合作关系的"失衡"情势除了前文已论及的政热经冷的失衡型贸易外,还包括双边官热民冷的失位型沟通。目前,中阿合作关系主要运作于官方层面。与政府高层的密切往来程度及其获得的成果相比,两国民间交流的质量明显薄弱。国之交在于民相亲,民相亲在于心相通。只有真正建立起中阿民众之间自觉的沟通与交流,才能够进一步增进两国人民之间的了解与友谊,从而推动中阿合作关系的稳定、可持续发展。

阿富汗动荡多年的社会环境中,不同族群派别、地方军阀、利益集团为了斗争需要而危害外来投资者的情况时有发生。这在一定程度上源于沟通愿景不对称、信息相易不对称。为此,加强中阿人文交流与合作,是增进两国民众彼此沟通的不二选择。对中国而言,要展示中华文化的博大精深,需要不断提高国家文化软实力建设水平,"把跨越时空、超越国度、富有永恒魅力、具有当代价值的文化精神弘扬起来,把继承优秀传统文化又弘扬时代精神、立足本国又面向世界的当代中国文化创新成果传播出去"❶。多说历史求共鸣,多说互利求共赢,积极营造一个能够争取阿富汗民众理解和支持的舆论氛围,坚持多做少说,低调而务实推进中阿合作关系,尽量避免招致不必要的阿富汗民众的"误读"式解读中国。

四、中阿合作关系的发展路径

阿富汗作为中国向西开放战略的枢纽之一,阿富汗局势在中亚地区牵一发而动全身,中国应该进一步加强中阿合作关系的全面发展。在政治、经济、文化、人文

---

❶ 习近平论中国传统文化:十八大以来重要论述选[EB/OL].(2014-02-28)[2014-08-12]http://news.xinhuanet.com/politics/2014-02/28/c_126206419.htm.

与区域事务等诸领域,分步骤、有重点、求实效地有序推进协同合作。集中力量突破中阿合作关系的发展瓶颈,进一步深化中阿战略合作伙伴关系。努力把中阿合作关系建设成睦邻友好的合作范例,打造成丝绸之路经济带沿线国家互联互通的共赢样板。

1.政治合作,构建更加互信的中阿利益共同体与命运共同体

作为权力博弈的产物,一个国家政府的政治决策会受到诸多不确定影响因素的左右。阿富汗尤其如此。阿富汗民族众多、派别林立,彼此很难走到一起来,因为一方利益的任何扩大便会对另一方的社会存在造成威胁。然而它们又不能分道扬镳,因为它们的社会存在相互依赖。[1] 阿富汗部族利益持续博弈恶果之一,便是导致中央政府权力相对脆弱。这一脆弱性现实提醒我们,在坚持不干涉阿富汗内政的情况下,中国应该践行亲诚惠容的周边外交理念,积极承担打造周边命运共同体的大国责任。

第一,两国需要拥有足够的政治勇气,来超越各自国内的民族主义情绪。坚持共同发展的原则,构建合作性管理机制,结成紧密的中阿利益共同体。在政府外交层面,加强彼此国内各部门与各地区的政策协调,理顺条块关系,形成积极有序的外事协调机制;通力合作,共同推进落实,努力排除中阿政治合作的政府制度藩篱。

第二,要循序渐进,将利益共同体意识升华为中阿间更加紧密的命运共同体意识,并逐步上升为两国的区域身份认同意识。"为构建、维持和修正中亚地区的政治、经济、安全等相关秩序,实现本地区的持续和平、和谐发展和共同繁荣提供另一种动力机制"[2],为共建丝绸之路经济带提供互信互赖的社会心理认同。

2.经济合作,构建更加互利的中阿经济合作机制

中阿经济合作持续深化的根本动力,源于两国对共同利益诉求的不断协同、追求与满足。"通过把阿富汗转变成区域贸易和交通的轴心,连接丝绸之路日益活跃的东西和南北走廊,整个区域完全可以实现复兴丝绸之路。"[3]不过,阿富汗的持续政局动荡,已经造成中阿经济合作"重贸易,轻投资"格局的出现。这一格局明显

---

❶ 诺贝特·埃利亚斯.文明的进程:文明的社会发生和心理发生的研究[M].王佩莉,等译.上海:上海译文出版社,2013:395.

❷ 杨成.构建中国–中亚"命运和利益共同体"[N].东方早报,2013–09–12.

❸ 阿富汗学者呼吁整合全球五大丝路计划[EB/OL].(2014–06–28)[2014–10–10]http://finance.people.com.cn/n/2014/0628/c1004-25212643.html.

背离长期可持续性发展理念,中阿经济合作机制需要与时俱进地健全、完善。

第一,经贸合作机制先行。中阿经济合作,经贸先导。两国政府一致"同意充分发挥中阿经贸合作联委会机制的作用,尽早在华召开经贸联委会第二次会议,探讨扩大和深化两国经贸投资合作"❶。

第二,能源合作机制跟进。加强能源领域的全方位务实合作,是深化中阿经济合作的关键布局。要秉持平等互信、包容互鉴的合作共赢理念,大力支持中国企业与阿富汗相关部门在传统能源领域的合作;积极推动双边可再生能源领域合作,引领中阿能源合作迈上新台阶。

第三,对外投资引导机制导航。增强顶层设计意识,建立国家战略层面的对外投资引导机制。着眼阿富汗的需求空间,鼓励、规范中国企业"走出去"投资阿富汗行为。适时推进中阿共建自由贸易(园)区,推动服务贸易自由化,形成规模化、集群化、本土化对外投资格局。

第四,对外投资风险控制体系护航。中国与阿富汗的经济合作,机遇与风险并存。必须建立、健全对外投资风险控制体系,充分考虑阿富汗内部风险外溢,做好风险评估与控制工作,实现对外投资收益最大化。

3.安全合作,构建更加互助的中阿安全协调机制

尽管在政治体制、经济水平、社会制度、文化传统等方面,中阿两国差别迥异,但是双方基于国家核心利益的安全诉求有交叉点。双方都致力于促进经济发展,维护社会稳定,实现国泰民安。没有更加互助的安全协同机制,面对层出不穷的各类传统安全或非传统安全威胁因子,中阿合作很难达到预期效能最大化。习近平主席"倡导共同、综合、合作、可持续的亚洲安全观,创新安全理念,搭建地区安全和合作新架构,努力走出一条共建、共享、共赢的亚洲安全之路"❷。这无疑为中阿开展安全合作提供了行动指南。

第一,转变理念,强化事前防范意识。中国出口信用保险公司在2014年版《国家风险分析报告》中,把阿富汗界定为"国家风险水平上升、评级调降的国家"❸。

---

❶ 中阿关于深化战略合作伙伴关系的联合声明[EB/OL].(2014-10-28)[2015-9-10]http://news.xinhuanet.com/world/2014-10/28/c_1113016324.htm.

❷ 习近平:应积极倡导共同、综合、合作、可持续的亚洲安全观[EB/OL].(2014-05-21)[2014-09-19]http://news.xinhuanet.com/world/2014-05/21/c_1110792359.htm.

❸ 井华.中国信保发布2014年《国家风险分析报告》[J].国际融资,2014(9):54.

发展中阿合作关系,未焚徙薪地增强安全合作的事前防范意识非常重要。

第二,风险预判,形成安全预案机制。中国对双边合作,要作好充分的风险预判,制订切实可行的安全预案。要坚持给予而后取、多予而少取原则,不干涉阿富汗内政,不卷入阿富汗部族利益纠纷,减少因为中方自身问题而引发外界的不良反应。要积极开展预防外交,妥善处理两国间不同观点与看法。

第三,务实执法,构建联合执法机制。在禁毒、反恐、边境管理等重点安全执法领域,加大两国务实合作力度,努力营造良好的中阿合作环境。譬如,在禁毒领域,要在农业发展、替代种植等领域加强双边交流;在反恐领域,继续加强两国反恐合作,并增加中方对阿方国防、警务执法人员的培训。

第四,国际合作,构建安全联动机制。面对诸如恐怖主义、经济安全、走私贩毒、跨国犯罪等非传统安全因子国际流动性强的严峻情势,要进一步加强两国非传统安全领域协同合作,努力化解非传统安全问题给中阿合作带来的各种风险。同时,要积极与周边国家展开合作,共同探索有助于周边命运共同体建设的长效安全机制。

第四节　本章小结

阿富汗在中国推进"丝绸之路经济带"建设中可发挥独特作用,且"丝绸之路经济带"战略与阿国家发展利益对接的领域广、基础好、契合度高,但在推进过程中的潜在风险亦不可忽视。

一、阿富汗参与中国推进"丝绸之路经济带"建设的实现路径

在交通领域,阿富汗政府深知地缘优势是阿富汗未来经济实现自主发展的最大潜力。2001 年以来,尽管不断遭受武装袭击的影响,阿富汗政府一直坚持进行公路建设,积极推进区域性"互联互通"建设计划,以求实现其成为连接东亚、南亚、西亚和中亚的"交通枢纽"的长远目标。这与中国"一带一路"倡议中着力打造域内及跨区域的"道路相通"十分契合。阿富汗计划建设总里程近 3 万千米的公路网。环阿富汗铁路干线总长度约 2600 千米。环阿富汗公路长 2210 千米,连接邻

国的 8 条公路长 1153 千米,均已完成 90%;连接各省省际公路 4985 千米、省内公路 9600 千米及乡村公路 17000 千米也在逐步修建中。阿富汗共有 8 条国际运输通道,分别连接塔吉克斯坦、乌兹别克斯坦、土库曼斯坦、伊朗和巴基斯坦 5 个邻国。主要国际运输线有 3 条,分别是连接巴基斯坦、伊朗和乌兹别克斯坦三国的通道。阿富汗铁路建设刚刚起步,境内仅有 75 千米自马扎里沙里夫至海拉顿的铁路。阿富汗正在大力推动建设中国-吉尔吉斯斯坦-塔吉克斯坦-阿富汗-伊朗的"五国铁路"和塔吉克斯坦-阿富汗-土库曼斯坦的"三国铁路"❶。

中国正在推进的"中巴经济走廊"建设,是从新疆喀什到巴基斯坦西南港口瓜德尔港的公路、铁路、油气管道、光缆覆盖"四位一体"通道以及涵盖工业园、自贸区等贸易网络。阿如实现与"中巴经济走廊"对接,将获得交通与贸易发展契机,也使"中巴经济走廊"地区辐射作用增强,有利于整个"丝绸之路经济带"向西推进。

阿富汗海运主要依赖巴基斯坦卡拉奇港(Karachi)和伊朗阿巴斯港(Bandar Abbas)。瓜德尔港(Gwadar)建成使用后,将成为距阿富汗最近的出海港口。印度正在帮助伊朗修建恰巴哈尔港,建成后也将成为阿富汗另一个重要出海口。

在能源领域,阿富汗国内矿藏资源丰富,但目前只有小规模的"个体"式开发活动,尚未形成产业,对阿富汗 GDP 的贡献率很小。阿富汗被称为"躺在金矿上的穷人"。加尼政府将能矿开发定为国家战略重点发展产业,视为推动经济发展、增加财政收入、扩大就业、实现经济自立的主要"财源"和"发动机"。

近几年,阿富汗政府不断推出大型矿产和石油天然气资源类项目,招标速度明显加快。至目前,阿富汗已完成三个重大项目的招商引资工作。2008 年,中冶—江铜联合体获得埃纳克铜矿项目开发权。2011 年,中石油—阿富汗瓦坦公司联合体获得北部阿姆达利亚油田开发项目。印度和加拿大公司获得哈吉夹克铁矿项目开采权(尚未签约)。正在计划招标的大型项目包括西部阿—塔吉克盆地石油开发项目、赫拉特石油开发项目、4 个金铜矿项目以及北部天然气井修复工程项目等。

---

❶ 对外投资合作国别(地区)指南-阿富汗(2015 年版)[EB/OL].(2015-12-09)[2016-03-16]商务部国际贸易经济合作研究院等,http://fec.mofcom.gov.cn/article/gbdqzn/upload/afuhan.pdf.

在工农业领域,阿富汗产业水平低且发展不平衡。农业生产停滞不前,工业发展落后,服务业迅速崛起,但多是"外军服务型",难以持续。农业耕种技术和水平与中国20世纪六七十年代状况相似,缺少现代化、高科技农业设施。受自然地理条件限制,几乎没有大型农场。阿富汗藏红花比较有名,屡次在国际评比中获奖。阿富汗有意将其打造成重点出口农产品之一,并取代青金石作为国宾礼品。

中国是农业大国,丰富的生产经验可供阿富汗学习借鉴,并可帮助抑制阿富汗毒品种植。中国经济正面临深层改革,产业发展亟待优化升级,一方面,可为阿富汗发展提供适合其发展阶段及国家需要的资金、技术等援助;另一方面,中国的优质产能可向阿富汗转移,并为中企"走出去"开拓空间与市场。

在贸易领域,阿富汗积极参加区域经济合作组织,包括南亚区域合作联盟(SAARC)、中亚区域经济合作计划组织(CAREC)、中亚和南亚运输和贸易论坛(CSATTF)、上海合作组织(SCO)等,希望借此发挥其特殊地缘优势,拓展与成员国的经贸合作,特别是通过资源开发和互联互通等领域的合作,以促进阿富汗融入地区经济发展。

中国是阿富汗重要贸易伙伴,对阿富汗主要出口电器及电子产品、运输设备、机械设备和纺织服装等,进口商品主要为农产品。但随着阿富汗政局动荡、安全形势趋紧,中阿贸易亦陷入低迷。中阿"贸易相通"主要是着眼于未来。阿富汗局势好转后,其过境运输贸易将迅速繁荣,以及向东亚、南亚、中亚、中东、欧洲等市场辐射能力也将得到充分展现,势必成为"丝绸之路经济带"上的重要枢纽。

作为阿富汗的友好邻邦与负责任大国,中国坚定支持阿富汗的和平重建。

(1)积极参与阿富汗国家重建。自2002年中国驻阿富汗使馆复馆以来,中、阿双方高层互动频繁,政治互信不断加深。中国利用在基础设施建设和资金方面的优势,积极参与阿富汗和平重建进程。中国除了向阿富汗提供无偿援助外,积极通过双边、多边途径为阿培训各领域专业技术人员近千人;并为阿富汗援建了共和国医院、喀布尔大学中文系教学楼和招待所、国家科教中心、总统府多功能中心等重要工程,对阿富汗的经济发展和民生改善起到了良好的促进作用。❶ 2014年10

---

❶ 驻阿富汗大使邓锡军在阿主流媒体发表署名文章《互利共赢的中国对外援助》[EB/OL].(2015-05-20)[2015-11-13]http://www.fmprc.gov.cn/mfa_chn/wjdt_611265/zwbd_611281/t1263368.shtml.

月,加尼首访选择中国,中、阿两国发表了深化战略合作伙伴关系联合声明。中国向阿富汗提供 5 亿元人民币无偿援助,未来三年,中国还将向阿富汗提供总额 15 亿元人民币的无偿援助。为支持阿富汗加强治理能力建设,未来 5 年中国将为阿富汗培训 3000 名各领域专业人员。❶ 2014—2015 财年,中、阿双边贸易额达 10.5 亿美元,中国已成为阿富汗第三大贸易伙伴国。截至 2015 年,中国已对 97% 原产地为阿富汗的商品实行免税,阿富汗当年对华出口额较 2012 年增长了 2.4 倍。❷ 中、阿两国还成功举办商业论坛,两国经贸合作联委会第二次会议于 2015 年 6 月召开,中国派遣了工作组赴阿富汗开展援助规划和基础设施建设规划工作。

(2)支持阿富汗政治和解。中国一贯支持"阿人主导、阿人所有"的阿富汗全国和解进程,希望阿富汗全面实现国家和平与稳定。为此,中国积极参与涉阿国际与地区合作。除了中阿双边沟通渠道畅通外,中国还利用多边会议机制,推动周边国家与国际社会共同支持阿富汗实现政治和解。中国已与巴基斯坦、印度、美国、俄罗斯和伊朗分别就阿富汗问题召开双边磋商会;建立了中俄印、中俄巴和中阿巴三边对话机制;并与俄罗斯共同发起了阿富汗问题"6+1"(中、俄、巴、印、美、伊、阿)对话会。2014 年 10 月,中国成功举办了伊斯坦布尔进程第四次天津外长会。该进程主要由阿富汗的邻国主导,已发展成为推动解决阿富汗问题的重要机制。此次会议在美国即将从阿富汗撤军的背景下召开,充分体现了中国在阿富汗问题上的担当与建设性作用,促进了各利益攸关方凝聚共识,共同支持阿富汗包容性和平与和解进程。2016 年以来,中国积极参与阿巴中美四方协调组会议,愿与各方一起,在尊重阿富汗主权和各方意愿的前提下,为实现阿富汗政治和解创造条件,提供便利。

二、阿富汗对"一带一路"的态度与利益诉求

1.阿富汗对"一带一路"的期待

阿富汗既是古丝绸之路沿线重要国家之一,也是首批积极回应"一带一路"倡

---

❶ 中阿关于深化战略合作伙伴关系的联合声明(全文)[EB/OL].(2014-10-28)[2015-09-10]. http://www.fmprc.gov.cn/mfa_chn/zyxw_602251/t1082206.shtml.

❷ 外交部.驻阿富汗大使姚敬在阿主流媒体发表署名文章《"一带一路"打造中阿关系"升级版"》[EB/OL].(2016-03-25)[2016-05-11]http://news.163.com/16/0326/12/BJ37N3FP00014SEH.html.

议构想的地区国家之一。阿富汗政府及民间均对"一带一路"给予高度评价和热情期待。

2014 年 10 月,加尼总统访华会见习主席时表示,"一带一路"建设对促进阿中合作和地区互联互通具有重要意义,阿富汗愿意积极参与,加强双方油气、矿产、基础设施建设、民生等领域合作。阿富汗欢迎中国公司投资,将尽力确保中国机构和人员的安全。在与李克强总理会谈时,加尼称"一带一路"建设有利于阿富汗等地区国家的长远发展。阿方愿同中方扩大互利合作,支持南亚国家与中国加强合作。2015 年 7 月,习近平主席在俄罗斯乌法会见加尼,加尼强调,中国的"一带一路"倡议对阿方至关重要,阿方愿积极参与其中,欢迎并期待中方加大对阿富汗基础设施投资。2015 年 11 月国家副主席李源潮访问阿富汗,加尼称阿富汗希望学习中国改革开放成功经验,把握"一带一路"为阿富汗提供的重要机遇,与中国深化、拓展合作,促进阿富汗经济社会发展。

阿首席执行官阿卜杜拉于 2016 年 5 月访华,在接受新华社记者专访时说,中国"一带一路"建设将使阿富汗获益,中国对阿富汗国内和该地区稳定与繁荣发挥着积极影响,也在阿富汗问题上扮演重要角色。阿卜杜拉指出,中国一直是阿富汗的好邻居,两国自古以来和平相处。"一带一路"计划旨在加强地区各国间互联互通与交流协调。阿富汗自古以来就是丝绸之路上的重要枢纽国家,时至今日依然为该地区国家间互联互通提供便利。"阿富汗支持中国'一带一路'建设,并愿意积极参与其中,"阿卜杜拉说,"同时,由于阿富汗地理位置优越,我相信阿富汗不仅可以从'一带一路'建设中获益,同时也能够为该项目建设做出积极贡献。"❶阿卜杜拉在外交学院发表演讲时也表示,期待以共建"一带一路"为契机,阿富汗能够走向振兴,成为连接东西、融汇南北的人文、商品和能源流通的桥梁——"正如我们在古丝绸之路时代发挥的作用一样"❷。

---

❶ 专访:"一带一路"建设将惠及阿富汗——访阿首席执行官阿卜杜拉[EB/OL].(2016 - 05 - 11)[2016 - 09 - 15]新华网 http://news.xinhuanet.com/ttgg/2016-05/11/c_1118849485.htm.

❷ 阿富汗首席执行官:让"一带一路"使两国人民共享繁荣[EB/OL].(2016 - 05 - 16)[2016 - 10 - 12]新华网 http://news.xinhuanet.com/world/2016/05/16/c_1118876301.htm.

2.阿富汗与"一带一路"的利益对接

阿富汗出台的《十年转型发展报告(2015—2024)》中❶,确定安全、基础设施建设、发展私营经济、农业和农村发展、实行良政以及人力资源建设为六大优先发展领域,具体项目包括构建地区能源通道、便利地区贸易往来、开发能矿资源、建设地区输电网络等。该报告突出强调,要充分发挥阿富汗地缘优势,推进区域整合,为地区交通、过境转运、能源运输和投资合作提供便利。在未来5~10年内全力推动区域通道网络建设,使阿富汗成为连接东亚和西亚、中亚和南亚,构建欧亚大陆经济带的重要枢纽。阿富汗的国家发展规划与中国"丝绸之路经济带"的地区发展战略不谋而合。阿富汗热切期望与中国"一带一路"尽快对接。为此,中国与阿富汗加强协商,共同探讨双方在"一带一路"建设中的利益融合与实现路径。中阿及中亚国家合作将集中于以下五大方面。

第一,深化安全合作。安全是发展的前提。各国应加强在反恐、禁毒等领域的合作,充分发挥上海合作组织等地区合作平台作用,联手打击"三股势力",共同改善本地区安全形势,为未来发展提供保障。

第二,加快基础设施互联互通。互联互通是拓展本地区经贸合作的基础。中国欢迎各国加快推进本地区道路联通,并愿在丝绸之路经济带等合作框架下积极参与相关建设,促进本地区物畅其流。正在筹建的亚洲基础设施投资银行和已宣布设立的丝路基金可为此提供有力支持。

第三,促进贸易和投资便利化。各国应在通关、检验检疫等方面简化手续,降低关税,消除贸易壁垒,提高物流效率,扩大贸易往来,在本地区及亚欧贸易合作中发挥更大作用。

第四,推进能矿开发合作。本地区能源资源蕴藏丰富,市场需求广阔。各国应完善能源、资源合作机制,依托上合组织等地区合作平台,深化能源、资源领域生产、运输、加工等合作,变资源优势为发展优势。

第五,扩大人文交流。在尊重文化多样性基础上,加强人文交流,夯实地区合作民意基础。未来5年,中国将为包括阿富汗和中亚各国在内的周边国家提供2

---

❶ Ministry of ForeignAffairs of Islamic Republic of Afghanistan , " Afghanistan'sTransformation Decade (2015-2024) ," http://mfa.gov.af/en/page/6547/transformation-decade 2015-2024.

万个互联互通领域培训名额,帮助其培养自己的专家队伍。❶

中国"一带一路"建设将给阿富汗和中阿关系带来新的重要机遇,并给阿富汗人民带来实实在在的利益。在政策沟通方面,中国愿就经济发展战略和政策与阿富汗充分交流,欢迎阿富汗发挥地缘和资源优势,将自身国家发展战略与"一带一路"倡议相对接,搭乘中国经济发展快车。在设施联通方面,目前,阿富汗正在努力推动五国铁路、中亚—南亚1000千伏输变电项目(CASA-1000)、"青金石走廊"等地区互联互通项目,中国愿与阿富汗积极探讨完善交通基础设施,帮助阿富汗制定基础设施发展规划,加强同周边国家互联互通。在贸易畅通上,近年来,华为、中兴等一批实力强、信誉好的中国公司纷纷到阿富汗投资兴业,为当地经济社会发展做出贡献,中国已成为阿富汗最大投资来源国。数千名阿富汗商人在中国义乌、广州等地经商,成为中阿经贸交流的重要纽带。在资金融通方面,中国愿同阿富汗加强双边、多边金融合作,将积极考虑阿方加入亚洲基础设施投资银行的申请。在民心相通方面,近年来,中阿议会、文化、教育、智库、媒体等领域交流不断深入,进一步加深了两国人民之间的传统友谊。当前,中国平均每年为阿培训600名各领域专业人员,并为150名阿富汗学生赴华深造提供奖学金,这些人员为双方增进相互了解和信任发挥了重要的桥梁作用。❷

阿富汗是古丝绸之路沿线的重要国家之一,拥有巨大的地缘优势和发展潜力。中方重视阿方在"一带一路"倡议上的特殊地位,愿与阿方一道,以共建"一带一路"为契机,推动两国各领域合作深入发展。阿富汗将参与"一带一路"建设作为对外政策优先方向,吸引地区国家投资,完善自身交通基础设施建设,沟通地区国家贸易往来,进而实现自身持久和平、稳定与繁荣。两国应以共建"一带一路"为契机,拓展双边、多边务实合作,推动中阿战略合作伙伴关系不断走深走实。❸

---

❶ 外交部.驻阿富汗大使邓锡军出席第二届"阿富汗—中亚对话会"并讲话[EB/OL].(2014-12-15)[2015-08-11]http://wcm.fmprc.gov.cn/pub/chn/gxh/tyb/zwbd/dszlsjt/t1219040.htm.

❷ 外交部.驻阿富汗大使姚敬在阿主流媒体发表署名文章《"一带一路"打造中阿关系"升级版"》[EB/OL].(2016-03-25)[2016-05-11]http://www.fmprc.gov.cn/web/dszlsjt_673036/t1350768.shtml.

❸ 外交部.驻阿富汗使馆与阿外交部联合举办中阿共建"一带一路"研讨会[EB/OL].(2016-05-08)[2016-08-11]http://www.fmprc.gov.cn/web/zwbd_673032/gzhd_673042/t1361478.shtml.

第五章 "一带一路"与中亚安全

作为高层设计的宏大构想和愿景,"一带一路"是以习近平主席为核心的中国第五代领导集体为打造全方位对外开放新格局、实现百年中国复兴梦而提出的伟大倡议。中亚是中国实施"一带一路"重要节点地区。而中亚又被俄罗斯视为传统的势力范围。

第一节 俄罗斯对"一带一路"的态度及其影响

丝绸之路经济带是"一带一路"总体构想中的陆上部分,目的是与沿线国家共同打造互联互通的欧亚大陆经济空间,实现共同发展。丝绸之路经济带沿线覆盖欧亚大陆数十个国家,包括上合组织成员国、对话伙伴国和观察员国及"金砖"主要国家,人口近30亿人。俄罗斯是幅员广阔的欧亚大国,中俄战略协作伙伴关系是新型大国关系的典范,中国高度重视俄罗斯对丝路经济带建设的反应和立场,高度评价当前中俄关系和俄在丝路经济带建设中的作用,希望与俄合作推动欧亚大陆经济一体化,尤其是在中亚地区。关注俄罗斯官方、专家层及学界对中国丝路经济带的态度和立场、关注的核心议题及政策主张,将有助于中国全面而客观地理解和把握中俄在丝路经济带框架下的战略伙伴关系发展,为落实丝路经济带与欧亚经济联盟的对接提供些许参考依据。

自2013年9月中国领导人提出"一带一路"倡议以来,俄官方对"一带一路"及"丝绸之路经济带"的认知和反应经历了复杂的过程。俄民众层面对此倡议的了解及理性反应较为有限,目前俄主要民调机构列瓦达和全俄舆论中心关于此问题的民调议题很少。

一、俄国内对丝路经济带概念的认知及媒体关注度

关于中国的"一带一路""丝绸之路经济带"或"新丝绸之路"(非指美国版本),俄方主要称为 проект(方案或规划)、концепция(构想)、инициатива(倡议),较少使用 стратегия(战略)。这说明俄罗斯倾向于认为中国的丝绸之路经济带尚处于规划的初期,目前仅具备了合作的原则、理念、基本框架和方向,尚需充实具体合作内容和确定优先项目,还不是具有明确的实施目标、行动纲领及路线图的发展战略。一方面表明了中国丝路经济带的开放性和包容性;另一方面也为俄罗斯等沿线国参与并提出自己的利益诉求、政策主张提供了机遇。

二、俄罗斯官方对中国"丝绸之路经济带"态度的转变

俄罗斯国内对中国"丝绸之路经济带"倡议的态度经历了复杂的变化。在2013年9月中国领导人提出倡议之初,俄方对此保持高度警惕,当时俄方尚不清楚,俄罗斯在中国的欧亚一体化方案中占据什么位置,他们担心中国的方案会像1993年美欧提出的"欧洲—高加索—亚洲"跨欧亚大陆交通走廊(TPACEKA)那样排除俄罗斯的参与,疑虑中国的方案是为了削弱俄罗斯在中亚的影响力。❶

2014年2月,习近平主席参加索契冬奥会时表示欢迎俄方参加中国的丝路经济带倡议,使其成为中俄全面战略协作伙伴关系发展的新平台。普京总统回应称,可以考虑中方的倡议,建议将俄西伯利亚大铁路与中国的"一带一路"连接,创造出更大效益。在两国领导人达成初步共识后,5月20日,中、俄元首在上海签署《中俄关于全面战略协作伙伴关系新阶段的联合声明》,俄罗斯高度评价中方在制定和实施该倡议的过程中考虑俄方利益。中、俄将继续寻求将丝路经济带与欧亚经济联盟的对接问题,深化部门间合作,联合制定包括发展交通运输和基础设施建设等在内的合作方案。❷ 5月29日,俄罗斯、白俄罗斯和哈萨克斯坦作为关税同盟和统一经济空间的成员国,签署建立欧亚经济联盟的协议。9月,普京在上合组织

---

❶ Россия вступила на Шелковый путь[EB/OL].(2015-03-27)[2016-06-11]http://www.rg.ru/2015/03/27/plan.html.

❷ Россия вступила на Шелковый путь[EB/OL].(2015-03-27)[2016-06-11]http://www.rg.ru/2015/03/27/plan.html.

杜尚别峰会上指出,上合组织经济议程的战略性合作项目可以包括利用西伯利亚铁路和贝阿铁路的过境运输潜力同中国的丝绸之路规划对接。❶ 11 月,中国建立了 400 亿美元的丝绸之路基金,用于该倡议下的项目实施。2015 年 1 月 1 日,欧亚经济联盟正式启动,1 月 2 日亚美尼亚加入。

如果说 2014 年是中俄高层及官商学各界人士就中国倡议展开初步交流,增信释疑,为了解彼此关切和达成初步共识迈出了第一步,那么 2015 年则标志着中俄在该框架下的合作进入高层设计,并引领相关部门启动谈判和对话的关键期。俄罗斯学界认为,2015 年 3 月 26~29 日的中国博鳌论坛使俄方进一步了解了"一带一路"的规划图景和谈判成果,对中国的丝路经济带构想有了更为深入的理解。❷ 5 月 8 日,中、俄两国元首签署《关于深化全面战略协作伙伴关系、倡导合作共赢的联合声明》和《关于丝绸之路经济带和欧亚经济联盟建设对接合作的联合声明》,最终明确了中、俄两国在丝路经济带下的战略对接和优先合作方向。对此声明普京评论道,经济联盟与丝绸之路经济带的对接意味着中、俄两国伙伴关系提升到新的水平,其实质是共建欧亚大陆统一的经济空间。欧亚经济联盟和丝绸之路经济带能够和谐互补。❸ 在对接声明签署后,俄罗斯总统新闻秘书德·普斯科夫(Дмитрий Песков)宣称,中国的丝绸之路经济带是宏大的规划,它包含经济、地缘政治和其他因素。中、俄两国将在两大方案对接声明的基础上实施众多项目的相互协作,包括"莫斯科—喀山"高铁建设项目,两国交通部正在签署合作协议。这将成为中、俄双边关系新的战略内涵。❹ 普斯科夫同时透露道,"瓦尔代"国际辩论俱乐部早就开始研究该规划。6 月 4 日,俄罗斯重要智囊团队瓦尔代国际辩论俱乐部以俄英两种版本公布其研究报告《构建中央欧亚:"丝绸之路经济带"与欧亚

---

❶ Новый Шелковый пут [EB/OL]. (2014-09-28) [2016-08-11] http://expert.ru/2014/09/28/novyij-shelkovyij-put/.

❷ Новый Шелковый путь:маршрут,схема,концепция [EB/OL]. [2015-10-09] http:// fb.ru/ article/ 208819/ novyiy- shelkovyiy- put-marsh rut-shema-kontseptsiya.

❸ РФ и Китай договорились о "состыковке" проектов ЕАЭС и "Шелковый путь" [EB/OL]. [2015-05-08] http:// tass.ru/ ekonomika/ 195688.

❹ РФ и Китай договорились о "состыковке" проектов ЕАЭС и "Шелковый путь" [EB/OL]. [2015-05-08] http:// tass.ru/ ekonomika/ 195688.

国家协同发展优先事项》。❶ 6 月初,普京接见上合组织外长时再次强调,丝路经济带方案与欧亚经济联盟对接符合地区国家利益,他们正积极研究两大方案的联合。这种联合行动符合他们的相互利益。❷ 7 月 8~10 日,习近平在上合组织国家元首乌法峰会上,提出了"捍卫世界和平,推动共同发展,支持文化多样性和加强全球治理机制"的四个主要合作方向,以及建设本地区命运共同体的五点主张。❸ 会上普京再次重申了丝绸之路经济带与欧亚经济联盟对接问题。12 月初,普京在国情咨文中建议欧亚经济联盟与上合组织、东盟协商建立共同经济空间,并将其作为 2016 年工作任务。12 月下旬,俄罗斯总理梅德韦杰夫访华时表示,丝绸之路规划将给俄罗斯和欧亚经济联盟成员国带来实际的经济好处,也会使中国和其他参加国受益。❹

中俄联合声明发表后,在两国官方层面基本上结束了此前关于中国丝绸之路经济带与俄方主导的欧亚经济联盟是否是直接的竞争者的争论。在此之后,中俄政府积极推动两大方案对接的落实,相关部门的会谈工作也相继启动。2015 年 6 月,在圣彼得堡国际经济论坛期间举行了副总理级的中俄投资合作委员会第二次会议,两国签署了会议纪要并出席了《莫斯科—喀山高铁项目勘察设计合同》的签署,双方决定尽快建立专门工作组商谈对接的具体领域和合作项目。8 月 26 日,中、俄双边工作组首次聚集在北京开始制定合作优先任务。12 月 21 日,在集安组织和欧亚经济最高委员会(ВЕАЭС)首脑会议前,俄罗斯总统助理对新闻记者透露称,会议议题之一涉及欧亚经济联盟与丝绸之路经济带的对接,欧亚经济委员会将被授权准备与中国合作的路线图,明确一揽子优先合作项目。

---

❶ 该报告的参与者是以俄高等经济学校、国防与外交政策委员会主席团荣誉主席谢·卡拉加诺夫为首的俄高等经济学校所属研究机构,以及来自俄罗斯外交部下属国际关系学院、莫斯科卡内基中心等机构的学者。相关内容参见《俄罗斯研究》,2015 年第 3 期。

❷ Путин:сопряжение проектов "Шелкового пути" и ЕАЭС отвечает интересам стран региона[EB/OL].(2015-06-03)[2016-09-16]http://lurer.com/ ? p=188027&l=ru 03.06.2015.

❸ 习近平出席上合峰会并发表讲话:打造本地区命运共同体。五点主张:坚持"上海精神",打造本地区命运共同体;加强行动能力,筑牢地区安全屏障;深挖合作潜力,充实务实合作内容;推动民心相通,巩固世代睦邻友好;保持开放互鉴,推动组织发展。http://www.chinanews.com/gn/2015/07-10/7398515.shtml.

❹ Внешняя торговля России 2015:идем на Восток! [EB/OL].(2015-12-29)[2016-07-26]http://ria.ru/ny2016_resume/20151229/1350935820.html.

三、俄罗斯官方对中国"丝绸之路经济带"的基本立场

综上所述,俄罗斯对中国丝路经济带倡议的态度经历了警惕、疑虑的初期,后经中、俄双方各界人士的交流与对话,在两国高层达成政治共识的基础上,通过行政权力主导,自上而下的推动,最终做出了俄罗斯全面参与中国丝路经济带建设、共同推动丝路经济带与欧亚经济联盟对接的战略决断。在此期间,俄罗斯职能部门、智囊机构及专家学者对中国丝路经济带倡议、对俄罗斯参与的合理性和效益进行了充分调研和论证。俄罗斯态度转为积极主要基于以下考量。

首先,在全面衡量利弊得失的基础上,俄罗斯认为加入中国的丝路经济带建设受益多,俄罗斯并非处于中国方案的边缘,而是处于欧亚大动脉的枢纽和欧亚一体化的中心。❶ 为此,俄罗斯需要制定统一的战略规划,积极应对,趋利避弊。俄罗斯认为较理想的合作思路是将中国的强大资金和基础设施建设领域的优势技术、中亚地区丰富的资源和劳动力、俄罗斯所能提供的合作框架和现有机制有效整合、优势互补,巩固其作为欧亚大陆桥梁的作用和欧亚经济联盟的主导国地位。❷ 与此同时,借助于中国的资金和技术,俄罗斯可解决国内经济发展任务:实现出口市场多元化,推动境内交通-物流设施的发展和对跨西伯利亚大铁路和贝阿铁路的现代化改造并以此带动交通大动脉沿线地区的经济发展,加快远东开发和走向亚太市场。

其次,丝路经济带沿线国家普遍对中国的倡议感兴趣,欧亚大陆东、中、西部国家正相互吸引,欧亚大陆一体化的趋势不可阻挡,俄罗斯应顺势而为。中国的商品早晚都会进入欧洲市场,问题是通过何种途径,与其妨碍这一进程不如引领这一进程。❸

最后,在国际形势大变革和俄罗斯深陷地缘政治和经济困境时,俄罗斯视中俄两大方案的战略对接具有更深刻的国际背景和深远影响——巩固俄作为欧亚大陆

---

❶ Россия вступила на Шелковый путь[EB/OL].(2015-03-27)[2016-06-11]http://www.rg.ru/2015/03/27/plan.html.

❷ 瓦尔代国际辩论俱乐部欧亚项目主任 Тимофей Бордачев :о сопряжении ЕАЭС и Экономического пояса Шелкового пути[EB/OL].(2015-09-30)[2016-06-11]http://lenta.ru/articles/2015/09/30/sopr/

❸ 俄联邦海关署署长 А.Бельянинов:Великий шелковый путь ждут в Европе[EB/OL].(2015-11-30)[2016-03-08]http:// ria.ru/ interview/ 20151130/ 1332787990.html.

文明和经济中心的地位。中国丝绸之路经济带倡议由一揽子项目方案组成,应该下力气研究,充实具体内容,在欧亚空间发展俄罗斯的商业联系很重要。

第二节 "一带一路"与中亚安全

中亚作为"一带一路"倡议实施的关键一环,各国政府的政策立场具有重要的影响。中亚五国对"一带一路"倡议的反应,既受到其国家的经济发展需求的影响,又受制于地缘政治、国家安全的考量。从中亚各国与中国签订的各类合作文件中可以发现,中亚各国正在逐步融入"一带一路"战略的实施之中,并不断发掘本国出台的发展战略与规划和"一带一路"战略内容的契合点,积极将二者对接。

一、中亚国家的"一带一路"政策

1.哈萨克斯坦

(1)对"一带一路"倡议的考量。

哈萨克斯坦对"一带一路"倡议表示了积极支持的态度,总统纳扎尔巴耶夫在中国提出这一战略构想后,在2014年推出了以基础设施建设为核心目标的发展计划"光明之路"❶,这一新经济政策与"一带一路"倡议具有相当高的契合度。哈萨克斯坦对"一带一路"战略的这种评估,主要从地缘政治角度和经济物质收益两方面出发。

①地缘政治考量。哈萨克斯坦处于欧亚大陆的结合部位,占据良好的战略位置,历来是东西方交流沟通的桥梁。在中国日益崛起之下,实现与"一带一路"战略的对接对提高哈萨克斯坦的地缘政治地位具有关键性作用。哈萨克斯坦意识到加入这样的全球性国家战略当中,对于中亚地区的整体地缘提升及区域一体化进程十分有利。中国国家领导人选择在哈萨克斯坦国内的以总统命名的学府率先提出"丝绸之路经济带"的构想,无疑象征着对哈萨克斯坦中亚地区性大国身份的肯

---

❶ "光明之路"计划是哈萨克斯坦总统在2014年国情咨文中提出制定的,致力于在其国内推进基础设施建设和促进就业,保障经济持续发展和社会稳定,主要涉及交通、工业、能源、社会和文化等领域。

定,有助于其地区性领导权的竞争。未来"光明之路"政策和"一带一路"倡议进入具体实施阶段后,将有助于哈萨克斯坦融入亚太政治文化圈,延伸其地理空间辐射范围。

②经济收益考量。哈萨克斯坦国内缺乏发达的物流运输基础设施,也缺乏完整的物流服务体系,因而很大程度上会限制其对外贸易和经济潜力的发挥。"一带一路"倡议恰好满足了中、哈两国的供需对接,即一方资源能源的出口和另一方产能的出口。同时,"一带一路"倡议对哈萨克斯坦来说还意味着打通其东向出海口,实现与亚太经济圈的对接,有助于哈萨克斯坦与日、韩及东南亚的商贸往来,扩大其商品市场。此外,中、哈合作将带来巨大的投资与消费潜力,创造大量的需求和就业岗位,调整哈萨克斯坦经济产业结构等,是一个不可错过的经济机遇。

(2)官方政策的支持。

哈萨克斯坦对"一带一路"倡议给予了行动上的积极支持。2015 年 12 月 14 日,中、哈两国签订《中华人民共和国政府和哈萨克斯坦共和国政府联合公报》,签署了包括《加强产能与投资合作的框架协议》等一系列附属文件,哈萨克斯坦也出台了许多文件细化双方在各个领域的合作细节,调整了相关的产业政策以优化投资环境等[1],主要可以分为资源能源领域、交通设施领域、农业领域和文化教育领域等几大类别。

首先,在资源能源领域。哈萨克斯坦在中亚五国中矿产资源最为丰富,同时也是中亚油气管道的过境国家,对中国有着重要意义。中、哈两国在传统矿产资源领域有着很强的互补性,中国以非金属矿产为主而哈萨克斯坦则以金属矿产为主,并且中国矿产资源的高精度开发和加工技术正好可以弥补哈国的低水平技术。而在新时期之下,中、哈两国更加注重新资源领域的合作,2015 年 12 月,在中、哈两国总理的共同见证下,中、哈两国签署了《关于在哈萨克斯坦设计和建设燃料组件制造厂和在哈萨克斯坦共同开发铀矿的商业协议》,成为双方在核能领域合作的标志性合作项目。此外,在石油油气工业上,由于基础和技术的薄弱,哈萨克斯坦政府也

---

[1] "一带一路"战略背景下哈萨克斯坦成立了投资服务机构为引资工作服务,2015 年 11 月总统签署《关于对哈萨克斯坦有关法律条款就哈萨克斯坦公民、归国哈侨以及持有在哈长期居住证人员的资产公开进行大赦豁免等问题进行修改补充》法案,旨在简化资产和资金的合法化程序、延长资产合法化活动的期限,实际上是主动改善国内外投资环境,优化税收政策的举动。

积极制定规划,加强两国在勘探和钻井采油、能源加工以及能源基础设施和装备制造方面的建设。

其次,在交通设施领域。哈萨克斯坦将发展成为商业过境运输枢纽确立为本国的经济战略,而目前其交通和物流问题突出,尤其是缺乏足够的货运设备,因此,哈萨克斯坦政府出台文件计划2020年前投资200亿美元用于完善交通基础设施,主要涉及东-西的基础设施,包括到里海、阿塞拜疆、格鲁吉亚和土耳其方向的基础设施;开发第二条至中国方向的铁路通道(阿尔腾格里—霍尔果斯),最大限度吸引从中国到波斯湾的过境运输。2014年12月,哈萨克斯坦总统纳扎尔巴耶夫表示,将加大力度建设位于霍尔果斯—东大门经济特区的陆港设施,加强海上交通联系;2015年,中、哈签署落实《关于建立国际汽车运输行车许可证制度的协议》,双方在国际道路运输从业车辆的使用年限、许可证数量、中哈俄过境道路运输问题上达成共识,为双方创造便利交通条件并将深化交通合作。

再次,在农业领域。作为农业大国,哈萨克斯坦农业领域目前是最具吸引力的投资领域之一,哈萨克斯坦通过了一系列土地法和税务法典使得中哈农业合作充满了潜力。两国除了在传统农业、畜牧业层面进行交流外,还进一步向农业机械、节水灌溉、作物栽培、生态食品、农副产品深加工以及航天农业科技产业推进,促进农业产业结构的优化升级。2015年9月双方达成合作意向,共同组建中国航天科技(哈萨克斯坦)农业产业示范园,哈萨克斯坦州政府还给予中方企业免费使用土地最多49年的政策,重点建设太空育种项目填补哈航天科技农业领域空白。

最后,在社会、人文教育领域。中、哈双方积极发展高校学者和学生之间的学术文化交流、媒体的报道效应合作,并开展举办一系列文化日、电影周、摄影展、征文比赛、教育展等具体活动,促进双方全方位多元化的合作。

2.乌兹别克斯坦

(1)对"一带一路"倡议的考量。

乌兹别克斯坦处于中亚中心位置,被其他四国环绕,是连接中亚南北方与东西方的重要十字路口,拥有良好的地缘战略优势。但乌兹别克斯坦深处内陆,对外经济联系不足,经济发展也因此受限。融入"一带一路"倡议后,在与中国的合作中,乌兹别克斯坦可获得大量技术与资金,扶植起一大批弱势行业并创造大量劳动岗位,有效推动经济结构变革和缓解国内巨大的就业压力,促进国民经济增长。同时,卡姆奇克隧道、"中—吉—乌"铁路等基础设施建设项目也大大完善乌兹别克斯坦交通系统,增强对外联系,将本国打造成中亚中转物流运输中心,更加凸显出其在中亚地区的中心辐射力,提升地区影响力,增加其与哈萨克斯坦进行较量的筹码,助其夺得地区主导权。因此,结合发展需要,融入"一带一路"倡议是其极为重要的选择,目前乌兹别克斯坦对参与"一带一路"建设较为积极。

(2)官方政策的支持。

首先,在工业生产领域。乌兹别克斯坦看中来自中国的技术与资金,希望以此改变本国经济发展所面临的工业产品技术含量低、附加值低、竞争力弱的局面。为此,乌兹别克斯坦采取了一系列吸引中国企业投资的行动。2013 年 3 月,乌总统卡里莫夫专门为中国企业签署了《关于设立吉扎克工业特区》的命令,并随后出台《吉扎克工业特区 2013—2015 年交通、生产和工程通讯基础设施发展规划》,对该工业区的配套内容进行详细规划,并投入大量资金实施,为中国企业入驻园区进行生产活动提供了配套设施保障。2015 年,乌兹别克斯坦总统卡里莫夫批准了"2015—2019 年乌兹别克生产本地化纲要",包括实施生产竞争力强的进口替代和出口导向产品项目,并给予实施本地化纲要的企业一系列优惠政策,包括免征海关税费、免征利润税、财产税等。❶ 这将大大提升中国企业进入乌兹别克斯坦本土进行生产活动的积极性,带动乌兹别克斯坦就业岗位的增多,提高人民收入。

其次,在交通通道建设领域。乌兹别克斯坦十分重视利用中国的技术优势来建设本国的交通通道。乌兹别克斯坦国内原有铁路交通线路破碎,部分地区之间无铁路交通,铁路运输未形成全国联通体系。而当遭遇恶劣天气时,乌兹别克斯坦东部部分地区公路交通也易陷入瘫痪,地区间人员流动及货物运输不得不选择他国铁路,对经济发展造成了不利影响。在此背景下,乌兹别克斯坦提出建立"安格连—苔布"铁路工程,并于 2013 年与中国合作了该工程中最具重要性的卡姆奇克隧道项目,而卡姆奇克隧道项目也成为中、乌两国经济合作领域单个最大工程。乌兹别克斯坦正积极利用中国在铁路建设方面的技术优势。同时,乌兹别克斯坦是世界上仅有的两个"双内陆"国家之一,没有自己的出海口,追寻出海贸易也是乌

---

❶ 乌总统批准"2015—2019 年乌兹别克生产本地化纲要"[EB/OL].(2015-03-12)[2016-05-02] http://www.mofcom.gov.cn/article/i/jyjl/e/201503/20150300905595.shtml.

国的一大政策倾向。因此乌兹别克斯坦极力支持"中—吉—乌"铁路建设,希望借此铁路的贯通实现国内商品更便捷地销往太平洋地区,而这也将使中国商品更顺利地通往中亚与西亚。

最后,在贸易与投资领域。乌兹别克斯坦注重优化与中国的贸易结构,并引导中国投资进入更多行业。2015年6月15日,在中乌政府间合作委员会第三次会议上,中、乌代表共同签署了《关于在落实建设"丝绸之路经济带"倡议框架下扩大互利经贸合作的议定书》(以下简称《议定书》),乌兹别克斯坦在重点推动大宗商品贸易、基础设施建设、工业项目改造和工业园等领域与中国展开了合作。❶ 从乌兹别克斯坦拓宽与中国经贸合作领域的做法可以看出,乌兹别克斯坦已经意识到融入"丝绸之路经济带"将带来的巨大经济红利,《议定书》的签订正是其在解读"一带一路"倡议后的积极选择。乌兹别克斯坦政要曾表示,"希望在生产消费品、建材和装修材料、制药和一些半成品生产方面吸引中国企业的投资,扩展与中国合作的覆盖面"❷。同时,为吸引更多的直接投资,乌兹别克斯坦出台了包括免除部分税款在内的优惠政策。乌兹别克斯坦正在期待更多中国资本的进入,意图在中国积极实施"一带一路"倡议的大环境下通过与中国深入合作来扶植本国弱势产业。

3.吉尔吉斯斯坦

(1)对"一带一路"倡议的考量。

吉尔吉斯斯坦的经济水平在中亚国家中处于落后地位,矿产资源丰富,但能源缺乏,农牧业为其经济主要形式,工业十分薄弱,且基础设施建设不完善。吉国在经济上对外尤其是对俄罗斯依赖很大,并加入了由俄罗斯主导的欧亚经济联盟,但提升本国经济独立性仍是吉尔吉斯斯坦发展的重要方向。在与"一带一路"战略对接上,吉尔吉斯斯坦因其与中国新疆接壤的地理优势,成为中国商品进入中亚的第一途经地,转口贸易将为其带来巨大的关税收益。同时,由于中、吉两国经济有很强的互补性,因此与中国在能源与基础设施建设等行业开展多领域、深层次的合作,可为吉尔吉斯斯坦的经济发展注入大量活力,推动吉尔吉斯斯坦经济合理化发展。但作为国力较弱的小国,吉尔吉斯斯坦也担心中国成为合作中的完全主导国,

---

❶ 中华人民共和国商务部网站.中国与乌兹别克斯坦签署共建"丝绸之路经济带"合作文件[EB/OL]. (2015-06-10)[2016-05-12]http://www.mofcom.gov.cn/article/ae/ai/201506/20150601014939.shtml.

❷ 李致鸿.生皮、棉花和能矿中企乌兹别克全面布阵[N].中国企业报,2015-07-07.

因此强调"一带一路"建设的多国参与。

(2)官方政策的支持。

首先,在交通建设领域。作为一个内陆国家,吉尔吉斯斯坦缺少出海口,国内铁路运输不连贯且不发达,需要一条能够将自身与国际运输通道相连的铁路。因此,由中国倡导、乌兹别克斯坦大力支持的"中—吉—乌"铁路项目的实施能够有效发挥吉尔吉斯斯坦跨境运输的地缘优势。但2013年12月,吉尔吉斯斯坦总统阿坦巴耶夫曾突然宣布拒绝中国修建"中—吉—乌"铁路的计划,导致该项目的运行遭遇"瓶颈"。❶2015年5月,事情出现转机,吉尔吉斯斯坦第一副总理在"一带一路"地方领导人首次对话会时,表示吉尔吉斯斯坦"愿意融入'一带一路'战略,打通跨境运输大走廊"❷。2015年12月,吉尔吉斯斯坦前总理萨里耶夫在电台直播讲话中透露,"中—吉—乌铁路将于2016年动工修建"❸。吉国前后态度的转变表明吉尔吉斯斯坦抓住"一带一路"倡议建设契机,通过"中—吉—乌"铁路将自身打造成中亚地区重要的物流运输中转国,推动本国经济整体发展。

其次,在贸易与投资领域。吉尔吉斯斯坦注重扩展与中国的贸易规模并通过税收手段吸引中国资本到国内进行投资。2014年5月18日,吉尔吉斯斯坦与中国达成《中华人民共和国和吉尔吉斯共和国关于进一步深化战略伙伴关系的联合宣言》,肯定了经贸合作对两国关系的重要性,并有意推动经济技术合作,完善双边贸易结构,扩大贸易规模。❹2014年,吉尔吉斯斯坦颁布了新版《自由经济区法》,并在境内的"比什凯克自由经济区""纳伦自由经济区""卡拉阔尔自由经济区"和"玛依玛克自由经济区"内实施,加大了向外资提供的税收等方面的优惠,这对中国资本进入吉尔吉斯斯坦提供了十分有利的政策支持。

最后,在能源合作领域。吉尔吉斯斯坦积极与中国合作,在《关于进一步深化战

---

❶ 俄媒:吉尔吉斯斯坦拒绝参与中吉乌铁路项目[EB/OL].(2013-12-21)[2016-05-02]参考消息网,http://world.cankaoxiaoxi.com/2013/1221/320652.shtml.

❷ 第十九届中国东西部合作与投资贸易洽谈会暨丝绸之路国际博览会和"一带一路"地方领导人对话会开幕[EB/OL].(2015-05-23)[2016-05-02]陕西传媒网,http://www.sxdaily.com.cn/n/2015/0523/c266-5685243.html.

❸ 吉尔吉斯总理:中吉乌铁路2016年动工修建[EB/OL].(2015-12-23)[2016-05-02]中国经济网,http://intl.ce.cn/specials/zxgjzh/201512/23/t20151223_7764208.shtml.

❹ 中华人民共和国和吉尔吉斯共和国关于进一步深化战略伙伴关系的联合宣言[EB/OL].(2014-05-18)[2016-05-02]新华网,http://news.xinhuanet.com/world/2014-05-18/c_1110742415.htm.

略伙伴关系的联合宣言》中达成一致,决定扩大和加强两国在多种能源领域的合作,推动实施中吉天然气管道建设项目、达特卡—克明输变电项目和比什凯克热电厂改造项目等能源合作项目,并为中吉天然气管道的长期安全稳定运营建立保障机制。❶

4.塔吉克斯坦

(1)对"一带一路"倡议的考量。

①经济收益考量。塔吉克斯坦最为看重"一带一路"的经济效益,很希望通过"一带一路"帮助其提高油气、电力、经贸尤其是交通方面的基础设施建设水平,以改善交通封闭的现状,扩大与世界的联通,获得更多的经济效益与先进技术。

②安全收益考量。塔吉克斯坦境内"三股势力"的猖獗,已经严重影响到了其国内经济、政治、社会的稳定与发展。尽管"一带一路"倡议重点关注经济合作,但是参与国的广泛性及各国投资在塔吉克斯坦的兴起,必然推动各方在打击"三股势力"上的合作,对维护其国家安全有极大的积极推动作用。但另一方面,塔也担心同中国合作的不断深化会带来经济上的依赖,甚至是安全上的威胁。在回答中国记者关于如何复兴丝绸之路的问题上,塔吉克斯坦总统强调上海合作组织的作用,积极主张在这一组织的多边框架下进行。❷

(2)官方政策的支持。

首先,为了促进经济领域的合作及外资的引入,塔吉克斯坦积极调整、优化国内相关法律法规。塔吉克斯坦积极推动本国成立"贸易程序简化委员会",以制定贸易简化政策,改善塔的贸易环境。❸ 同时,塔吉克斯坦财政部第一副部长卡里姆佐达声称,塔吉克斯坦政府正在积极对税法进行修改补充。这些都将有利于塔吉克斯坦国内法律制度的完善,更好地推动在其国内的实施。

其次,塔吉克斯坦也在积极促进本国基础设施建设及对外能源合作。2015 年11 月 17 日,在中国—塔吉克斯坦政府间经贸合作委员会第七次会议上,希克玛杜罗佐达表示,要积极促进"一带一路"战略与塔吉克斯坦《2030 年前社会经济发展

---

❶ 中华人民共和国和吉尔吉斯共和国关于进一步深化战略伙伴关系的联合宣言[EB/OL].(2014-05-18)[2016-06-11]新华网,http://news.xinhuanet.com/world/2014-05/18/c_1110742415.htm.

❷ Answers to questions of mass media representatives of People's Republic of China[EB/OL].[2016-04-06]http://www.president.tj/en/node/7517.

❸ 塔吉克将成立"贸易程序简化委员会"[EB/OL].[2016-05-12]http://tj.mofcom.gov.cn/article/jmxw/201506/20150601013998.shtml.

规划》的全面对接，以充分利用中国资金、技术的优势促进塔吉克斯坦基础设施建设及能源开发。

2014年9月13日，中、塔签署了《中华人民共和国和塔吉克斯坦共和国关于进一步发展和深化战略伙伴关系的联合宣言》，重申了双方在2001年6月15日签订的《打击恐怖主义、分裂主义和极端主义上海公约》和2003年9月2日签订的《中华人民共和国和塔吉克斯坦共和国关于打击恐怖主义、分裂主义和极端主义的合作协定》，并表示了进一步加强两国执法安全和防务部门交流与合作、共同打击"三股势力"、贩运毒品和其他跨国有组织犯罪活动的决心。

5.土库曼斯坦

（1）对"一带一路"倡议的考量。

土库曼斯坦对"一带一路"倡议的反应较其他国家来说更为积极。作为永久中立国，土库曼斯坦在中亚五国中具有相对稳定的社会和政治环境，得益于此，近年来，土库曼斯坦也保持了一个相对高速、平稳的经济社会发展态势。在合作背景下，土库曼斯坦也会更加注重其经济、文化领域的发展。

①经济收益考量。土库曼斯坦在能源领域对俄罗斯高度依赖，使其对俄罗斯外交处于不利地位，土库曼斯坦积极扩大合作范围，积极参与"一带一路"倡议，能够促进土库曼斯坦对外合作的多元化。此外，"一带一路"倡议的实施有利于土库曼斯坦引进先进技术和外资，从而促进国内产业升级与就业。

②文化收益考量。通过文化手段，让土库曼斯坦走向世界并扩大其世界影响力，是土库曼斯坦重要的外交方略。借助"一带一路"的平台，不仅能够促进土库曼斯坦同其他国家的文化交流，更能推动土库曼斯坦文化"走出去"效应，在这种双向式的互动中，土库曼斯坦能最大化地实现其文化战略目标。

（2）国家政策的支持。

中、土两国先后于2013年9月及2014年5月签订了《中华人民共和国和土库曼斯坦关于建立战略伙伴关系的联合宣言》以及《中华人民共和国和土库曼斯坦关于发展和深化战略伙伴关系的联合宣言》，加强并深化了两国在基础设施建设、能源开发、农业、高新技术、文化交流等各个方面的合作。

首先，在基础设施建设领域，土库曼斯坦积极推动了一系列的合作项目的实施，2006年建成的"捷詹—谢拉赫斯—马什哈德铁路"连通土库曼斯坦和伊朗，

2014年通车的铁路则连通了土、哈、伊三国,土库曼斯坦认为,如果将这条铁路线同中哈间的跨境铁路对接,将给双方带来巨大的经济效益。

其次,土库曼斯坦试图借助"一带一路"倡议的推动吸引更多外来投资,以促进本国矿产资源开发及能源产业的发展,摆脱对俄罗斯的依赖。近年来,土库曼斯坦不断改善其国内投资环境,实施一系列社会、金融、经济、法律的优惠措施,加大对外引资力度。❶

再次,土库曼斯坦作为一个大部分为低地,但多为沙漠的国家,对农业的发展给予了很高的重视,很希望通过加强同中国的农业合作,促进本国农业技术升级、产业发展。2014年5月,中、土双方签署有关建立省级友好城市和城市友好关系的协议,扩大了双方的经贸合作与交流,尤其是农业方面的交流与合作。

最后,土库曼斯坦也积极开展同中国的文化交流,希望促进双方了解,共同进步,同时也体现了土库曼斯坦文化"走出去"的诉求。中、土两国开展了多项文化合作项目,代表团互访频繁。2015年6月,在中土政府间合作委员会人文合作分委会第四次会议上,双方达成了一系列利于双方文化深化合作、持续发展的共识。

二、中亚媒体对"一带一路"的认知

"一带一路"倡议的范围覆盖东亚、南亚、中亚与欧洲等数个地域经济文化圈,其主要目的在于通过相互连通的基础设施建设,利用亚洲基础设施开发银行的平台,加大对外投资力度并进一步促进人民币国际化。中国推进"一带一路"的合作倡议引起了中亚国家媒体的广泛关注。本节通过分析中亚国家的主流网络媒体对中国及"一路一带"倡议的报道所呈现的宏观态势和特点,了解中亚国家媒体对中国的认知,以此引起国内学界及决策层的重视,及时作出政策性和舆论性的调整应对。

1.研究对象、数据来源与方法设计

人们对外在世界的了解很大程度上依赖媒体,媒介是我们头脑中关于外在世界公共事务图景的主要源头❷。媒体具有引导舆论和议程设置的功能,是影响一

---

❶ 张艳松,倪善芹,陈其慎,等.基于地缘战略中国同土库曼斯坦资源合作分析[J].资源科学,2015(5):1092.

❷ 概念引用自沃特·李普曼的经典著作《舆论学》,1922年出版。

国外交决策的重要因素。本节通过分析中亚媒体对"一带一路"倡议的报道,分析中亚媒体对"一带一路"倡议的认知。

本节选取了哈萨克斯坦、吉尔吉斯斯坦、塔吉克斯坦和乌兹别克斯坦四个国家的媒体,具体包括《哈萨克斯坦真理报》、乌兹别克斯坦政府网、塔吉克斯坦《亚洲加报》网站、吉尔吉斯斯坦 24 小时通讯网。❶《哈萨克斯坦真理报》是哈萨克斯坦政府主办的日报,是哈萨克斯坦发行量最大的报纸,且在整个中亚地区具有重要地位,该报纸的网页设有俄、英双语。❷ 乌兹别克斯坦政府网是由乌政府管理与支持的官方信息网站,其主要资源来源于其国家通讯社,具有权威性和主流性,其网站有乌兹别克语、俄语、英语三种版本,其中后两种均由乌语翻译而来。❸《亚洲加报》是塔吉克斯坦报纸,在塔吉克斯坦的社会政治出版物中发行量最大,在塔国具有重要地位。❹ 吉尔吉斯斯坦 24 小时通讯网成立于 2006 年 3 月,同年 10 月开通英语网页,成立当年的点击率就在其国内排行第二,有着强大的影响力。❺

本节具体的检索方法主要设计如下:依次登录上述四个网站,并以"China"或"Chinese""One Belt and One Road"或"The Silk Road"为搜索关键词进行检索。❻

2.中亚媒体对"一带一路"的报道情况

《哈萨克斯坦真理报》于 2013 年 6 月 13 日开始有了其首篇英文报道,报纸英文版自此正式成立。在其网页英文版搜索栏中输入"Silk Road",共检索出有关报道 46 条,其中政治类别的 19 条,经济类 13 条,文化类 9 条,社会类 5 条。

进一步来看四个报道类别下具体涵盖的内容。其中政治类别下的报道领域有

---

❶ 选择上述四个主流媒体,首先是因为其在中亚地区占据很大影响力比重,具有典型性,其次也是出于对样本均衡性和多元性的考虑。从性质上来看,《哈萨克斯坦真理报》和乌兹别克斯坦政府网的官方政府性质较为突出,而《亚洲加报》和 24 小时通讯网的官方性则偏弱,这样就避免了视角的交叉和重复,同时能避免同类媒体报道内容的单一性。

❷ 《哈萨克斯坦真理报》网站:http://www.kazpravda.kz/en/

❸ 乌兹别克斯坦政府网:http://www.gov.uz/en

❹ 塔吉克斯坦《亚洲加报》网站:http://www.news.tj/en

❺ 吉尔吉斯斯坦 24 小时通讯网:http://www.eng.24.kg/

❻ 在具体检索过程中发现,以"One Belt and One Road"关键词得到的检索结果十分稀少甚至为零,为扩大样本数据增加了"china"等更宽泛的字眼。因此本文的关注重点不仅是"一带一路"这一特定概念,还增设了"中国形象"层面的相关概念为补充参考项。这里需要说明的是,由于网站未设置按时间检索的功能,同时考虑到"一带一路"战略本身就蕴含了较为明确的时间段信息(2013 年习近平主席在哈萨克斯坦和印度尼西亚发表演说时分别提出"丝绸之路经济带"和"21 世纪海上丝绸之路"的概念),这里省略了对特定时期的检索。

中、哈两国领导人元首外交人员的会议情况,哈国与中东欧洲等其他区域的政治外交情况,哈国国内关于丝绸之路经济带的战略回应及由此衍生的立法情况。经济类则比较广泛,范围由国内特定区域至外部区域,包括农业、能源、技术、贸易投资等多个领域。文化类则主要沿着历史的脉络,从丝绸之路的历史文化遗产和现代文化交流(包括语言、教育、影视艺术作品、媒体论坛等)两个角度着重报道。社会类报道则主要涉及其国内环境、社会就业、福利及国际反恐等非传统安全领域。

基于上述分类及内容,并对材料进行深入分析,基本可以总结出《哈萨克斯坦真理报》的几个报道特点。

第一,关于报道性质和价值取向,主要以正面报道为主。[1] 无论是对中哈合作的条件背景、发展前景,还是对"丝绸之路经济带"带来的影响分析,都呈现出一种积极有利的态势,只有在一篇对哈国某企业领导者的采访中,受访者表示了一些对环境、产业竞争方面的担忧,但也仅限于个人担忧的程度,而并非实质性的事实批判,也未形成普遍性的忧虑。

第二,关于报道层次,《哈萨克斯坦真理报》选择了关注哈萨克斯坦国家内部、哈萨克斯坦作为单位存在的中亚地区,以及中亚整体之外的外部世界为三个主要视角,由微观到宏观,由部分到整体,全面分析了"丝绸之路经济带"大框架背景下的国家行为与国家间互动关系。其中在上述三个层次中,报道的重心又集中放在了后两个层次,更准确地说,是强调"丝绸之路"背景下哈萨克斯坦地区性大国角色的责任感及其发挥的促进东西多边国家连接合作的作用,可以在报道中的"欧亚一体化建设""东西方合作""中亚调停者"等字眼中窥察到这一明显特征。

第三,报道方式和手段的多元化。除了对中、哈两国关于"丝绸之路经济带"的单独的纵向深入分析,《哈萨克斯坦真理报》还采用了结合对比式的分析方法,例如,其中多篇文章引入了 EEU(欧亚经济联盟组织)、SCO(上海合作组织)、UN(联合国)、独联体国家和美国等多个行为体及其相关行为报道,既有分离比较式的分析即单独分析不同组织的功效,又有对不同组织在"丝绸之路"效应下互相交

---

[1] 由于人的意识形态与认知水平所固有的主观性,我们对于报道中出现的相关字眼的判断,即对其正面还是负面、积极还是消极的界定,难以有一个客观的标准,并且随着主体的变化可能产生截然相反的立场和道德批判。出于本书的研究目的对其进行专门界定:以中国政府原则立场为基本核心,与之相符的报道归类为正面报道,背离此原则的则为负面报道。

叉合作的可行性分析。此外,其中的一篇报道还全篇幅段落式地引入了美国 CNN 对"一带一路"的报道情况作为参考,当然引用的主要是积极的信息。至于报道的呈现方式则是多元集成的,包括文字、图像,甚至还为读者提供了音频影像链接,总体上是可视可感的解读模式。

三、中亚地区安全结构及其对"一带一路"建设的影响

中亚以其丰富资源和战略性地位成为心脏枢纽地带,区域外大国在中亚展开激烈的博弈。中亚地区作为"一带一路"倡议实施的重要一环,其安全结构深刻地影响着"一带一路"倡议的实施。本节利用地区安全复合体理论的分析框架,分析中亚地区安全结构及其影响"一带一路"实施的路径与机制。

1.安全结构的概念

在国际关系研究中,"安全结构"是一个经常被运用却缺少明确界定的术语。结构现实主义代表沃尔兹从三个层面界定"政治结构":①排列原则。体系内构成单元的排列原则只有两种,即等级制原则和无政府原则,国际体系是分权的、无政府的。②单元的特性。作为国际政治系统单元的国家并不因功能的差异而有所不同。只要无政府状态依然存在,国家就始终是同类的单元。国际结构只有在组织原则或单元能力发生变化时才会改变。③能力的分配。在无政府秩序下,单元主要依据其实现类似任务的能力大小来加以区分。因此,沃尔兹的结构理论认为,国际政治的结构就只能由单元间的力量分配来界定。❶

本节中"安全结构"是指,某一体系内追求安全利益的主要行为体之间所构成的相互作用的态势或者权力分配关系。主要行为体是指对某一安全系统变化影响最大的单元。"安全结构"产生于主要行为体在追求安全利益过程中的互动,"安全结构"的模式受制于主要安全行为体之间力量分配方式及其互动模式。

2.中亚地区安全结构

中亚作为欧亚大陆上连接东西方的重要桥梁,其国际体系纷繁复杂:首先,区域内主权国家对中亚体系结构起着基础性的影响作用;其次,域外大国的介入,对于中亚国际体系也产生了重要影响;最后,非国家行为体的作用也不容忽视。中亚

---

❶ 肯尼思·华尔兹.国际政治理论[M].信强,译.上海:上海人民出版社,2003:118-132.

地区安全体系在结构上呈现内核安全系统和外缘安全系统的差异。内核安全系统由中亚国家间的安全互动构建,外缘安全系统则是由对中亚地区安全具有关键影响力的区域外大国互动产生。阿富汗战争后,中亚在全球安全体系中的作用日益显著,其内核安全系统的权力分配和互动关系对整个中亚地区安全态势产生了关键影响。

(1)中亚地区安全体系中的主要行为体。

中亚地区安全体系中包含多个行为体,除了区域内的国家外,域外的国家行为体,以及各类非国家行为体,都在体系中发挥着重要的作用。

①中亚区域内的主要安全行为体。对于中亚的界定,学术界始终争论不一。一般来说,对于中亚的界定有广义与狭义之分。以联合国教育、科学及文化组织的界定为代表的中亚广义说,于1978年确定:"中亚地区涵盖阿富汗、伊朗东北部、巴基斯坦、印度北部地区、巴控和印控克什米尔、中国西部地区、蒙古和苏联的中亚地区,即中央亚细亚七国。"❶而狭义则是指"中央亚细亚西部的历史地理区域,即苏联的五个中亚加盟共和国,今位于独联体的中亚五国(乌兹别克斯坦、土库曼斯坦、塔吉克斯坦、吉尔吉斯斯坦和哈萨克斯坦)所在地区"❷。本书中"中亚"是指狭义的中亚五国的概念,这五个国家也即中亚地区的主要安全行为体。

②中亚区域外的主要安全行为体。中亚丰富的能源资源及其独特的地缘位置受到了美、俄等区域外大国的关注。此外,由于民族矛盾、恐怖主义和历史原因,中亚地区的政治格局也比较脆弱,各国难以有效控制本国内政治局面。同时,中亚五国经济发展水平普遍较低,结构单一,多为能源出口导向型的经济发展模式,严重依赖于各个大国。

自苏联解体以来,俄罗斯一直以中亚安全保护者的角色活跃在中亚地区,集安组织这一多边安全机制是其参与中亚地区安全活动的载体。1992年俄罗斯与包括中亚国家在内的部分独联体国家签署了集体安全条约,但该条约并未形成有效的运行机制。1993年以来,俄罗斯初步确立了以恢复统一安全空间、确保地缘政治安全为核心的独联体安全战略,将独联体事务视为俄罗斯外交战略重心,认为

❶ 李琪."中亚"所指及其历史演变[J].新疆师范大学学报:哲学社会科学版,2015(3):62-76.
❷ 李琪."中亚"所指及其历史演变[J].新疆师范大学学报:哲学社会科学版,2015(3):62-76.

"独联体地区是俄罗斯切身利益的核心,俄罗斯的生存取决于同这些国家的关系"。俄罗斯把保卫独联体外部边界、防止独联体内部冲突、积极参与并领导独联体地区的维和行动视为俄罗斯军队的首要任务。1993 年 8 月,俄罗斯与中亚四国(不含土库曼斯坦)签署《边界不可侵犯宣言》,强调为保证它们的共同边界,可采用包括军事手段在内的反击措施。尽管如此,这一时期,中亚在俄罗斯的对外战略中仅仅从属于独联体的一部分,而未形成明确的中亚战略,俄罗斯对中亚的战略投入明显不足。20 世纪 90 年代初期,俄罗斯向市场经济的转轨极为曲折,经济衰落、国内政治危机持续不断,俄罗斯无暇顾及同样陷入困境的中亚国家,难以完全履行与中亚各国签订的经济技术、军事安全等协定。这一时期,由于缺少能与俄罗斯竞争的区域大国,俄罗斯对中亚地区安全仍保持较强的影响力,如塔吉克斯坦内战主要是在俄罗斯的参与下达成和解的。

美国是中亚的另外一个具有关键影响的区域外安全行为体。苏联解体后,中亚第一次作为一个独立的地缘政治地区出现在美国的对外战略中。"9·11"事件后,美国对中亚战略地位的认知及对中亚的战略投入,都呈现日益增强的趋势。苏联解体初期,在俄美关系缓和之下,美国担心对中亚的渗透可能会加剧同俄罗斯、中国及伊斯兰世界的矛盾,因而对中亚安全的介入不多,其关注点主要集中在实现中亚地区无核化。

苏联时期,哈萨克斯坦境内部署了大量核武器,中亚国家境内数量不少的科学家掌握与核武器相关的技术,而哈萨克斯坦既无力防止这些大规模杀伤性武器的扩散,也无力承担销毁它们的费用,中亚地区存在核扩散的潜在风险。美国特别关注哈萨克斯坦境内遗留的大量核武器、核原料、核废料、生化武器和相关设施的处理。尽量减少中亚大规模杀伤性武器扩散的风险,成为美国中亚政策的重心,其对中亚的援助也主要围绕此内容展开。在美俄的积极推动下,包括哈萨克斯坦在内的独联体三国与美俄在 1992 年 5 月签署了《里斯本议定书》,规定三国实现无核化、彻底拆除战略核武器的目标。为推动中亚无核化进程,美国通过"纳恩—卢格计划"向哈萨克斯坦提供弃核资金和技术。1996 年 9 月,哈萨克斯坦拆除了其最后的 100 个弹道导弹发射井后,中亚无核化基本实现。

从 1994 年开始,美国从能源和战略角度认识到中亚的重要性。美国在完成了北约东扩的第一阶段计划后,进一步在中亚地区压缩俄罗斯的战略空间。1997 年

7月,美国宣布中亚和外高加索是美的"重要利益地区",加强了对中亚地区的渗透。随着俄美关系蜜月期的结束,美国与俄罗斯争夺中亚的战略目标日益显现,特别是2001年阿富汗反恐战争后,中亚在美国全球战略中的地位迅速上升,中亚既是美国发动阿富汗战争的前沿"基地",又是美国根除恐怖主义的重要地区。因此,美国加强了对中亚安全的介入。

由于中亚国家均不是北约成员国,北约与中亚国家的合作主要依托和平伙伴关系计划展开。首先,通过"和平伙伴关系计划"奠定安全合作基础;其次,以"单独伙伴关系计划"为安全合作引擎;再次,以"计划与分析进程计划"及"作战潜力构想计划"作为安全合作抓手;最后,以"单独伙伴行动计划"作为安全合作助力,推动双方的有效合作。

此外,苏联解体之后,作为一个新的地缘政治实体存在的中亚,从根本上改变了中国西北部的地缘安全版图,与中国毗邻的中亚不再是苏联的一部分,而是五个独立的国家。中亚国家的独立给中国地缘政治形势带来两方面的影响:一方面,缓解了中国在整个西北部面临的超级大国军事压力;另一方面,新独立的中亚国家国力虚弱,无力单独应对宗教极端主义、恐怖主义、贩卖毒品和走私武器等安全挑战,使中国的西北面临日益严峻的恐怖主义威胁。同时,各种国际力量竞相填补中亚"地缘政治真空",也给中国西部边疆安全增添了不确定性。因此,苏联解体后中亚面临的首要的问题是构建与新邻国的外交关系,并在此基础上解决边界争端,构建基本的边界安全信任。

自1992年4月起,中国与哈、吉、塔三国政府举行了为期多年的数轮谈判,中国与三国的边界问题相继得到解决,为中国进一步参与到中亚地区安全体系的构建奠定了基础。苏联解体后,中国与俄、哈、吉、塔四国联合代表团继续进行边境裁军谈判。1996年4月26日,中、俄、哈、吉、塔五个国家在上海共同签署了《关于在边境地区加强军事领域信任的协定》。中国与中亚国家在加强军事领域信任和边境地区相互裁减军事力量的协定签署之后,由于共同面临中亚地区"三股势力"威胁,五国继续在"上海五国"机制下展开安全合作。在"上海五国"机制的发展过程中,中国同中亚国家的双边关系也得到迅速发展。2001年6月14日,"上海五国"元首在上海举行第六次会谈,乌兹别克斯坦正式加入。2001年6月15日,六国元首举行首次会谈并签署《上海合作组织成立宣言》,上海合作组织正式建立,为中国与中亚国家深化互利合作搭建了一个广阔的平台,并提出了"互信、互利、平等、协商、尊重多样文明、谋求共同发展"的"上海精神"。中国与中亚国家的安全合作主要在上合组织框架内展开,以打击恐怖主义为主要目标。苏联解体后,中亚地区日趋活跃的恐怖主义威胁,对中国西北边疆地区的安全构成严峻的挑战。因此,打击"三股势力"是中国与中亚国家面临的共同任务。2001 年上合组织成员国签署了《上海合作组织成立宣言》,同时签署了《打击恐怖主义、分裂主义和极端主义上海公约》。

(2)中亚区域内安全行为体的权力分配。

中亚地缘战略位置关键、资源丰富,但分布极不平衡。各国在领土面积、人口资源、地缘战略地位、经济发展水平、军事实力等方面的差异决定了中亚内核安全系统中的权力分配状况的差异。

①中亚国家规模比较。领土面积和人口规模是衡量一国在权力分配体系中地位的最基本因素,人口的地理分布及内部构成的差异性,对中亚国家在地区安全体系中的权力分配和互动模式都构成较大影响。中亚在总体上属于地广人稀的地区,总面积约为 400 万平方千米,但人口数量并不多。各国领土面积分布也并不均衡,其中哈萨克斯坦面积最大,超过整个中亚区域面积的一半。乌兹别克斯坦和土库曼斯坦领土面积居中,两国面积基本相当,但两国面积也仅占哈萨克斯坦面积的不足 20%。面积最小的是吉尔吉斯斯坦和塔吉克斯坦,其中吉尔吉斯斯坦仅占哈萨克斯坦的 5%。总体而言,中亚国家领土面积呈现出了哈萨克斯坦一家独大的局面,但在人口数量上,乌兹别克斯坦却占有绝对优势。

在中亚国家中,乌兹别克斯坦的人口数量最多,约占中亚总人口的 45%,且人口也最为密集,几乎是整个中亚地区的 4 倍。位居第二的是哈萨克斯坦,约占中亚总人口的 26%,但由于领土的辽阔性,其人口密度最低。另外三国人口总量不足中亚总人口的 30%,属于人口小国。总体来说,乌兹别克斯坦具有与哈萨克斯坦竞争的人口大国优势。

②中亚国家经济发展水平比较。中亚国家经济发展状况具有明显的差异性,其中哈萨克斯坦居于经济的领头羊地位,其国民生产总值超过其他中亚四国国民生产总值的总量。居于第二位的乌兹别克斯坦,其经济实力也较为雄厚。情况较差的是塔吉克斯坦和吉尔吉斯斯坦,两国的国民生产总值相加不足哈萨克斯坦国

民生产总值的 5%。

③军事实力比较。军费开支状况是衡量中亚五国军事投入与军事力量的重要指标。从斯德哥尔摩国际和平研究所对中亚国家军费支出的统计可以看出,哈萨克斯坦军费开支一般占其 GDP 比重的 1% 左右,其军费开支相当于吉尔吉斯斯坦和塔吉克斯坦的 10~20 倍(2014 年数据)。从可以获得的数据来看,1999 年乌兹别克斯坦的军费开支相对有一个明显提升,这一时期其军费开支明显高于哈萨克斯坦,而这一年刚好是乌离开集体安全条约的时间节点,直至 2000 年其军费开支开始回落。相反,哈萨克斯坦的军费开支逐年提升,至 2003 年达到了乌兹别克斯坦的 6 倍。此后几年,乌兹别克斯坦军费开支的数据难以全面获得,但由于哈萨克斯坦的经济发展状况较好,从国民生产总值推算,乌兹别克斯坦的军费开支应明显少于哈萨克斯坦。

总体而言,哈萨克斯坦和乌兹别克斯坦凭借辽阔的领土、丰富的自然资源、位于欧亚接合部的有利地理位置,成为中亚地区的两大力量中心。而其他国家无论政治、经济还是社会稳定方面都不足以成为地区强国。因此,中亚地区内核安全系统的权力结构呈现了双核制特征。

第三节 "一带一路"建设中的中国与中亚能源合作

中国提出"一带一路"宏伟规划,为能源外交、能源安全创造了新的思路与机遇。中亚是中国古代丝绸之路的必经之地,中亚特殊的地缘、资源环境导致了大国在此的利益追逐。中国作为与中亚接壤且石油消费量迅速增长的国家,可借助地缘优势与中亚国家深化能源合作,增加中国在中亚能源格局中的分量。中亚地区的地缘经济政治结构虽然复杂,但也给中国提供了区域经济合作的诸多机会。在路径上,可以尝试打造中国—中亚自由贸易区,或者先通过新疆与中亚国家的次区域经济合作的开展,带动中国—中亚合作的深化;通过与俄罗斯加强战略关系,探索有效的多边合作模式,深化与中亚国家的战略协作,也是提升中国与中亚能源合作的重要途径;还要将丝绸之路经济带建设与中亚国家的发展战略对接,让当地切实感受到在丝路建设中的未来利益,提升与中国深化合作的热情与动力。

亚太地区面临着社会发展与能源紧缺的双重压力,随着人口的增长、经济的迅速发展和人们生活质量的提高,能源短缺成为世界性问题,随之而来的能源安全问题日益突出,能源安全在许多国家已成为国家安全战略的重要组成部分。

亚太石油消费大国的石油供应,长期以来主要依赖于中东地区。中国能源进口也主要来自中东,而这里的油气输送主要是依靠海路运输,在大多数情况下海运要通过霍尔木兹海峡和马六甲航道。线路的特殊性和单一性给能源进口安全带来问题。

中国提出"一带一路"宏伟规划,为能源外交、能源安全创造了新的思路与机遇,对促进中国和中亚区域的能源合作,推进区域能源互联,提升国家能源安全具有重要意义。

一、中亚能源吸引亚太消费大国高度关注

石油资源在国计民生中占有极其重要的位置,是实现国家经济发展和国防现代化不可或缺的战略资源。围绕石油展开的地缘经济与地缘政治的较量,在亚太大国之间日益激烈。亚太大国纷纷把能源进口多元化作为保障能源安全的战略选择,其主要原因有以下几个方面。

一是中东地区局势的不稳定,以及近年来中东地缘政治结构的变化,使得石油供应安全问题尤其突出,开拓新的石油来源渠道是应对问题之良策。

二是全球能源需求普遍增长,尤其是亚洲地区石油消费量的迅速增长已使其成为石油缺口最大的地区,其中中国和印度作为新兴大国是油气消费量增长最快的国家,各国政府面对紧张的能源需求形势,在保障能源安全问题上普遍增强了紧迫感。

三是中亚地区多年来靠出口能源赚取外汇,已成为又一重要的能源供应地,为各国能源进口多元化战略的实施提供了客观条件。

中国是仅次于美国的世界第二大石油消费国。中国的能源消费增长迅速,20世纪90年代以后,中国能源探明储量较低,原油产出与消费之间的缺口不断加大,对外依存度不断上升,2013年中国石油和天然气的对外依存度已经达到58.1%和31.6%,石油消费量高达4.98亿吨,天然气消费量达到1676亿立方米。到2020年

中国天然气的对外依存度也将达到 50% 左右。因此,开辟多元化进口渠道属当务之急。

日本由于所需能源几乎完全依赖于进口,所以实现能源供应渠道多元化成为 21 世纪日本的强烈渴求。鉴于中东地缘政治结构和形势的复杂性,日本除了在传统能源供给地中东地区开展积极的能源外交以外,很快把目光瞄向了俄罗斯、中亚地区。十年来,日本出台了"基本能源政策",强调能源多样化,以保障能源供应安全,减少对中东石油的依赖程度;又推出《国家能源新战略》,明确今后日本能源来源要进一步多元化。同时日本政府积极推动与中亚国家的合作,分别与乌兹别克斯坦、哈萨克斯坦、塔吉克斯坦和吉尔吉斯斯坦等国启动日本—中亚外长级对话机制。前首相小泉,在即将卸任之时,还前往哈萨克斯坦、乌兹别克斯坦,试图通过加强与中亚国家的能源合作,提升国家能源供应安全系数。但是,日本由于天然地理因素的影响,与中亚国家的能源合作会受到限制。

美国作为世界上最大的石油消费国,对石油的进口依赖度高。一方面,美国政府通过军事和政治干预,对原油的重要产地中东地区拥有了空前的控制力;另一方面把获取中亚里海地区的油气资源,纳入美国能源安全战略。据美国国务院估测,里海地区蕴藏的石油储量仅次于波斯湾。2000 年后美国把目光投向中亚地区,通过经济援助、军事合作、政要外交等途径,积极向中亚国家施加影响,在此基础上推出"大中亚计划",力求在中亚区域发挥引领作用。美国是对哈萨克斯坦石油开采领域投资最多的国家,占哈萨克斯坦开采投资总额的 1/4。反恐战争更使美国获得契机。通过军事渗透手段,美军插足中亚地区,美国"里海能源工作小组"在国家安全委员会的领导下开展工作,力求控制中亚里海油气开采和输出的主导权。

印度是经济快速发展、能源消费迅速增长的新兴大国,严重依赖进口原油。1991—2001 年十年间,印度石油消费增长了 83.5%,从日均 119 万桶增加到 218 万桶。❶ 据《印度 2013 年能源统计》报告,2011—2012 年,印度人均能源消费较 1970—1971 年增长了 5 倍。美国能源情报署统计,印度已成为世界第四大石油和石油产品消费国,仅次于美国、中国和俄罗斯。由于印度 70% 的石油和天然气依赖进口,这使得印度高度重视能源外交,并实施能源进口多元化战略。印度为了国家

---

❶ http://www.fe.doe.gov/international/South-and-Southwest-Asia/indiover.html.

的能源安全,也为了打击反印恐怖活动,有意跨越巴基斯坦和阿富汗,与中亚国家开展合作。印度与乌兹别克斯坦早已签署了能源和军事合作协议。印度积极参与修建土库曼斯坦—阿富汗—巴基斯坦—印度天然气管道。2015 年 12 月 13 日,四国天然气管道建设正式动工。这条名为"TAPI"的跨国天然气管道全长约 1800 千米,从土库曼斯坦东部道列塔巴德气田,经阿富汗坎大哈、巴基斯坦奎达,至印巴边境的印度小镇法济尔加。预计 2018 年年底竣工,2019 年投入使用。建成后,每年可从土库曼斯坦输出 330 亿立方米天然气。

作为油气出口大国的俄罗斯,可以说是美国欲争取中亚地区主导权的一大对手。俄罗斯视中亚为自己的传统保护范围,是保障国家西南部安全的缓冲地带,当美国把注意力转向中亚地区时,俄罗斯也把中亚外交放在了俄罗斯外交的优先位置,利用中亚国家在经济、安全问题上对俄具有传统性依赖的优势,加大对中亚国家的影响力。鉴于能源安全的特殊战略意义,俄罗斯借助自身丰富的油气资源和在输送设施上的优势,加强对中亚能源输出的把控,努力提升其在欧亚能源格局中的分量。

当亚太大国高度关注中亚地区的油气资源时,中亚的能源输出就不可避免地卷入大国的能源争夺之中。中国作为与中亚国家接壤且石油消费量迅速增长的国家,如何借助地缘优势寻求中国能源安全途径,在"一带一路"倡议实施的背景下,深化与中亚的能源合作,是需要加以认真研究的重要问题。

二、"一带一路"建设中发挥中国地缘优势

由于油气资源分布不平衡,且具有稀缺性、不可再生性的特点,中亚地区的油气资源受到多国竞争和博弈,地缘经济政治因素也因此突显。中亚国家紧邻中国,是中国古代丝绸之路的必经之地,也是维护中国能源供给、能源安全的重要地区之一。拓展中亚区域合作对实现中国能源进口多元化、推进"一带一路"建设具有重要的战略意义。

中亚大国哈萨克斯坦 2005 年的石油探明储量就达 54 亿吨,石油年产量达到 6300 万吨。乌兹别克斯坦、土库曼斯坦也拥有相对丰富的石油和天然气储藏。乌兹别克斯坦的潜在油储量估计超过 50 亿吨,天然气储量则超过 5.5 万亿立方米。土库曼斯坦天然气探明储量为 7.94 万亿立方米。根据官方报道,土库曼斯坦的天

然气远景储量约为22.8亿立方米,居世界第三位。❶ 中国得天独厚的地缘经济与政治因素,使得中国在中亚地区的影响不断增强,也为中国与中亚国家能源合作的开展创造了有利条件。

第一,与亚太其他能源进口大国相比较,中国是唯一与中亚国家接壤的国家,共同边界长达3000多千米,这使得中国发展与中亚国家的关系更具有地缘优势。中国西部新疆地区与中亚国家间存在着跨界民族,如哈萨克族、柯尔克孜族、塔吉克族等,在历史上相互间有着密切的经济文化交往,新疆少数民族与中亚国家的民族宗教信仰、生活习惯、语言文化相通相融,这为国家间互利合作提供了地缘政治经济和民族文化上的便利。此外,中亚各国由于没有出海口,希望借道中国发展对外贸易,新疆地区与中亚国家开展经贸合作自然具有了更多的优势。当然,各跨界民族的客观存在,也凸显中国深化与中亚国家关系对国家经济政治安全的重要意义。

第二,中国经济长期快速增长、国际影响力迅速攀升,这对于经济相对落后、政治文化由社会主义国家转型而来的中亚国家,产生了较强的冲击力和影响力。如何消除贫困、使民族国家从解决温饱走向富裕,中国发展模式被视为一种有益的借鉴模式。崛起的中国对中亚国家的综合性影响力不断提升,中亚国家关注中国的改革和经济建设,对与中国开展合作产生比较浓厚的兴趣。目前中国领导人积极传播欢迎周边国家"搭便车"的外交理念,更将促进中亚国家与中国合作的欲望,提升合作的动力。

第三,中国与中亚国家的能源政策有较强的互补关系。中亚国家出口结构相对单一,对外贸易依存度高,各国政府努力在为油气资源寻找市场。哈萨克斯坦、乌兹别克斯坦、土库曼斯坦均把能源合作作为对外合作的优先方向,推进能源出口多元化;中国拥有巨大的能源市场,不断扩大油气进口量,加之国内大型企业对外投资规模也在扩大,使得中国与中亚国家之间的合作趋势稳定,未来潜力较大。中石油、中石化正通过承建项目、购买股份、石油贷款等方式和中亚国家开展积极的油气开发合作。

第四,中国与中亚国家的经贸合作已有一定基础,而上海合作组织又为有序推

❶ 土库曼斯坦、阿富汗、巴基斯坦、印度四国签署天然气管道框架协议[N].人民日报,2010-12-13.

进区域经济合作搭建了重要平台。上海合作组织是冷战后建立的最能体现平等、互利原则的国际组织,该组织强调经济与安全合作是成员国合作的两个优先方向,而能源合作则是经贸合作的重要内容。2013 年 9 月上海合作组织成员国元首理事会在吉尔吉斯斯坦举行会议,指出要把上合组织打造成成员国命运共同体和利益共同体;成立能源俱乐部,建立稳定供求关系,确保能源安全。● 成立能源俱乐部的构想早些年已经提出,俄罗斯从本国能源战略利益考虑,主张上合组织框架下的多边能源合作,并积极推进能源俱乐部的建立。

从目前来看,哈萨克斯坦与中国能源合作发展稍快一些,2006 年开通的中哈原油管道是中国第一条境外原油运输管道,这条管道从哈萨克斯坦的阿富汗塔利班苏经过中哈边界的阿拉山口进入中国,阿塔苏–阿拉山口石油管线全长 962.2 千米。至 2013 年年底,中国自该输油管道累计输入原油超过 6000 万吨。按照双方规划意愿,还要加大输油量,今后会增加到每年 2000 万吨。在天然气方面,中国—中亚天然气管道项目建设已先后在土库曼斯坦、乌兹别克斯坦、哈萨克斯坦开工。中国—中亚天然气管道分为 A、B、C、D 线路,2012 年,中国—中亚天然气管道的 A/B 线建设已全部完成,以后将每年保证向中国输送天然气 300 亿立方米。至 2013 年中国—中亚天然气管道 C、D 线也都相继开工建设。这一项目将与丝绸之路经济带建设紧密结合起来。

在中亚,由于多方利益展开博弈,地缘政治形势复杂,从未来 20~30 年中国能源消费的增长势头来看,保障中亚能源的长期稳定供应,对中国能源安全意义重大。

三、探索有效路径,巩固和扩大能源合作

中亚地区,俄、美两国的争夺尤为激烈。俄罗斯作为对该地区有影响的传统大国,一直将中亚看做自己的"地盘"。俄罗斯加强与中亚国家的军事、政治、经贸关系,并且长期引导中亚国家的能源输出经由俄罗斯油气管道,由俄罗斯转手卖出,这样既从过境运输中获得经济收益,又强化中亚国家对俄的依赖度。而美国则借助阿富汗战争,向中亚地区进行军事渗透,并提出所谓"新丝绸之路"计划,这样能

● 习近平提议上合组织成立能源俱乐部[N].新京报,2013-09-14.

够绕开俄罗斯向外输出中亚油气,从而削弱俄罗斯对中亚国家的影响力。面对复杂的中亚利益争夺环境,中国需要发挥地缘政治经济优势,巩固和扩大与中亚的合作。

中亚的地缘经济政治结构虽然复杂,但是也给中国提供了区域经济合作的机会。目前与中亚国家合作可以从以下几方面着手。

首先,努力打造中国—中亚自由贸易区。在古代丝绸之路的路线图中,新疆至中亚地区是重要走廊;在"一带一路"建设中,中国西部与中亚国家位于丝绸之路经济带的核心地带,是中国国内路线向西延伸的关键性区域。为此,我们可以先行建设中国—中亚自由贸易区,参照中国-东盟自由贸易区、中韩自贸区的谈判和建设经验,打造中国与中亚五国的自贸区。把中国—中亚自贸区作为对外发展的重要平台,向外辐射,而能源合作将成为该自贸区建设的重要内容纳入其中。如果构建中国—中亚自由贸易区难度较大,也可以先通过新疆与中亚国家的次区域经济合作的开展,通过姐妹城市的构建,带动中国—中亚自贸区的建设。

其次,中俄联手深化与中亚国家的战略协作。俄罗斯一向视中亚为其传统势力范围,密切关注这一地区的经济政治的政策走向,对大国在该地区活动及相关变动极为敏感。尽管当前外部环境迫使俄罗斯在战略上加强俄中友好,以平衡与西方大国的紧张关系,但是中国在中亚地区影响的扩大,恐怕也不是俄罗斯所期望的。考虑到俄罗斯既是能源出口大国,也是丝绸之路经济带沿线的重要国家,同时由于历史、文化的原因,俄罗斯与中亚国家仍存在某种特殊关系,中国进一步与俄罗斯深化战略关系,探索有效的多边合作模式,是在中亚地区实践中国能源安全战略所不可缺少的重要途径。

最后,将丝绸之路经济带建设与中亚国家的发展战略对接。习近平 2013 年首次提出丝绸之路经济带建设的倡议就是在中亚大国——哈萨克斯坦。选择在哈萨克斯坦宣布这一举措,是有考虑的:一是中哈经贸关系发展顺利,中国是哈萨克斯坦最大贸易伙伴,哈萨克斯坦也是中国在中亚地区的第一大贸易伙伴;二是丝绸之路经济带与哈萨克斯坦的"光明之路"经济发展战略不冲突,可以形成对接。2015 年 5 月习近平访问哈萨克斯坦时,纳扎尔巴耶夫总统表示,哈方支持中国的"一带一路"倡议,愿成为丝路建设的重要伙伴,并做好丝路建设同"光明之路"经济发展战略的对接,加强与中国在经贸、产能、能源、科技等领域合作。丝绸之路经济带建设要顾及与中亚各国发展战略的对接性,如乌兹别克斯坦制定的 2015—2019 年发展纲要,土库曼斯坦制定和实施的天然气出口多元化战略,吉尔吉斯斯坦出台的《2013—2017 年稳定发展战略》,塔吉克斯坦 2015 年年初发布的国家战略(2015—2030 年)。总之,要让当地感受到在丝路建设中能够受益,愿意与中国深化合作,而基础设施建设、能源开发、互联互通、现代农业等,都是合作的重点领域。

中亚特殊的地缘、资源环境导致了大国在此的利益追逐。中国在大国博弈中,有效运用与中亚邻国的天然联系,发挥中国经济崛起对中亚的影响力,从战略上提升中国在中亚能源格局中的分量,对于"一带一路"建设的务实推进,也将是不可缺少的重要步骤。

第四节 "丝绸之路经济带"在中亚的机遇与挑战

"丝绸之路经济带"自提出以来受到国内和国际的广泛关注。从层次分析法看,"丝绸之路经济带"的提出原因有中国自身因素、区域安全压力、世界经济和权力中心的转移。"丝绸之路经济带"在中亚的机遇包括中亚相对稳定的政治环境、共同的安全理念和组织、丰富的能源资源、中国和其他国家的经济安排、中华文化的传播。在中亚的挑战集中于对中国边疆安全的威胁、美国"新丝绸之路"计划的对冲和伊斯兰文化的过度认同。为此,中国需要采取合理的应对措施,从而更好地推进"丝绸之路经济带"建设。

2013 年 9 月 7 日,中国国家主席习近平在访问哈萨克斯坦时提出建设"丝绸之路经济带"的战略构想,强调中国要和中亚国家"打造互利共赢的利益共同体",要加强政策沟通、道路联通、贸易畅通、货币流通、民心相通。❶ 此后中国政府和高层将"一带一路"正式纳入国家发展议程中,成为中国未来发展的主要推手。李克强总理在 2014 年 3 月的政府工作报告中提到,抓紧规划建设丝绸之路经济带、21

---

❶ 弘扬人民友谊,共创美好未来[EB/OL].(2013-09-08)[2016-04-10] http://politics.people.com.cn/n/2013/0908/c1001-22842914.html.

世纪海上丝绸之路,推进孟中印缅经济走廊和中巴经济走廊建设。❶ 2014 年 12 月召开的中央经济工作会议将"一带一路"与京津冀协同发展、长江经济带并列为今后中国优化经济发展空间格局的三大战略。❷ 2015 年 3 月 28 日,国家发改委、外交部、商务部联合发布了《推动共建丝绸之路经济带和 21 世纪海上丝绸之路的愿景与行动》,详细阐明了"一带一路"倡议的时代背景、共建原则、框架思路、合作重点、合作机制、中国各地方开放态势、中国的积极行动及共创美好未来的愿景。❸ 2016 年两会期间,李克强总理在政府工作报告中提到,扎实推进"一带一路"建设,共同打造陆上经济走廊和海上合作支点,使"一带一路"成为和平友谊纽带、共同繁荣之路。❹

国内学者对"丝绸之路经济带"的研究成果丰硕。从政治维度看,认为"一带一路"是中国适应自身快速崛起和应对美国"亚太再平衡"需求的国家大战略。❺ "丝绸之路经济带"是出于国家安全战略转型及打击"三股势力"的现实考虑。❻ 从经济维度看,"一带一路"是出于中国经济外交转型、中国参与并推动国际经济体制改革的需要。❼ 从文化维度看,"一带一路"是文明互鉴之路,标志着中国走在文明型崛起的大道上。❽ 中国要落实"一带一路",就需要在承认文化共通的前提下,把握文化的普遍性和特殊性。❾

本书首先使用层次分析法对"丝绸之路经济带"提出的原因和目标进行分析,然后评估"丝绸之路经济带"在中亚地区的机遇与挑战,最后针对现状提出合理的

❶ 李克强总理作政府工作报告[EB/OL].(2014-03-08)[2016-04-10]http://www.gov.cn/guowuyuan/2014-03/05/content_2629550.htm.
❷ 中央经济工作会议在北京举行[EB/OL].(2014-12-12)[2016-04-10]http://politics.people.com.cn/n/2014/1212/c1024-26193058.html.
❸ 中华人民共和国商务部综合司.推动共建丝绸之路经济带和 21 世纪海上丝绸之路的愿景与行动[EB/OL].(2015-03-30)[2016-04-10]http://zhs.mofcom.gov.cn/article/xxfb/201503/20150300926644.shtml.
❹ 政府工作报告(2016)全文[EB/OL].(2016-03-18)[2016-04-10]http://www.sh.xinhuanet.com/2016-03/18/c_135200852.htm.
❺ 石源华."一带一路"VS"亚太再平衡"[J].世界知识,2015(21).
❻ 胡鞍钢,马伟,鄢一龙."丝绸之路经济带":战略内涵、定位和实现路径[J].新疆师范大学学报:哲学社会科学版,2014(2).
❼ 黄益平.中国经济外交新战略下的"一带一路"[J].国际经济评论,2015(1);高程.从中国经济外交转型的视角看"一带一路"的战略性[J].国际观察,2015(4).
❽ 赵磊.开放发展,合作共赢——"一带一路"的文化经济学视角[J].党政研究,2016(2).
❾ 倪稼民.基于文化共通与文化多元视角解读"一带一路"的意义[J].党政研究,2015(5).

举措,并进行前景展望。

一、"丝绸之路经济带"提出的原因

"丝绸之路经济带"的提出可以使用层次分析法进行理解,包括国家层面上的中国自身因素,区域层面上来自亚太地区的安全压力,以及全球层面上的世界经济中心和权力的转移。

从国家层面上看,中国特殊的地缘位置和快速发展的经济是"丝绸之路经济带"战略构想的客观条件。

第一,中国是一个陆海复合型国家。就领土范围来说,中国地缘政治意义上的边缘地带领土是中东部沿海地区,这一地区是中国海权建设和维护的禀赋地带,集中了中国最主要的经济发达区。中国地缘政治意义上的心脏地带领土是地广人稀的西部地区,这一地区是中国陆权建设和维护的禀赋地带。东部沿海地区是战略前沿和战略重心,中亚地区则是可以依靠的战略大后方和战略缓冲区。❶ 因此,为了能够获取足够的战略纵深,中国需要从西北地区入手,发展出通向欧亚大陆"心脏地带"的路线。英国地缘政治学家哈尔福德・麦金德(Halford John Mackinder)在《历史的地理枢纽》一文中提出了"枢纽地带",大致包括欧亚大陆的中部和北部地区,是沟通亚欧大陆的枢纽。随后他又在《民主的理想与现实》一书中提出了被奉为经典的论断:"谁统治了东欧谁便控制了'心脏地带';谁统治了'心脏地带'谁便控制了'世界岛';谁统治了'世界岛'谁便控制了世界。"❷"世界岛"是亚、非、欧三大洲的联合,东欧地区是控制它的关键,作为进入东欧的门户,中亚地区也是"心脏地带"的关键区域。美国学者布热津斯基(Zbigniew Brzezinski)强调,"中亚国家拥有丰富的矿产和能源储藏,必然会引起外国的兴趣"❸。虽然这些学者都是从地缘政治扩张、建立霸权的角度来看待中亚地区,不符合当今国际政治规范,但是这些话语仍然体现了中亚地区重要的地缘战略意义。中国作为崛起中的大国和最大的陆海复合型国家,需要将中亚纳入外交政策的重要议程,在陆权上重视中亚。

❶ 程毅.大国角逐与中亚战略走势[J].国际政治研究,2005(3):60.

❷ 哈尔福德・麦金德.民主的理想与现实[M].武原,译.北京:商务印书馆,1965:134.

❸ 布热津斯基.大棋局——美国的首要地位及其地缘战略[M].中国国际问题研究所,译.上海:上海人民出版社,1998:123.

第二,中国近年来经济快速发展,经济总量不断提高。进入 21 世纪以来,中国的 GDP 始终维持高速增长,在美国主导的世界经济体系中异军突起。2008 年的金融危机沉重打击了西方国家,相反,中国却在世界经济普遍萎靡的情形下屹立不倒,还帮助世界经济渡过难关。2012 年中国的经济总量超过日本成为世界第二大经济体。中国不仅具备客观的经济实力,而且作为一个崛起中的大国,中国主观上也具备"走出去"的意愿。"坚持对外开放的基本国策,把'引进来'和'走出去'更好结合起来,扩大开放领域,优化开放结构,提高开放质量,完善内外联动、互利共赢、安全高效的开放型经济体系,形成经济全球化条件下参与国际经济合作和竞争新优势。"❶"必须推动对内对外开放相互促进、引进来和走出去更好结合。"❷经济全球化和区域化的双重背景下,中国势必要发展与周边国家的经贸往来,实现区域经济共同发展。中国与中亚地区在地缘上相邻,是中国经济"走出去"的战略前沿。而且中亚国家加工制造业相对不发达,基础设施相对落后,"中亚五国为减少本国经济对国际原材料市场、外援的依赖性,开始逐步实施产业结构的调整,将交通、水利、通信、公共设施等基础设施建设领域列为优先发展方向,吸引外资投入"❸。中国在基础设施建设方面有着丰富的经验和技术,尤其是近年来中国的高铁项目,在世界范围内得到了普遍推广。例如,整个 2015 年中国铁路技术"走出去"的成果颇丰。5 月,中国中铁发布公告旗下的中铁二院集团工程有限责任公司与俄罗斯企业组成的联合体已中标俄罗斯莫斯科—喀山高铁项目的勘察设计部分;10 月,中国企业联合体与印度尼西亚国企联合体正式签署了组建合资公司协议,拿下总投资额达 60 亿美元的印度尼西亚雅加达至万隆高速铁路项目的建设和运营订单。❶ 中国经济具备走向中亚的客观和主观条件,中亚也需要借助中国的技术、资本实现基础设施建设的发展,这就为"丝绸之路经济带"的出台提供了客观需求。

---

❶ 胡锦涛在党的十七大上的报告[EB/OL].(2007-10-24)[2016-04-10]http://news.xinhuanet.com/newscenter/2007-10/24/content_6938568_4.htm.

❷ 中国共产党第十八届中央委员会第三次全体会议公报[EB/OL].(2013-11-12)[2016-04-10]http://news.xinhuanet.com/politics/2013-11/12/c_118113455.htm.

❸ 苏祖梅.中国企业在中亚五国经营环境的比较研究[J].国际观察,2013(2).

❶ 中国"走出去"[N/OL].(2015-12-25)[2016-04-10]经济参考,http://jjckb.xinhuanet.com/c_134950099.htm.

从国际层面来看,世界经济中心和权力中心逐渐向亚洲地区转移,为"丝绸之路经济带"的提出提供了历史机遇。这一地区包含了中国、印度等新兴经济体,尤其是中国,更是拉动亚洲地区经济发展的支柱力量。伴随着经济中心的转移,世界权力中心也大有向东亚转移的趋势。阎学通教授就认为,随着中国政治和社会改革持续不断,中国崛起将带来 21 世纪世界权力中心的转移。❶ 世界经济中心和权力中心的转移需要中国以更加积极、更具建设性的姿态在国际政治的舞台上发挥作用。作为一个负责任国家,中国不仅关注自身的发展,同时还关注其他国家的发展,不论其是否和中国在政治制度或价值观念上相似。正是因为存在这样的历史机遇,中国才得以提出"丝绸之路经济带"倡议,实现中国和中亚国家的共同发展、合作共赢,打造"利益共同体"和"命运共同体"。

二、"丝绸之路经济带"在中亚地区的机遇

在政治和安全维度上,"丝绸之路经济带"有着相对稳定的地区政治环境、合理的理念和组织架构支持。首先,中亚国家总体而言政治较为稳定。自苏联解体以来,中亚五国获得政治上的独立地位,开始主权国家的建设进程,经历了一段相对平稳的发展时期。2014 年是中亚国家重要的政治改革年,中国社科院发布的《中亚黄皮书:中亚国家发展报告》指出,稳定是其基调。中亚国家通过了一系列改革措施,总统、议会和政府之间的权力更加均衡,例如,哈萨克斯坦和吉尔吉斯斯坦都对政府高层人士进行重新任命,以平衡国内各方政治力量。❷ 中亚国家的经济发展平稳,政治体制相对稳定,因此形势近期内总体上仍会保持基本稳定,出现大规模冲突的可能性不大。❸

而且,"丝绸之路经济带"有普遍认可的安全理念支持。2014 年,习近平主席在出席第四次亚信峰会时明确提出"亚洲新安全观",积极倡导共同、综合、合作、可持续的安全观。❹ 习主席提出的新安全观符合时代潮流和地区安全需求,得到

---

❶ 阎学通.世界权力的转移——政治领导与战略竞争[M].北京:北京大学出版社,2015:86.

❷ 中亚黄皮书:中亚国家发展报告(2015)[ED/OL].(2015-09-14)[2016-04-10]中国社会科学网, http://www.cssn.cn/dybg/gqdy_gqcj/201509/t20150914_2254085.shtml.

❸ 孙壮志.当前中亚五国政治形势及未来走向[J].新疆师范大学学报:哲学社会科学版,2012(3):27.

❹ 中国首办亚信峰会,倡导亚洲新安全观[EB/OL].(2014-05-21)[2016-04-10] http://news. xinhuanet.com/2014-05/21/c_1110797825.htm.

了很多亚洲国家的认可。一直以来,国际关系学者都强调国家安全的排他性,将集体安全斥为理想主义。但随着冷战的结束,传统安全威胁的逐渐减弱,恐怖主义等非传统安全问题威胁着每个国家的安全,成为各个国家共同关注的问题。近年来,越发猖獗的恐怖势力和极端势力威胁着中亚地区的安全和稳定,仅仅依靠单一国家无法解决问题。中国要保证"丝绸之路经济带"具有良好前景,就需要和中亚国家携手并进,共同维护"丝绸之路经济带"沿线的安全。共同行动需要共同理念,"亚洲新安全观"就成为中国和中亚国家安全合作的助推器,随着"亚洲新安全观"更加深入人心,中国和中亚国家才真正可能在安全上实现命运相通,中亚国家才真正愿意保障"丝绸之路经济带"的安全。

同时,"丝绸之路经济带"有上海合作组织的支持。上合组织作为区域安全合作机制,为中国和中亚国家加强边防安全合作提供了平台。上合组织成立的初衷就是应对"三股势力"(暴力恐怖主义、民族分裂主义、宗教极端主义),并从2005年开始每年举行"和平使命"联合军演,以应对非传统安全威胁。此外,中亚五国中除了土库曼斯坦,都是上合组织成员国,常态化的会议互动有助于中国和中亚国家及时沟通和交流信息,减少双方可能出现的不信任。在"丝绸之路经济带"提出后,其和上合组织的联系更加密切,将上合组织打造成"一带一路"支撑平台的愿望也更为强烈。❶ 上合组织的功能有助于为"丝绸之路经济带"沿线提供安全保障,助其顺利推进。上合组织的架构可以为中国和中亚国家提供较为完备的合作机制,从而有利于减少"丝绸之路经济带"的运作成本,提高其运作效率。而且上合组织近年来还有意吸纳更多的成员国和观察员加入,如2015年7月的乌法峰会通过了启动接收印度、巴基斯坦加入上合组织程序,正式开始"扩员"程序。❷ 更多成员加入就更有助于建设多边合作机制,减少"丝绸之路经济带"的阻力。

在经济维度上,"丝绸之路经济带"立足于中亚地区丰富的资源,并有相关经济走廊为依托。首先,中国和中亚国家在能源方面的合作逐渐深入。中亚地区蕴含丰富的能源矿产、黑色金属和有色金属,其中石油储量约为42.8亿吨,占世界总

❶ 把上合组织打造成"一带一路"支撑平台[EB/OL].(2015-12-18)[2016-04-10]http://news.xinhuanet.com/globe/2015/12/18/c_134930775.htm.
❷ 乌法峰会展示上合组织发展前景[EB/OL].(2015-07-13)[2016-04-10]http://world.huanqiu.com/hot/2015-07/6986857.html.

量的 2.1%,天然气储量约为 11.8 万亿立方米,占世界总量的 6.2%。铁、锰、铬、铜、钼、锌、钨、锑、铝土矿等金属资源储量也位居世界前列,资源潜力巨大。❶ 中亚丰富的资源和能源可以为中国的经济发展提供动力,尤其是随着南海形势日益严峻,中国从地理上更为邻近的中亚获得资源能显著减少成本。近年来哈萨克斯坦和土库曼斯坦在中国石油与天然气的进口比例中占据越来越重要的位置。中亚国家虽然拥有丰富的能源,但加工制造业相对不发达,基础设施相对落后。要想整合区域资源,为国家带来经济效益,中亚国家就需要响应"丝绸之路经济带"倡议,实现合作共赢。

中国已经构建了一系列经济机制和制度安排,成为"丝绸之路经济带"的战略依托。2013 年 5 月,李克强总理在访问巴基斯坦和印度期间分别提出中巴经济走廊和孟中印缅经济走廊的倡议。"中巴经济走廊"立足于中巴全天候战略合作伙伴关系,是"丝绸之路经济带"的旗舰项目和样板工程。中国可以将中巴"命运共同体"打造成为中国同周边国家构建"命运共同体"的典范❷,从而更令人信服地推广"丝绸之路经济带"中合作共赢、命运与共的理念。孟中印缅经济走廊也是"丝绸之路经济带"的重要组成部分,四国政府已于 2013 年 12 月在昆明召开了首次联合工作组会议,并确定互联互通、投融资与贸易、环境可持续发展及人文交流等为走廊合作的重点项目,这些重点项目同"一带一路"的主要内容高度契合。❸ 有了这两个经济走廊为依托,"丝绸之路经济带"就可以和部分南亚国家及"21 世纪海上丝绸之路"实现对接,体现两条丝绸之路的联动效应,从而实现中亚和南亚的区域有机整合。

俄罗斯主导的欧亚经济联盟与"丝绸之路经济带"之间有很高的契合度。欧亚经济联盟是俄罗斯主导的、白俄罗斯和哈萨克斯坦参与的经济一体化项目,2014 年 5 月,俄、哈、白三国签署《欧亚经济联盟条约》,2015 年 1 月 1 日正式启动。不同于美日等国对中国的排斥,俄罗斯对中国的"一带一路"倡议持支持态度。2015

---

❶ 中亚五国优势矿产资源分布及开发现状 [EB/OL].(2012 - 07 - 14)[2016 - 04 - 10] http://www.gtzyb. com/dizhikuangchan/20120714_12827.shtml.

❷ 中巴经济走廊,"一带一路"的样板工程 [EB/OL].(2015 - 04 - 21)[2016 - 04 - 10] http://news. xinhuanet.com/mrdx/2015-04/21/c_134168606.htm.

❸ 孟中印缅经济走廊可做"一带一路"建设先行部分 [EB/OL].(2014 - 05 - 28)[2016 - 04 - 10] http:// www.chinanews.com/gn/2014/05-28/6222722.shtml.

年5月8日,中俄两国签署《关于丝绸之路经济带建设和欧亚经济联盟建设对接合作的联合声明》,根据联合声明,俄罗斯支持"丝绸之路经济带"建设,"双方将共同协商,努力将丝绸之路经济带建设和欧亚经济联盟建设相对接,确保地区经济持续稳定增长,加强区域经济一体化,维护地区和平与发展"❶。"丝绸之路经济带"与欧亚经济联盟在理念上有共同点,二者都是开放的,欢迎其他国家参与。二者还在地理上相连接,更有利于有效协同,降低跨境物流的成本。此外,二者在产业上也可以更好衔接和配合。"一带一路"的制造业和欧亚经济联盟的能源资源产业、重工业可以实现有效的互补。❷ 如果和欧亚经济联盟实现有效对接,那么"丝绸之路经济带"推行的阻力将大大减少,因为中俄全面战略协作伙伴关系"要求双方保持和深化高层战略互信对话"❸,这有助于双方更好地沟通和交流,及时有效地解决分歧。同时集中、俄两个国家之力,在产业上会更加多元化,有助于获得经济领域的相对优势,从而具备强大的内外驱动力和国际声望。

在文化维度上,"丝绸之路经济带"有古代丝绸之路的文化积淀。历史上,"丝绸之路"将中西方文明联系起来,周边国家对中华文化产生了认同感。虽然近代中华文化由于遭受列强入侵一度式微,但中华文化仍有着极高的历史声望。随着近年来实现中华民族伟大复兴目标的提出,中华文化再一次焕发生机,在世界范围的影响力不断提高。中亚国家也出现了"汉语热",2005年第一所孔子学院落户乌兹别克斯坦,2006—2012年有4所孔子学院在哈萨克斯坦成立,吉尔吉斯斯坦也有3所孔子学院,并正在筹划第4所,即使是不与中国接壤的土库曼斯坦,也有3所大学开设了汉语课。❹ 孔子学院和汉语的传播有助于提升中国国际地位,塑造良好的国际形象。美国《纽约时报》认为,"中国正用汉语文化来创建一个更加积极的中国形象"❺。孔子学院的建立有助于中亚国家更多地了解中华文化,在一定程度上产生对中华文化的亲切感和认同感。在"一带一路"规划的早期,由于邻国在社

---

❶ 中华人民共和国与俄罗斯联邦关于丝绸之路经济带建设和欧亚经济联盟建设对接合作的联合声明[EB/OL].(2015-05-09)[2016-04-10]http://news.xinhuanet.com/world/2015-05/09/c_127780866.htm.

❷ 周密.欧亚经济联盟,"一带一路"的重要节点[J].世界知识,2015(4).

❸ 中俄关于全面战略协作伙伴关系新阶段的联合声明[EB/OL].(2014-05-20)[2016-04-10]http://news.xinhuanet.com/world/2014-05/20/c_1110779577.htm.

❹ 中亚多国兴起"汉语热",孔子学院遍地开花[EB/OL].(2013-09-18)[2016-04-10]http://www.chinanews.com/hwjy/2013/09-18/5298370.shtml.

❺ Howard French.Another Chinese Export Is All the Rage:China's Language[N].New York Times,2006-01-11.

会、文化、习俗等方面与中国具有相似性，或是边境区间在历史上就有长期交往互动的传统，这些类似点与亲近感是"一带一路"的推动力量。● 可以预见，有了"丝绸之路"的历史文化积淀和中华文化的强大影响力，"丝绸之路经济带"在中亚国家中将会享有更高的声望和认同感，源远流长、博大精深的中华文化必将推动"丝绸之路经济带"向着文明交流的平台迈进。

第五节　本章小结

"丝绸之路经济带"是党和政府立足于时代背景提出的符合中国国情的发展战略。中国作为最大的陆海复合型国家和世界第二大经济体，有必要也有能力向亚欧大陆中部发展。来自亚太地区的安全压力为"丝绸之路经济带"的提出带来了现实必要性。世界经济中心和权力中心向亚洲地区转移反映了时代趋势，为中国推行"丝绸之路经济带"提供了战略机遇期。"丝绸之路经济带"提出以来，得到了很多中亚国家的积极响应。为此，需要对其在中亚地区推行的机遇和挑战予以评估。

"丝绸之路经济带"在中亚地区面临着众多机遇。在政治安全上，中亚地区整体政治环境较为稳定，而且中国和中亚国家之间有着共同的安全理念和安全组织支持。在经济上，中亚地区能源资源丰富，中国推动建立的"中巴经济走廊"和"孟中印缅经济走廊"为"丝绸之路经济带"提供了战略依托，俄罗斯的欧亚经济联盟也高度契合"丝绸之路经济带"倡议。在文化上，古代丝绸之路文化和中华文化的影响力有助于减少推进的阻力。

但是"丝绸之路经济带"在中亚也面临着诸多挑战。政治和安全上，俄美在中亚的地缘政治博弈和"三股势力"会威胁中国边疆安全。经济上，美国的"新丝绸之路"计划也会挑战"丝绸之路经济带"在中亚的地位。文化上，对伊斯兰文化的过度认同不利于构建更广泛的文化圈，不利于中华文化和伊斯兰文化的和平共处。

针对这些挑战，中国需要在政治、经济、文化方面都做好应对措施，从而更好地

● 柳思思."一带一路"：跨境次区域合作理论研究的新进展[J].南亚研究,2014(2).

推进"丝绸之路经济带"建设。中国的"丝绸之路经济带"倡议虽然会遭遇挑战,但是只要克服这些挑战,中国就能增强硬实力和软实力,更好地展现大国形象,在国际事务中发挥更积极的作用,最终实现中华民族伟大复兴的历史使命。

俄罗斯对中国丝绸之路经济带的解读包含经济、地缘政治和文化等内容,而俄罗斯参与中国丝路经济带建设的真实意图也显而易见。在是否参与中国倡议问题上,俄奉行实用主义外交哲学"与其妨碍不可逆转的进程不如引领这一进程",总的指导思想是"顺势而为、趋利避弊、优势互补,互利共赢"。从俄罗斯官方对中国丝路经济带的基本立场到俄国内围绕中国倡议所关注的核心议题及政策主张可以看出:中国正在推动实施比俄提出的欧亚一体化更为宏大的愿景。

同为承载着大国复兴使命的中俄两国,近些年来两国的发展态势和所处的周边与国际环境有所不同。自2008年以来俄深陷经济危机、周边局势动荡、后院接连起火和美对俄不断强化的围堵与遏制,处于疲于应对之困境。中国虽也面临与周边邻国领土纠纷不断、美在亚太强化军事存在的挑战,但经济实力平稳上升,国际影响力不断扩大,中国对世界经济的贡献及与西方国家日益紧密的经济联系使中西间相互依存度加大。2013年9月,中国国家领导人提出的"一带一路"倡议引起了国际社会的高度关注,尤其是欧亚大陆沿线国家普遍表现出较大兴趣。与此同时,因乌克兰危机俄罗斯与西方关系从2013年年底以来开始恶化,第一个明显的表现是西方多国领导人拒绝出席在俄罗斯举办的体育盛会索契冬奥会。2014年3月,克里米亚入俄后,美、欧洲开始实施持续至今的对俄罗斯经济制裁,国际油价持续走低,俄罗斯经济受挫,2020年前国家复兴目标受到冲击。2011年10月,俄总统普京提出打造"后苏联空间"的"欧亚联盟"构想,旨在使俄主导的欧亚大陆中心的一体化进程成为连接亚洲与欧洲的桥梁和纽带,成为继欧盟、东盟之后的欧亚大陆第三大区域合作板块。但受地缘政治和经济现实制约,俄罗斯在推动地区一体化方面力不从心。两年后,一个更为宏大的欧亚大陆空间建设倡议由中国提出,而中国借助其强大的政治抱负和经济实力,正在推动将构想付诸实施,沿线国家多数都认可这一倡议的互利性。到2015年年底,57国正式加入了中国提出的亚投行,其中"后苏联空间"的丝路经济带沿线国家阿塞拜疆、亚美尼亚、格鲁吉亚、哈萨克斯坦、土库曼斯坦、吉尔吉斯斯坦、塔吉克斯坦和乌兹别克斯坦都已加入,俄是该行继中国和印度之后的第三大股东国。

正是在此背景下俄罗斯面临着是否参与中国丝路经济带倡议的选择,俄罗斯不得不承认,凭其一己之力和脆弱的经济现实难以支撑其宏大的政治雄心。俄罗斯参与这一进程是务实的决断:只有参与其中才能从中获利,才能趋利避弊,才能扬长避短并借用他国之长补己之短。概括而言,在丝绸之路经济带建设中,俄罗斯的目标是顺欧亚大陆一体化之势,发挥其独特的欧亚大陆中枢的角色,带动其境内基础设施建设,推动互联互通,发展俄罗斯经济的同时加快远东开发,同时巩固欧亚经济联盟的一体化,提高欧亚联盟在世界经济中的地位和俄罗斯作为欧亚文明中心的地位,推广欧亚文明对话和欧亚价值观。俄罗斯的优势是能源大国、原料供应国、交通枢纽和欧亚大国地位,拥有高科技水平和传统势力范围。其弱势是投资不足、经济结构不平衡、经济形势低迷,与西方关系龃龉不断。欧亚大陆的一体化趋势不可阻挡,在地缘政治博弈中俄罗斯二择其一的选择是,与其让美等西方大国主导,不如与中国协作,优势互补,同时通过中、俄两国在"后苏联空间"和中亚、高加索地区的合作平衡西方。

考虑到俄罗斯的利益目标、对丝路经济带的政策主张及所具有的优劣势,中国在与俄方制定双边合作议程,以及和欧亚经济联盟国家在多边框架下制定对接路线图时应注意如下几点。

首先,中国的丝绸之路经济带与俄罗斯主导的欧亚经济联盟在目标定位和合作模式选择上都是不同的,二者可以共存互补且发展前景广阔,机遇大于挑战。中国丝路经济带建设秉持"开放和自愿"原则,欧亚大陆沿线国家都可以根据自己国家需要和国情决定参加与否及选择参与项目,具有很大灵活性和开放性。在优先合作方向上,中国以打造互联互通的欧亚大陆走廊为优先任务,"交通—物流"基础设施及配套建设先行,并以具体基础建设项目为支撑,增进各国对话和联系,加强相互了解,从而为实现各国政策沟通搭建合作之桥。欧亚经济联盟是由"后苏联空间"国家参加的,是旨在整合"后苏联空间"一体化发展的区域性组织,建立了相应的协调机构,功能性较强,具有一定排他性,它以关税同盟和统一经济空间为基础,对外实行统一的经济政策。丝路经济带目前还仅是构想和愿景,倡导"共商、共建、共享"的合作理念,需要各国参与充实具体内容,是一种开放包容的新型国际经济合作创举。因此,丝路经济带与欧亚经济联盟的目标和合作模式均不同。中国的目的是打造互联互通的欧亚经济空间让沿线各国均受益,而不是为了挑战俄罗斯在欧亚经济联盟和中亚的主导地位,相反,丝绸之路经济带框架下的合作项目将巩固和拓展中、俄及上述国家间的利益联合,丰富中俄战略协作伙伴关系的内涵,推动上合组织的发展空间,在多边框架下提高新兴市场国家的经济地位,推动世界的多极化趋势。

其次,加强对欧亚经济联盟经济政策和法规的研究,加强对项目对接中的"同步性"和"差异性"可行性论证,积极寻求合作的条件、可能性和机会。在具体合作项目规划和实施中,因国情不同,中、俄及欧亚经济联盟成员国要保持经常而有效的对话和协调,不断增进政治互信和政策沟通。俄罗斯希望欧亚经济联盟以一个声音和立场与中国谈判对接问题,中国要尊重和照顾俄罗斯的想法,既要保持足够耐心又要避免被绑架,影响预定的进程和与其他方的合作。目前中、俄政府层面已建立对接工作小组,欧亚经济联盟的经济委员会已被授权负责与中方谈判对接问题,随着谈判的推进和优先项目合作的展开,要逐步建立相应的对话和协调机制,保持各级政令畅通,合作有效率。与欧亚经济联盟对接一个很现实的问题是关税问题,欧亚经济联盟实行统一关税,这将影响到中国与该组织成员国哈萨克斯坦和吉尔吉斯斯坦在中亚地区的双边贸易。目前该组织正在制定统一关税法典,包括加入因哈萨克斯坦 2015 年 7 月入世带来的技术规则上的变化。此外,与欧亚经济联盟的对接将使中国与该组织成员国在双边领域的合作项目在一定程度上受到影响,这就是前文所说的项目对接的"同步性"和"差异性",如何协调某些项目适合在双边有选择框架下,哪些项目适合在多边共同参与框架下,这在操作上是相当复杂的难题。为此,要加强这方面的政策研究。

最后,建立和健全对项目实施的安全风险评估与经济效益评估体系,优先发展安全系数大和发展较成熟地区的项目合作,同时加大对沿线其他地区安全环境和经济效益的论证工作,论证先行,项目跟上,统筹规划。丝路经济带沿线国达数十个国家,人口 30 亿人。各国国情和文化不同,地区发展水平差异大,地区安全形势复杂。欧亚大陆交通走廊沿途经过的中亚、高加索和中东地区都是形势复杂动荡之地,中亚和中东地区的极端势力和恐怖主义活动频繁,为保障"交通—物流"线路安全,各国之间以及上合组织框架下的执法合作力度要加大。因此,做好合作地区和合作项目的安全风险评估至关重要。相对于西部,中俄蒙边境地区、中国东北和远东地区、中俄韩朝边境地区的安全形势较稳定,便于先期展开水陆海口岸基础设施建设,自贸区、工业园和高新技术区等项目。在丝绸之路经济带框架下,中国东北和俄罗斯远东的合作将迎来新的发展契机。打造互通互联走廊的优先任务是发展各类基础设施建设,此类项目建设周期长,短期回报率低,有些项目需要利义兼顾,有些需要先期投入暂难求回报,有些是需要中国作为大国提供的公共物品。鉴于此,在"交通—物流"线路建设方案选择方面,既要考虑到建设本身的客观条件和技术成本等硬因素,还要考虑到与所在国关系、参与国政权稳定性及地区安全环境等软因素。总之,在具体项目合作上要考虑细致全面,未雨绸缪,建立风险评估和效益评估体系,要有应急预案和相应备案,将损失减到最小。在具体项目合作中,建议在高层统筹下,借助智库等机构的基础研究和论证,充分发挥地方机关、国企和民企等参与主体的主动性,结合地方实际和企业特点,发挥所长,优势互补。

中国的丝路经济带建设是中国新时期的对外开放战略构想和对外经济政策总规划,是在"命运共同体"愿景牵引下的一种全新的国际合作模式创举。随着中国的强势复兴和国家利益的拓展,中国应学会在丝绸之路经济带等多边框架中维护国家利益,推广"共商、共建、共享"合作理念,实现沿线国的互利共赢、欧亚两大文明的"包容互鉴"。

第六章　"一带一路"与南亚安全

第一节　"一带一路"与中国—南亚地缘的重构

"一带一路"正在由倡议不断落实,逐渐成为中国新一轮发展的一项重要推手。● 但由于其实施过程的复杂性、不确定性、多元性,其未来实施将面临诸多困难与挑战。周边地区是中国和平发展的重要依托,在中国外交布局中的地位日益提升。"一带一路"倡议虽然以经济为主导,其引发的地缘效应却不容忽视,将影响到"一带一路"实施和周边外交的展开,对此展开研究具有一定的现实意义。

一、"一带一路"倡议的周边地缘诉求

地缘政治主要探讨地理与政治之间的关系,相对于地理的静态性,国家间关系的动态调整更是推动地缘政治变化的主要动力。一国的重大战略对其对外关系的调整具有重要影响,能够释放出巨大的地缘能量,起到重塑地缘环境的重要作用,产生深远的地缘政治影响。充分利用本国地缘政治禀赋,积极运筹地缘战略,对于一国对外关系的开展大有裨益。"一带一路"的实施对周边地区而言,将起到重塑周边地缘环境的作用,具体可分为以下五个方面。

第一,拓展周边地缘环境。传统意义上,中国的周边地区主要是指与中国地理

● 关于"一带一路"到底是倡议、构想还是战略,国内学界存在分歧。中国政府更多用倡议、构想,而学界则有不少人认为是战略。从战略视角来看,"一带一路"的战略雏形初具,无论是战略目标、战略资源、战略手段等战略要素规划都已基本具备,学界对其战略定位的担忧更多地源自"一带一路"在实施过程中面临着诸多困难,能否顺利展开、持续进行令人担忧,但不能因此否认其具备战略定位的可能性。

接壤、文化相近的国家和地区。随着中国实力的增强、海外利益的拓展，有关"大周边"的呼声日益高涨。一般而言，"大周边"涉及东北亚、东南亚、南亚、中亚、西亚和南太平洋地区"六大板块"，其中东北亚、东南亚、南亚、中亚这四个"板块"与中国陆海直接接壤，自然属于中国周边范畴。此外，西亚和南太平洋地区也应纳入中国的"大周边"视野中。❶ 尽管确立了"大周边"的概念，但对周边国家还需里外有别，根据与中国利益关系的亲疏程度建立起以中国为内核的"同心圆"结构，实现"三环"布局，进而才能有利于中国周边战略的层层推进。"内环"是指与中国陆地接壤的 14 个邻国，因特殊的地缘意义和历史关系，对中国而言具有不可替代的重要性。"中环"是由"内环"扩展出去的海上邻国、中东地区、太平洋地区，将起到拓展中国周边影响的关键地带作用；"外环"则是继续向外扩展的非洲、欧洲、美洲一圈。❷ 不过更为重要的是，中国需要加强与大周边各国的联系，真正实现"地缘周边"而非"地理周边"，"一带一路"倡议的实施则成为关键因素。通过"一带一路"倡议的实施，中国可以极大地增强与距离相对遥远的中东、中东欧等地区的联系，将大周边逐渐落实。"一带一路"倡议实施将扩大中国的战略空间，减少与美国的直接地缘竞争。"一带一路"倡议的实施将推进东亚与中亚、东南亚、南亚、中东、欧洲等板块相连，实现亚欧大陆的经济整合，拓展中国的地缘经济政治空间。❸"互联互通"建设有利于加强中国与周边各国的联系，促进中国与周边各国的政治交往、经贸联系、人文交流。总而言之，中国"大周边"战略构建的重要目标之一便是提升中国的国际影响力，需要借助一定的实力转化机制来增强战略能力，而"一带一路"倡议则可以成为有力的实力转化机制。通过"一带一路"倡议的实施，开展互联互通、深化经济合作，可以不断加强中阿之间、中欧之间合作，发挥各自比较优势，实现互利共赢，推动大周边成为利益共同体、责任共同体、命运共同体。

第二，融合周边地缘政治、安全、经济。周边地区是中国发展的安身立命之本，但随着中国的实力增强，周边国家对中国的态度日益复杂，中国崛起面临着巨大的经济压力和安全压力。"一带一路"倡议的实施有利于缓解中国所面临的经济压力和安全压力。经济压力主要是如何解决中国产能过剩、资本过剩等经济问题，安

---

❶ 祁怀高，石源华.中国的周边安全全挑战与大周边外交战略[J].世界经济与政治，2013(6).

❷ 袁鹏.关于新时期中国大周边战略的思考[J].现代国际关系，2013(10).

❸ 王志民."一带一路"战略的地缘经济政治分析[J].唯实，2015(7).

全压力则是因中国崛起而引发的大国和周边国家对中国的猜忌与防范。这两大压力的缓解都需要中国营造和平有利的周边环境。此外,中国周边地区还存在地缘政治、地缘安全和地缘经济分离的现象。长期以来,中国推行睦邻友好政策,试图以经济合作促进中国与周边国家的政治、安全关系。但效果并不理想,导致周边地区形成了"经济上靠中国、安全上靠美国"的二元格局,东盟国家可视为典型代表。长期以来,中国与东盟国家经贸关系密切,人文交流频繁,但安全合作进展有限,部分国家对中国的担忧和防范依然存在,导致中国与东盟国家经济合作的良性政治安全外溢效应有限。

第三,拉近地缘情感。地缘情感是近期地缘政治研究当中兴起的领域。地缘情感是指不同地区间的认知态度,类似于地缘文明,但相对于地缘文明而言,其也受政治、宗教、经济等因素影响,从而形成一种情感上的总体态度。中国周边国家众多,对中国的情感不一,存在明显的地缘情感差异,影响到周边国家对中国的认同度、亲近感。对于中国周边外交而言,面临的一个重要问题是大国与小国关系的处理。"一带一路"沿线的许多国家都是小国,在漫长的朝贡体系时期,很多国家甚至是中国的藩属,并非一种现代国际关系意义上的平等关系,许多国家对中国的历史记忆也并非完全美好。中国与周边国家虽文明相近,历史上人文交流密切,但受中国崛起影响,周边国家对中国实力强大的担忧也日益明显,防范与排斥心理长期存在,意味着"一带一路"倡议的实施必须关注地缘情感。对于大小国家间关系的处理,需要摆脱"天朝上国"的优越意识和"中央帝国"的中心意识,以更加平等的方式与小国和平相处,关注小国的利益关切,减少国家实力差距所带来的视角差异对大小国家间关系可能造成的负面影响。"中国威胁论"在周边国家存在一定的市场,致使中国在周边地区的国家形象遭到损害,对中国与"一带一路"沿线国家的关系发展造成了负面影响。❶ "一带一路"沿线国家多有着悠久的宗教文化传统和浓厚的宗教信仰氛围❷,如东南亚自古就是多族群、多宗教并存的多元文化地区,"一带一路"的互联互通将带动"多元文化"的大碰撞、大冲突、大融合,但一段

---

❶ 杨思灵."一带一路"倡议下中国与沿线国家关系治理及挑战[J].南亚研究,2015(2).
❷ 余潇枫,张泰琦."和合主义"建构"国家间认同"的价值范式——以"一带一路"沿线国家为例[J].西北师大学报:社会科学版,2015(6).

时期内摩擦与冲突也可能会变得更加频繁。❶需要各方保持一定的耐心,将人文交流作为一项长期事业坚持不懈地推进。"一带一路"将"民心相通"视为重要目标,传承和弘扬丝绸之路的友好合作精神,广泛开展文化交流、学术探讨、人才交流合作、媒体合作、青年和妇女交往、志愿者服务等,为深化双边、多边合作奠定坚实的民意基础,这非常有利于拉近地缘情感。对于"一带一路"实施而言切勿见利忘义,而是需要在实现经济互利共赢的同时加强人文、教育、卫生等民生工程建设,增强中国对周边国家的感召力、亲和力和凝聚力,加强地缘情感培植,成为"一带一路"的强力黏合剂。

第四,加强周边地缘联系。地理磨损原理认为:"要衡量一国对他国的影响力特别是战争力量时,就必须考虑距离和地理通达性两个因素,因为它们会使影响力和战争力量在传输过程中受到磨损和削弱。"❷换言之,从地缘政治视角考虑,大国影响力随地理距离增加而减弱。因而如何减少地缘效应递减,加强地缘联系就成为周边外交的重要任务。"一带一路"的实施使得中国与周边国家的地缘联系更为紧密,通过"一带一路"的大力实施,互联互通将逐步落实。互联互通工程是基础设施、制度规章、人员交流三位一体、政策沟通、设施联通、贸易畅通、资金融通、民心相通五大领域齐头并进的全方位、立体化、网络状的大联通,是生机勃勃、群策群力的开放系统。❸"一带一路"并非简单的点线布局,通过互联互通可以实现四通八达的网状布局。通过三条陆上线路、两条海上线路、六条经济走廊,联通不同次区域,借助大量的人员、产品、资本流通,中国的周边各国的地缘联系将更加紧密,大周边也将真正实现。这也符合当前中国外交重势轻利的导向,"一带一路"的规划如何形成掎角之势,需要把握好关键点的举棋落子。"一带一路"秉持共商、共建、共享原则,既"授人以鱼"也"授人以渔",其目的都在于促进共同发展与繁荣。

第五,释放地缘经济能量。"面对世界经济增长放缓与国内经济发展新常态的

---

❶ 周方治.“一带一路”视野下中国—东盟合作的机遇、瓶颈与路径——兼论中泰战略合作探路者作用[J].南洋问题研究,2015(3).

❷ 楼耀亮.地缘政治与中国国防战略[M].天津:天津人民出版社,2002:62.

❸ 经国务院授权 三部委联合发布推动共建“一带一路”的愿景与行动,中央政府门户网站,2015-3-28,http://www.gov.cn/xinwen/2015-03/28/content_2839723.htm.

双重压力,中国亟须通过实施'一带一路'倡议来突破对经济增长的双重约束。"❶ "一带一路"的实施将极大地释放中国的地缘经济能量,促进周边国家的经济发展,实现中国与周边国家的互利共赢。"一带一路"沿线许多国家受限于基础设施落后、资本缺乏等,发展相对落后。通过亚洲基础设施投资银行和丝路基金,中国将为"一带一路"建设提供大量的资本支持,同时加强中国与"一带一路"沿线各国的人民币结算,可以促进人民币的国际化战略。"一带一路"倡议的实施可以激发这些国家的发展潜力,促进资源优势互补,更大程度地释放周边地缘经济能量。一是将为中国经济开拓创造更具全方位特点的开放格局,共同打造开放、包容、均衡、普惠的区域经济合作架构。二是创造培育国内、区域以至全球范围的新经济增长点,有助于中国与沿线国家更好实现经济较快可持续发展目标。❷ 三是促进周边区域合作经济制度发展,减少经济合作的交易成本,为周边地缘经济合作提供制度保障。四是推进人民币国际化的历史进程,促进周边地区金融的合作推进,提高区域内使用人民币的比例,能够有效防范区域内的金融风险、降低交易成本,为维护区域经济金融稳定做出重大贡献❸,实现"币缘政治"效应。

二、"一带一路"倡议的地缘效应应对

从地缘视角考察"一带一路",该战略如能顺利实施,将产生巨大的地缘效应,与此同时也面临着大国地缘竞争等挑战与风险,这就需要加强"一带一路"的地缘运筹,促进周边地缘环境的优化。

第一,以地缘经济为主导、兼顾其他地缘效应。从"一带一路"的战略规划来看,其主要是一个经济战略,旨在通过加强交通、能源、网络等基础设施建设,促进经济要素有序自由流动、资源高效配置和市场深度融合,推动沿线各国实现经济政策协调,开展更大范围、更高水平、更深层次的区域合作,共同打造开放、包容、均衡、普惠的区域经济合作架构。不断促进地缘经济能量释放是"一带一路"持续合作的动力所在,而其地缘要素方面的噪声主要来自地缘政治、地缘安全等方面。对于"一带一路"的战略实施而言,一些国家对其的地缘政治、地缘安全等负面效应

❶ 李晓,李俊久."一带一路"与中国地缘政治经济战略的重构[J].世界经济与政治,2015(10).
❷ 卢锋."一带一路"的影响、困难与风险[J].奋斗,2015(7).
❸ 陈雨露."一带一路"与人民币国际化[J].中国金融,2015(9).

的担忧和报道在所难免。一是他们对中国存在由来已久的偏见，这在短时间难以根除；二是中国的发展令他们感到不适，中国实力的增强使他们无法及时调整心态。对此中国需要凸显"一带一路"的地缘经济价值，让沿线国家分享中国发展红利，实现互利共赢、共同发展。对于沿线国家对"一带一路"的地缘政治、地缘安全担忧要加强沟通，争取理解、增信释疑，促进战略互信、安全共享。

第二，以规则合作为原则、减少地缘风险。"一带一路"沿线许多国家还存在政治不稳定、法律不健全等现象，给"一带一路"倡议的实施带来了潜在的不确定性因素。中国企业"走出去"如果还是因袭传统思维走上层路线，将会导致两种负面影响：一是因沿线国家国内政治变动导致上层路线坍塌，如中国与缅甸、菲律宾等之间的一些合作常因这些国家政局变动而搁浅；二是忽视走基层路线导致社会基础薄弱。事实上，"一带一路"的基础设施建设基本是"接地气"的项目，在项目具体实施中如果不和地方政府、民众搞好关系，很可能会面临着诸多限制性因素。对于"一带一路"实施中面临的沿线国家的政治风险、安全风险、经济风险，中国需要以规则合作为原则，减少人为因素、地缘风险的影响，这就需要做到以下五点：一是要恪守联合国宪章的宗旨和原则，遵守和平共处五项原则；二是要遵循市场规律和国际一般规则，充分发挥市场在资源配置中的决定性作用和各类企业的主体作用，同时发挥好政府的协调作用；三是要加强多边合作机制，发挥中国与"一带一路"沿线各国参与的诸多多边机制的协调作用，并适时推进各种区域间制度的协调与融合；四是在具体合作项目上加强法律规则保护，切实保护有关各方的合法权益，形成"项目－规则－项目"的良性循环❶；五是加强地缘风险评估与预警机制建设，为中国企业"走出去"提供指南，减少企业"走出去"可能面临的诸多风险。对于当前的中国外交而言，外交作为纯粹的公共产品已面临着供给不足的问题，广大企业是中国"走出去"的重要主体，是"一带一路"的利益相关者，应该加强对投资对象国的研究，增强投资的针对性。对于沿线国家的风险而言，如果处理不当，就会影响到"一带一路"倡议的实施，导致周边地缘环境恶化。基于规则合作，加强"在商言商"，基于制度规避或减少风险，可以减少周边地缘的敏感性、传导性。

---

❶ 周方治.《"一带一路"视野下中国—东盟合作的机遇、瓶颈与路径——兼论中泰战略合作探路者作用[J].南洋问题研究,2015(3).

三、"一带一路"与中国—南亚的地缘重构

1.南亚的地缘情况

南亚地区的国家,除印度和巴基斯坦外,其他国家都相对比较弱小。对于"一带一路"在南亚地区的推进,首先需要了解南亚地区的力量结构。目前,南亚地区的国际关系基本可以分为三类。"第一类为印巴对抗关系。第二类为对印半依附关系,这一类国家包括孟加拉国、斯里兰卡、马尔代夫。第三类为对印完全依附关系,主要有尼泊尔和不丹。"❶印度是南亚地区人口最多、面积最大的国家,对南亚地区的国际关系拥有举足轻重的影响。印度一直将南亚地区视为其势力范围。为了加强对势力范围的控制,印度采取了各种手段,一是利用各种手段防止此区域的小国脱离印度的影响,二是防止区域外大国势力进入该区域,三是进一步加强印度在印度洋的海上力量。❷

对于"一带一路"在南亚地区的推进,最为重要的是考虑印度的态度及其可能扮演的角色。目前,印度各界对"一带一路"持怀疑、观望、反对三种态度,印度政府对于"一带一路"目前恐怕并未形成统一的决定性态度,而是基于印度的国家利益审慎地看待"一带一路"的发展,印度国家利益的认知与其扮演的多种角色密切相关,具体而言包括六种。一是其守成角色"南亚及印度洋地区霸主";二是印度扮演的新角色"中国的近身肉'博'(弈)者";三是美日安全合作的"天然伙伴";四是"中国紧密的经济合作伙伴";五是"印太地缘政治架构推手";六是作为"一带一路"倡议对冲手。❸ 由于印度的多种角色且不同角色间还存在冲突,这将会导致印度对于"一带一路"的态度非常复杂,出现反复与犹豫也在所难免,中国对此应有所准备。

2.中国与南亚的地缘关系现状

对于中国与南亚地区的地缘关系而言,基本可以概括为地缘政治相对割裂、地缘经济日益密切、地缘文化较为疏远。

第一,地缘政治相对割裂。导致中国与南亚地区地缘政治相对割裂的原因主

❶ 杨思灵."一带一路":南亚地区国家间关系分析视角[J].印度洋经济体研究,2015(5).
❷ 陶亮."季节计划"、印度海洋战略与"21世纪海上丝绸之路"[J].南亚研究,2015(3).
❸ 杨思灵,高会平."一带一路":印度的角色扮演及挑战[J].东南亚南亚研究,2015(3).

要有两点：一是地理上由于喜马拉雅山脉的阻隔，中国与南亚地区虽然山水相连，但与其中大多数国家之间的交通联系甚少，从而导致中国与南亚各国的人员往来比较有限，经贸关系也因为基础设施落后受到很大限制。二是由于印巴冲突不断、中印边界争端依然存在，中国与南亚地区两个最重要的国家印度和巴基斯坦的关系发展并不平衡。中国与巴基斯坦发展了比较密切的关系，与印度的关系受边界冲突等因素影响时有波动。印度作为南亚最为强大的国家，也对中国与南亚其他国家的关系产生了影响，从而导致中国与南亚各国的地缘政治联系有限，处在相对割裂的状态，并没有发挥出山水相连的密切地缘效应。

第二，地缘经济日益密切。中国一直重视与南亚各国发展经贸关系，近年来，中国与南亚各国的经贸合作发展迅速，地缘经济日益密切。"2000—2013年，中国与南亚国家贸易总额从57亿美元增加到963亿美元，年均增幅约25%。2014年，中国—南亚双边贸易额为1060.56亿美元，同比增长10.13%。中国已成为印度第一大贸易伙伴、巴基斯坦第二大贸易伙伴和斯里兰卡第二大进口来源地（仅次于印度）。中国与南亚国家先后签署《中巴自由贸易协定》《中尼贸易和支付协定》《中孟互免签证、贸易协定》，并积极推动孟中印缅经济走廊和中巴经济走廊建设。"❶从中国和南亚各国的产业结构、资源禀赋等因素来看，中国与南亚各国的经贸关系还具有很大的潜力，一旦加强互联互通等基础设施建设，加快产业结构对接，中国与南亚地区的地缘经济关系将会更加密切并有望对中国与南亚的关系产生积极的外溢效应。

第三，地缘文化相对疏远。尽管中国与南亚山水相连，但彼此间的文化差异较大，导致中国与南亚地区实际上处在一种地缘文化相对疏远的状况，地缘情感有待培养和加强。在南亚地区的文化当中，宗教文化发挥着极为重要的影响。无论是印度教在印度、伊斯兰教在巴基斯坦、佛教在尼泊尔，宗教在南亚大多数国家都有着极为重要的地位和广泛的影响。而中国的宗教影响相对有限，这也使得中国与南亚各国交往时需要更重视宗教因素的影响。除了宗教因素外，语言、文字的差异也影响了中国和南亚的地缘文化关系。在东亚地区，汉语和汉字都曾在维系中国与东亚地区其他一些国家关系中发挥着纽带作用，但在南亚地区基本不存在这种

---

❶ 楼春豪."一带一路"的理论逻辑及其对中国—南亚合作的启示[J].印度洋经济体研究,2015(4).

情况。除了佛教的传入外,历史上,中国与南亚基本处在相对隔绝的状态,这也是造成当前中国与南亚地缘文化相对疏远的原因。

3．"一带一路"对南亚的地缘重构效应

南亚地区地处"一带一路"的西进与南下的地缘交汇点,在"一带一路"倡议规划中具有重要地位。中巴经济走廊、孟中印缅经济走廊成为"一带一路"在南亚地区的重要举措,将推动南亚地区地缘环境重塑,促进中国—南亚地缘关系的优化重构。

第一,促进南亚地区与周边地区的地缘融合。由于地理、宗教、交通等因素,南亚地区与周边的中亚、西亚、东南亚的地缘融合还有待加强。通过"一带一路"倡议的实施,加强互联互通建设,可以加强南亚与中亚、西亚、东南亚的联系,形成"中亚—南亚—西亚""中国—东南亚—南亚"的丝绸之路经济带的连接,提升南亚在区域间地缘中的地位。通过丝绸之路经济带的建设,南亚与中亚、西亚、东南亚之间的经济联系、人员往来、文化交流都将有所提升,并且通过上海合作组织、东亚峰会等区域合作平台,南亚国家会更多地参与到其他周边区域合作机制当中,促进南亚与周边地区的地缘融合的进一步提升。受此影响,一旦南亚与周边地区的地缘融合得到加强,中国与南亚地区的地缘关系也将更加紧密,形成的网络效应也更加明显。

第二,增强南亚地区内部的地缘联系。由于历史和现实的原因,南亚的区域一体化水平相对较低。既有的南盟合作机制还比较松散,与周边区域的合作机制有着很大的差距,这也是导致当前南亚地区一体化水平较低、地区内地缘联系有限的重要原因。"一带一路"倡议搭建和串联起多个涉及南亚的区域合作平台,编织了一个互利合作的网络,架起了共享共赢的桥梁❶,有利于增强南亚地区内部各国间的联系,发挥出地缘相近的优势。"一带一路"在具体项目实施当中需要协调南亚多数国家共同参与、共同协商、共同分享,并且互联互通建成后,南亚地区内部的联系将更加便利,这将有利于促进南亚地区内部的合作,推动南亚地区内部的地缘联系加强。

---

❶ 孙红旗."一带一路"战略构想与南亚国际关系的重构[J].江苏师范大学学报:哲学社会科学版,2016(1).

第三,减少南亚地区的地缘对抗程度。"一带一路"将带来大量的合作契机,有利于南亚地区各国经济联系的加强,并将经济合作的红利外溢到其他领域。尽管印巴冲突不断,但"一带一路"倡议通过"孟中印缅经济走廊"和"中巴经济走廊"两条走廊将有利于促进印巴关系改善。近年来,印巴关系明显转暖,印度和巴基斯坦同时作为上海合作组织的观察员国,可以利用该机制平台加强协调。❶ 对于南亚各国而言,"一带一路"将带来经济发展、合作共赢的大势,这将是任何一个南亚国家都不容忽视的。同时,在经济利益的刺激下,南亚各国的安全对抗将会有所缓解。一个更加和谐的南亚对于中国而言,能够缓解中国对南亚外交面临的印巴选择困境,可以更好地同时增进与印巴双方的关系,从而提升中国在南亚地区的影响力。

4.中国的对策

对于中国而言,通过"一带一路"促进"中国—南亚"地缘关系的优化重构意义重大。对此需要做好如下几个方面的工作。

第一,积极争取印度的支持、参与,增强地缘政治融合。毫无疑问,印度的态度对于"一带一路"在南亚地区的推进至关重要。但基于地缘视角,印度对自身的地区主导权和国家安全比较担忧,这也就使得其对"一带一路"存在猜忌和担忧。当然印度也清楚"一带一路"所蕴含的巨大经济利益,也有意愿参与其中。因此,中国争取印度对"一带一路"的参与,一方面要减少印度的安全担忧,另一方面也要让印度有利可图。除此之外,对于印度在该地区的主导地位,中国应该尽力维护,避免权力博弈的色彩,增强制度性沟通与协调。

第二,由易到难地循序推进互联互通建设,逐步加强地缘联系。加强南亚地区内部和南亚与周边地区的地缘联系有利于中国和南亚地缘联系的加强。中巴经济走廊和孟中印缅走廊是"一带一路"在南亚实施的两大项目,相对而言,前者难度较小一些,但后者所产生的价值更大一些。不过因为中巴高度政治互信导致中巴经济走廊被认为是"政治走廊"并存在"针对印度之嫌",而"孟中印缅经济走廊"的建设又因缅甸政局和印度对其东北部地区稳定考量等因素面临僵局等现实困难。

---

❶ 孙红旗."一带一路"战略构想与南亚国际关系的重构[J].江苏师范大学学报:哲学社会科学版,2016(1).

鉴于此推进难度,2015年中国又提出了"中尼印经济走廊"倡议,该倡议可以视为中国探讨在南亚推动"一带一路"建设的新路径,不仅是对其他两条经济走廊的地理路线和所囊括的国家的补充,而且在构建与发展命运共同体上,此倡议使中国具有了道义的新高度。中尼印经济走廊既可以化解中国"中巴经济走廊"过度依赖的风险,一定程度上消弭印度对中国的道义指责,又可将尼泊尔纳入中国的"一带一路"框架,使其成为中国经济走廊建设的积极推动者,甚至成为中印间的斡旋者。❶ 由此可见,对于"一带一路"在南亚地区的经济走廊建设,应该在协调各方利益的基础上谋定而动,可以灵活变通。"互联互通"是一项长期工程,其开展不可能一帆风顺,对此中国应该要有心理准备,将此作为一项长期工作推进,形成以点带线、以线带面的网络效应,从而使得中国—南亚的地缘联系大为加强。

第三,促进人文交流,增进相互了解,促进地缘情感升温。"国之交在于民相亲"从来都不是一件易事,仅仅依靠"一带一路"的工程建议难以促进地缘情感的升温。中国和南亚国家应该共同探索促进地缘情感升温的新路径,比如将"民生工程"援助和"一带一路"建设相结合,依托"一带一路"主要工程沿线加强中国与当地国的人文交流,定期举办中国与南亚各国工程参与人员的人文交流,加强中国工程人员对当地国的宗教、文化的了解。总之,这项工作需要从点滴做起,聚沙成塔。

第二节 印度对"一带一路"的态度与认知

中国国家主席习近平于2013年10月访问东南亚时,首次提出了"21世纪海上丝绸之路"这一概念,此举被认为是确保中国海上运输线安全、打破"马六甲"困境而出台的重要战略举措。印度是"21世纪海上丝绸之路"沿线最重要的国家之一,印度对中国的这一倡议进行了不同程度的解读和回应。

一、印度对"21世纪海上丝绸之路"倡议的回应

从20世纪90年代末开始,美国政府为了扩大在中亚、南亚的影响就曾提出过

---

❶ 吴兆礼.建设"中国—尼泊尔—印度经济走廊"的有利因素与现实困难[R].中国社科院地区安全研究中心专题报告,2016(8):1-3.

构建丝绸之路的战略设想。此后美国一直没有放弃有关丝绸之路的谋划。2006年、2011 年美国重提所谓"丝绸之路""新丝绸之路"战略计划,以配合其亚洲战略的顺利实施。不过美国的丝绸之路计划所获得的国际反响远不及中国倡导的"21世纪海上丝绸之路"如此之大。在印度,中国的"21 世纪海上丝绸之路"计划引起了巨大的反响。一系列的学术论文、专访报道、电视评论围绕中国该项计划展开了讨论。总体上,印度对中国的"21 世纪海上丝绸之路"有以下几种回应:

第一,印度官方表态积极但不失谨慎。2014 年 2 月在印度新德里举行的中印边界问题特别代表第 17 轮会谈上,中方特别代表、中国国务委员杨洁篪邀请印度共建"21 世纪海上丝绸之路"。印方代表、印度安全顾问梅农对"21 世纪海上丝绸之路"做出积极评价。会谈期间,印度总理辛格会见杨洁篪时表示,印方将积极参与孟中印缅经济走廊和"丝绸之路经济带"建设,未提及"21 世纪海上丝绸之路"。之后于 6 月来华访问的印度副总统哈米德·安萨里,在中国社会科学院回应了有关参与中国"21 世纪海上丝绸之路"的问题,仅表示印度还需要与中国就相关细节进行讨论。2015 年应中华人民共和国国务院总理李克强邀请,印度总理莫迪对中国进行正式访问。在两国发表的联合声明中表示"双方对在孟中印缅经济走廊框架内的合作竞争表示欢迎"❶,但未提及"一带一路"建设与合作。

第二,有学者认为中印之间的竞争将从陆路转向海洋,强化"中国威胁"。一直以来,中印两国对来自对方威胁的认知是不对称的,印度强化来自中国的所谓"威胁",而中国对印度却没有类似的感知,这也是印度战略界及媒体对中国政府外交活动进行过度解读的原因之一。印度知名战略家拉贾·莫汉的新作——《神魔闹海:中印在印度—太平洋的竞争》中,对中印关系立下了三个基本论调:其一,中印的竞争是持续的;其二,中印传统的陆路竞争将会"外溢"到海洋;其三,印—太将成为一个新的地理空间。❷ 暂且不论该推断是否准确,但可以肯定的是,印度将海上强国建设纳入了国家发展大战略,印度洋成为其战略聚焦的首要区域。进入 21 世纪后的印度,正从海军战略理论及海军力量建设方面,全面推动印度洋战

❶ 中国人民共和国驻印度共和国大使馆.中华人民共和国和印度共和国联合声明[EB/OL].(2015-05-15)[2016-10-20]http://www.fmprc.gov.cn/ce/cein/chn/zygx/zywx/t1264214.htm.

❷ C.Raja Mohan.Samudra Manthan:Sino-Indian Rivalry in the Indo-Pacific[J].Carnegie Endowment for International Peace,2012,36(1).

略的实施。中国"21世纪海上丝绸之路"旨在主动创建和平、合作、互赢的平台,建立连接中国与世界的新贸易之路,但印度的观念是将印度洋视为"印度的海洋",而中国倡导的"21世纪海上丝绸之路"将穿越这一区域,对此,印度保持高度关注。

总之,印度学界、政界对中国提出的"21世纪海上丝绸之路"倡议持不同的观点,有表示赞成的,主张与中国进行海洋领域的合作;也有呼吁要限制中国在印度洋上的影响的;而占多数的观点则是持较为谨慎的态度。莫迪总理上台后,由于改变了印度以往对孟中印缅经济走廊建设的冷淡态度,已经让部分印度学者感到不满,他们呼吁印度政府不能忽视安全问题而只顾经济发展,如同接受孟中印缅经济走廊那样接受"21世纪海上丝绸之路"计划。因为在他们看来,对中国"21世纪海上丝绸之路"倡议的认同就等于肯定了中国在印度洋上的存在。

二、印度对中国"一带一路"的抉择分析

印度在决定是否参与中国提出的"一带一路"前,必然会对加入该倡议的各种获益及损失进行评估。外交决策过程从某种程度上讲也是一种风险投资过程,具体到印度对中国"21世纪海上丝绸之路"的外交决策,可以做出如下假设和推论。

将印度能够继续保持在北印度洋区域的优势设为参考点,把印度通过不同程度地参与"21世纪海上丝绸之路"计划获得的收益视为所得,将不合作不获得由该计划带来的效益视为损失,将中国在印度洋上的影响力变化及地区稳定性视为风险,那么将得到以下四种方案。

方案1:印度选择有保留的合作或成为"搭便车者",获得有限的但肯定的收益,同时面临的是中国在印度洋上比目前稍强但有限的影响力;

方案2:印度选择积极参与中国主导下的海洋合作,以获得更大的收益,但中国在印度洋上的影响力也会更大,印度认为这将削弱印度在该区域的优势地位;

方案3:印度采取不合作的态度,基本失去参与该倡议合作的获利,以限制中国在印度洋的发展;

方案4:印度对该倡议采取抵制态度,阻碍该倡议的顺利进行,或规划由自己主导的地区合作,通过发展自身海军力量和区域合作,抗衡中国在印度洋的影响,确保自身的地区优势。

其中方案2与方案1相比,虽然印度全面参与中国的"21世纪海上丝绸之路"

建设将获得更多的收益,但是面临着中国在印度洋上影响力的扩大甚至是承认中国主导印度洋的风险。因此理论上,印度选择方案1将更为合理。方案4与方案3相比,印度都失去了参与合作所获得的收益,选择方案4印度可能会恶化中印关系,导致与中国的军备竞赛,但是将更大程度地限制中国在印度洋上的发展,因此在遏制中国方面,方案4更加有效。在莫迪政府上台后,提出了加强与环印度洋地区合作的"季风计划"和"香料之路"等概念,似乎是对中国相关战略的回应。那么印度会倾向于选择方案1还是方案4呢?这主要取决于以下几方面的因素。

第一,印度如何定义其在印度洋上的核心利益,是将其在印度洋尤其是在北印度洋的绝对优势视为不可损害的利益,还是以通过在印度洋上的区域合作获取经济利益作为优先。一个不容争辩的现实就是印度的印度洋战略的最终目标就是"要把印度洋(the Indian Ocean)变成印度之洋(India's Ocean)"❶,最终成为海上强国。因此印度将印度洋特别是北印度洋视为其势力范围,视其关系到国家生死存亡。印度忘不了英国殖民者从海上入侵印度,因此对区域外国家在印度洋的存在感到不安并视为一种威胁。在事关国家安全问题上,印度往往选择"制衡威胁"而非"制衡权力"。如冷战时期,印度选择与苏联结成同盟抗衡巴基斯坦;又如在维护地区权力结构上选择与美国合作,而非与地区内国家合作排斥美国。这就是为什么印度将中国海军为保护商船安全在印度洋上进行护航视为是中国"扩张"且直接威胁到了印度国家利益,同时却与美国进行大量的海上防务合作。但是印度洋是公海的性质并未因印度的印度洋战略而改变,各国都有权利在印度洋上进行正当的航行及贸易活动。

第二,印度对中国在印度洋上军事意图的预估。在必须承认中国有权参与印度洋活动的前提下,印度对中国的前景预测是中国将在印度洋建立军事"基地",而对印度来说最糟糕的就是遭到来自这些军事"基地"的进攻。尽管到目前为止,没有任何事实证据表明,中国在自己的"珍珠"上投入兵力,但印度依然认为中国在印度洋上具有军事目的。事实上,巴基斯坦瓜德尔港、孟加拉吉大港、缅甸实兑港、斯里兰卡汉班托塔港及马尔代夫等这些所谓中国的"珍珠",均在印度烈火－3洲际弹道导弹的射程范围之内。印度也有能力使用海基导弹以摧毁这些"珍珠",

---

❶ David Scott.India's Grand Strategy for the Indian Ocean[J].Asia-Pacific Review,2006,113(2):97.

甚至可以从本土发射导弹摧毁这些所谓"珍珠""基地"。而一国的海军"基地"如果在对手的空袭和导弹范围之内,其作用是大为削弱的。相对于距印度较远的中国在西太平洋的海军"基地"而言,印度军队可以很容易地对北印度洋进行监控,一旦发现中国潜水艇有异常活动,印度便可以实施密切跟踪。

近年来,印度正热衷于加强海军建设,提升与美国等相关国家的海上合作,旨在打造蓝水海军。印度新任总理莫迪虽然热衷于经济建设,但是其所属的人民党更加重视海军建设,早在1998年人民党上台后,印度便加快了海军建设步伐。不过,印度的海军建设规模尚不具备单独承担保护印度洋航道安全的能力,更不可能控制印度洋,而与中国合作则能深化两国经贸关系,有利于印度洋沿岸地区的经济发展,推进中印两国避开边界问题先行发展其他领域的合作。因此从短期来看,印度可能对"21世纪海上丝绸之路"保持有限度的参与并密切关注中国在印度洋上的各项举措。

三、中印共建"21世纪海上丝绸之路"的对策建议

印度是印度洋特别是北印度洋上的重要国家,为确保"21世纪海上丝绸之路"倡议的顺利进行,中国有必要积极争取印度的理解和参与。对中国来说,所希望的是营造一种和谐印度洋的氛围,实现各国的发展与繁荣,呈现双赢、共赢的局面。要使印度能够与中国共同推进"21世纪海上丝绸之路"建设,中国还需要做更多的外交努力。

第一,从非传统安全合作入手,建立印度洋上的命运共同体。中、印两国在印度洋上并不存在有争议的海域,相对于西太平洋突出的传统安全问题,印度洋上的非传统安全问题更为显著,如海盗、武装抢劫、恐怖袭击、海啸等。"21世纪海上丝绸之路"的一些关键的水域安全状况令人担忧,如霍尔木兹海峡的最窄处只有不到40千米,又没有其他的替代航道可供选择。非传统安全问题更需要多方合作解决,即使是世界头号强国的美国在反恐问题上也需要其他国家的协助。目前无论是中国还是印度都不具备单独保护印度洋海上安全的能力。印度洋航道是中国和印度的海上生命线,而中、印两国通过双边合作确保这条航线的畅通符合双方的利益。从非传统安全角度入手,加强合作,建立印度洋上的命运共同体是必要的,同时也能最大限度地减少印度对中国海军在印度洋存在的担忧。

　　第二,与印度共商"21世纪海上丝绸之路"的具体实施规划,让包括印度在内的有关国家更好地了解该倡议的目的所在和真实意图,以共同推进其实施。目前该倡议还处于初级阶段,缺乏具体实施方案。如在经贸合作方面,是要建立两国间的自由贸易区,还是要在整个区域发展自由贸易,都需要进一步明确。当前中国正从一个地区合作规则的遵守者,成为地区合作规则的创造者,还需要积累更多的经验。要学会表达自己,让合作者了解、相信中国的建设目标。近期,由中国出资的一些项目在海外受到了部分当地民众及政府的抵制而不得不暂停或取消,这让中国陷入了尴尬局面。为了让印度能进一步参与到该倡议中,激发印度的积极性,中方可以与印方设立联合工作小组,或成立联合研究中心,就中印共建"21世纪海上丝绸之路"进行深入探讨,协调各方利益。增加印度的参与性,让印方切身感受到中方的诚意和开展合作的决心。中、印学术界也可就该议题举办相关研讨会,共谋合作发展。

　　第三,确保"21世纪海上丝绸之路"的双向度,平衡中印贸易。提到古代海上丝绸之路,人们往往联想到的是大批中国丝绸、瓷器及茶叶等的对外输出,它很大程度上是一条单向度的海上贸易线。在"21世纪海上丝绸之路"上,不仅要有来自中国的商品,也需要有来自其他国家的服务和商品输出。目前中国在与印度等许多国家的双边贸易中一直保持顺差地位,这已经引起了一些国家的不满,如今中国发展"21世纪海上丝绸之路",肯定会引发这些国家更大的担忧。所以中国在建设"21世纪海上丝绸之路"时,要充分设想到印方的感受和利益所在,在可能的条件下,推进双边贸易的平衡发展,实现优势互补,这对避免或减少对方的不合作态度是有利的。

　　第四,确保"21世纪海上丝绸之路"地区合作的开放性。区域合作大致可以分为开放型和封闭型两种,前者以亚太经合组织为代表,后者以欧盟、北美自由贸易区为典型。封闭型的地区合作具有排他性和保守性,作为区域外国家无法享受到区域合作带来的便利和实惠。"21世纪海上丝绸之路"所经过的水域大多为公海,因此该倡议不能仅针对海上丝绸之路的沿线国家,而应当坚持开放性原则吸收更多的国家参与其中。可能会出现"搭便车"现象,不过我们要允许其他国家来搭"21世纪海上丝绸之路"建设的"便车",以开放的心态让更多的国家共享中国发展带来的红利,不但彰显中国对外交往中正确的义利观,同时也更好地实现各国经济互补,发展务实合作。

第三节　印度在"一带一路"建设中的角色与中印合作空间

　　在中国高层引领作用的带动下,"一带一路"倡议的内涵、目标、任务等内容逐渐得以充实和丰满,与沿线国家的项目建设积极跟进,收获了一系列早期成果。中央还专门成立了高规格的"一带一路"建设工作领导小组,并于2015年3月底的博鳌亚洲论坛上发布了《共建"一带一路"的愿景与行动》文件。全面推进"一带一路"成为2015年中国外交的重点❶,2016年仍将继续以推进"一带一路"建设为主线。❷因此,在未来一个时期,推进"一带一路"将在中国外交布局中占据极为重要的地位。

　　发展"一带一路",南亚是重要的合作区域。中国政府高度重视印度作为南亚和印度洋地区最为重要的国家,其在"一带一路"建设中的重要作用。"双方可以就'一带一路'、亚洲基础设施投资银行等合作倡议,以及莫迪总理提出的'向东行动'政策加强沟通,找准利益契合点,实现对接,探讨互利共赢的合作模式,促进共同发展。"❸但从印度近年来对"一带一路"的态度可以发现,尽管印度是亚洲基础设施投资银行的创始国,但对"一带一路"倡议还存在很大的怀疑、误解甚至抵触,至今未对中方的倡议做出正面回应。在2014年9月习近平访问印度期间,莫迪认同将自身经济发展战略同中方的"一带一路"深入对接,将中国优势和印度的发展需求紧密结合,承诺将积极研究推进孟中印缅经济走廊。但是在双方的联合公报中,却并没有写入"一带一路"。那么,应该如何理解印度对"一带一路"的担忧?从印度的视角看是否有可能在"一带一路"建设中扮演积极角色,并助益其在邻国外交和地区融合上发挥更大作用呢? 应如何在有限的战略互信基础上拓展双方的

---

❶　中华人民共和国外交部.王毅谈2015年中国外交:重点是全面推进"一带一路",主线是做好和平与发展两篇大文章[EB/OL].(2015-03-08)[2015-12-31]http://www.fmprc.gov.cn/web/ziliao_674904/zt_674979/dnzt_674981/qtzt/ydyl_675049/zyxw_675051/t1243587.shtml.

❷　中华人民共和国外交部.王毅:2016年中国外交将全力为国内建设服务[EB/OL].(2015-12-12)[2015-12-30]http://www.fmprc.gov.cn/web/wjbzhd/t1323786.shtml.

❸　中华人民共和国外交部.习近平会见印度总理莫迪[EB/OL].(2015-05-04)[2016-01-20]http://www.fmprc.gov.cn/web/gjhdq_676201/gj_676203/yz_676205/1206_677220/xgxw_677226/t1263918.shtml.

合作空间呢？这些问题都是当前需要重点关注和研究的。

一、印度对"一带一路"倡议的担忧和顾虑

为研究中、印在"一带一路"框架下的合作空间，必须正确认识和了解印度的核心关切。目前，导致印度在该问题上态度不明确、走向不清晰的原因主要在于其对"一带一路"倡议的担忧和顾虑。具体来说，主要体现在以下三个方面。

首先，担心中国依托战略支点在印度洋扩大影响力，削弱印度的主导权。印度一向视南亚为其后院。中国与南亚和印度洋国家发展"一带一路"，开展港口、铁路、公路等大型项目合作，被印度战略界视为对印度传统影响力的侵蚀。印度国内普遍认为"一带一路"的实质不是经济目的，而是战略目的，是为了在印度洋建立战略支点，打造"珍珠链战略"，巩固中国海军进入并立足印度洋，支持中国海军未来的军事行动；另外，为了突破美国在西太平洋对中国的围堵，减轻美国及其盟友对中国的战略压力，通过向西看，与亚欧腹地国家发展更加紧密的关系，为中国争取更大的外交回旋空间。❶

其次，对于印度在"一带一路"合作中的相对收益表示质疑。"一带一路"是中国提出并主导的，这在具有强烈而敏感的大国意识的印度看来，是必须谨慎对待的，不可能像小国一样积极附和；何况印度在此前也曾提出"季风计划"等类似的倡议。从这个角度说，印度认为在"一带一路"框架下，中印之间的关系是不对称的，并且是有利于中国一方的。而在印度的相对收益方面，印度更是担心，中国在推进这项经济合作战略的时候，更多的是基于自身的发展需求，利用资金、技术和产业优势，拓展海外市场，转移过剩产能的同时，谋取经济收益；印度若作为响应的一方，在投入、资金、技术等方面均处于劣势，将有可能在收益分配上吃亏。导致印度这种心态的根源，一方面在于中印双方的沟通不够，使得印度在认知上存在很多盲点；另一方面，也是更重要的，在于印度对于中印不对称关系的不自信，以及对相对收益的过度关注。

最后，认为"一带一路"与"印太"合作之间存在理念竞争，而印度更倾向于在

---

❶ Vijay Sakhuja. Xi Jinping and the Maritime Silk Road: The Indian Dilemma[EB/OL]. (2014-09-15)[2015-11-10]http://www.ipcs.org/article/china/xi-jinping-and-the-maritime-silk-road-the-indian-dilemma-4662.html.

"印太"的合作框架下发挥主导作用。近年来,印度尼西亚、澳大利亚提出"印太"的地缘概念,印度积极响应。对于印度而言,"印太"相对于"亚太"来说更有吸引力,因为印度一直以来是印度洋地区的主导性国家,将印度洋与亚太合在一起开展泛区域合作,无疑将提升印度在其中的影响力和国际地位。同样地,"一带一路"本质上也是一个地区合作新理念,是通过互联互通,核心是基础设施的互联互通,将地区的资源、人口、经济活动等有机配置,实现地区融合和共同发展。从地缘经济的角度看,"一带一路"与"印太"合作是并行发展、互有重合的,但也存在竞争的一面。2014年9月,在莫迪访美期间,印美发表联合声明称,"双方强调需加快基础设施互联互通和地区经济走廊的建设,以促进南亚、东南亚及中亚经济一体化发展。美方强调,通过其'新丝绸之路'计划和'印太经济走廊'计划,推进印度与其邻国以及更广阔地区实现互联互通,以实现商品和能源自由流动"。显然,在"一带一路"和"印太经济走廊"之间,印度偏爱了后者。❶

二、印度在"一带一路"中扮演的角色

印度的担忧主要源于大国意识和地缘战略竞争思维,因此得出的结论也是相对消极负面的。那么,跳出现实主义框架,是否存在印度可从中获益的积极方面呢? 本节从印度的视角,考察近年来中国推进"一带一路"对印度的现实和潜在影响,进而分析印度在"一带一路"中可扮演的角色。

第一,促进"一带一路"与"周边优先"战略的良性互动。作为南亚的地区大国,印度外交布局的首要是周边,也就是南亚和印度洋国家。为此,印度提出"周边优先"战略,致力于发展与南亚和印度洋国家紧密而特殊的友好合作关系,确保印度作为地区大国的传统影响力,并以此为根基在国际社会发挥大国作用。印度实施"周边优先"战略的基础主要来自与南亚和印度洋国家的历史和传统联系,以及印度对这些国家政治经济体制的影响力。然而,这种"特殊关系"也是一把双刃剑,既给印度保持地区影响力提供了支柱,但同时也使印度常常忽略这些国家的需求,导致作为弱势一方的周边小国长期处于心理失衡的状态,对印度的政策颇有微词,矛盾和摩擦也随之而来。中国提出"一带一路",大力发展与南亚和印度洋国

❶ 林民旺.印度对"一带一路"的认知及中国的政策选择[J].世界经济与政治,2015(5).

家的政经合作,使原来就对中国信任不足的印度更加担忧,担心其传统的地区影响力被削弱。但从另一个角度看,中国发展与南亚国家的"一带一路"合作之后,印度也紧锣密鼓地加强了与周边国家的多领域多层次互动与合作。比如,中国积极开展与"一带一路"国家斯里兰卡、马尔代夫等的合作之后,印度也加强了与它们的联系,从客观上说增强了印度与其周边国家的黏合度,推动了地区合作和共同发展。另外,对于孟中印缅经济走廊的建设,印度一直以来不够积极,但在"一带一路"的合作氛围和各国的积极参与下,印度也逐渐认识到建设经济走廊事实上为印度发展更为紧密的邻国关系及更加有效地推行"周边优先"战略创造了多边合作平台。从这个意义上说,"一带一路"给印度带来了危机意识,但同时也是动力。印度可在"一带一路"与"周边优先"战略的良性互动中获益,并发挥积极作用,而不是扮演破坏地区合作文化和合作进程的角色。

第二,寻找"一带一路"与"季风计划"等倡议的战略对接。2014年5月,印度人民党夺取全国大选的胜利,组建了以莫迪为总理的新政府。自莫迪执政以来,印度提出了"季风计划""香料之路"等倡议,甚至还推出"棉花之路""佛教之路"等概念。尽管"季风计划"等倡议是在中国提出"一带一路"构想之前就已经开始酝酿,但从近期印度政府将之提上政府议事日程,作为国家战略推进的力度可见,这些倡议确实承载了反制"一带一路"的功能。"季风计划"原本是个文化项目,莫迪上台后将其扩展为经济、外交战略,主要指以环印度洋区域深远的印度文化影响力以及环印度洋国家和地区间悠久的贸易往来史为依托,以印度为主力,推进环印度洋地区各国加强合作,共同开发海洋资源,促进经贸往来等。❶从文化项目拓展为经济外交战略,表明莫迪政府打造以印度为主导的地区合作新理念和新平台的雄心抱负。如果从战略竞争的角度看,"一带一路"与"季风计划"是相互制约的,但从战略合作的角度看,两者并非没有相互融合的可能。决定两个倡议相互对接的重要因素是中印两国的政治选择,积极寻求两个地区合作理念和平台的利益契合点,在项目规划和落实上加强沟通和协调,优化资源配置,将助益中印两国及其地区整体的发展。从这个意义上说,印度可通过转变思路,在"一带一路"与"季风计划"之间寻求协调与合作,发挥印度的大国作用。

---

❶ 林民旺.印度对"一带一路"的认知及中国的政策选择[J].世界经济与政治,2015(5).

第三,推进海上基础设施建设与合作。众所周知,印度是印度洋上的传统海洋强国,但在海洋基础设施、近海资源开发、深海采矿等领域的发展相对滞后。"一带一路"中建设 21 世纪海上丝绸之路的主要内容就是发展海上互联互通,加强海上基础设施建设和相互联通,促进海洋经济一体化,并为海上安全提供硬件保障。显然,要实现这一目标,仅靠中国一家很难实现,离不开印度洋关键大国印度的参与。"一带一路"的提出为印度发展海洋基础设施和完善海洋战略提供了难得的历史机遇,也为中印开展海上合作、共同维护印度洋海上安全创造了平台。开发能源和矿产等海洋资源对于推动国家的经济可持续发展极为重要,但当前印度缺乏海上基础设施和技术来开发这些资源,因此,发展海上基础设施已经成为印度政府的优先目标,利用"一带一路"实现这一目标不失为一种选择。❶另外,从中国与南亚和印度洋国家加强海上合作的角度看,印度也应改变现有的政策,重视建设海上基础设施,与中国一道在打击海盗、减灾等领域加强非传统安全领域的海上合作。因此,在海上合作,尤其是海上基础设施领域,中印的共同利益很多,印度应从合作潜力大的领域入手,在"一带一路"合作中加强与中国的协调与合作。

三、中印合作空间与重点领域

1.中印加强产能合作的意义

国际产能合作与国际产业转移是紧密联系在一起的。而产业转移又与国际投资紧密联系在一起。世界各国经济发展战略不同,经济发展水平和层次差异悬殊,产业结构各异,使得国际间的产能合作、产业转移频繁发生。印度从 20 世纪 90 年代开始大力吸引外资,同样推动了经济快速发展。

从贸易看,21 世纪以来中印双边贸易持续稳定增长,贸易额从 2000 年的 29 亿美元快速增长到 2015 年的 716.2 亿美元,15 年间增长了 23 倍多。目前,印度已成为中国在南亚地区的第一大贸易合作伙伴,中国也成为印度的第一大贸易合作伙伴。同时,中印贸易发展日益不平衡,印度对华贸易逆差 21 世纪初为 10 亿美元,2015 年达 448.57 亿美元。但是相互投资却很少,2014 年中国对印度直接投资流量

---

❶ Vijay Sakhuja.Maritime Silk Road:Can India Leverage it? [EB/OL].(2014-09-01)[2015-11-15]http://www.ipcs.org/article/navy/maritime-silk-road-can-india-leverage-it-4635.html.

为 3.17 亿美元。截至 2014 年年末,中国对印度的直接投资存量为 34.07 亿美元❶。不利于双方充分发挥比较优势,实现优势互补,促进共同发展。在"一带一路"建设背景下,双方如果加强产能合作,对彼此的经济发展都有重要的意义,主要体现在以下几个方面。

(1)共同迎接经济全球化挑战和缓解经济下行压力。

加快经济发展、改善民生是各国的共同需求。中、印作为发展中国家,更需要加强合作,促进共同发展。近年来,随着世界经济全球化、区域经济一体化不断推进,全球贸易投资自由化进一步发展,各类自由贸易区不断涌现,世界各国经济相互依存度大大提高。同时,2008 年世界金融危机爆发以来,各国经济发展深受影响,世界经济增长的不确定大大增加。在世界经济全球化加速推进和当前世界经济复苏缓慢的背景下,中、印两国加强产能合作,有利于共同应对全球化的挑战,更好地获取经济全球化的利益,促进经济共同发展,缓解经济下行压力,并为亚洲经济发展及世界经济的复苏做出更大贡献。

(2)推动双方产业发展和转型升级。

加快产业发展、推动产业不断升级是一个国家和地区促进经济增长的重要途径,只是处于不同阶段的国家或地区产业发展路径和产业升级的层次不一样。中国经过多年的发展,经济实力显著增强,不仅进入工业化后期阶段❷,需要加快转型升级,而且资金实力大增,正从过去单纯的吸引外资大国向吸引外资大国和对外投资大国转变。尽管近年来印度经济增长速度加快,推动了印度经济的崛起,但与中国相比还有较大差距。不仅发展阶段比中国落后,而且从产业看,中国已是世界制造业大国,而印度制造业落后,正在广泛吸引资金、技术推进"印度制造"。所以,对于印度来说,中国是工业化先行国家,而印度是后发国家。在经济"新常态"下,中国需要改变传统的经济发展方式,加强动力转换,调整存量,优化增量,促进经济结构由中低端迈向中高端。而印度仍然需要追赶先行国家,扩大增量,促进产

---

❶ 中国商务部.对外投资合作国别(地区)指南—印度 2015 版.参赞的话[C/OL].[2016 – 08 – 11] http://fec.mofcom.gov.cn/article/gbdqzn/upload/yindu.pdf

❷ 关于中国经济所处的阶段有不同划分,但多数认为已处于中后期或后期阶段。例如,2013 年 5 月 8 日中国社科院副院长李扬在社科院做"中国经济发展的新阶段"专题报告时指出,中国第二产业已趋饱和,传统工业化已经进入尾声,需要展开新型工业化。

业发展,带动经济从中低速向中高速增长。中、印这种产业发展态势蕴藏着产能合作的巨大机遇。中国可以利用印度的庞大需求加快产业转移,扩大发展空间,加快产业转型升级,而印度可以利用中国的优势装备、技术、资金、人才及产业配套能力等释放产业发展潜力,增加产品有效供给,满足其迫切的市场需求,从而为其经济发展提供新的增长动力。可见,处于不同发展阶段的中、印两国加强产能合作不仅可以创造新的需求,释放经济发展潜力,而且可以推动双方产业发展,促进产业结构升级,形成新的产业发展格局。

(3)改善贸易不平衡,促进经济深度融合。

国际经济合作一般都是由近及远、由浅入深、由易到难、由点到面的合作。产能合作是比贸易合作、人文交流更高层次的合作。中、印互为邻国,近年来合作规模不断扩大、合作领域不断拓宽、合作方式日益多元化,但合作层次较低,除贸易合作、人文交流外,产能合作、投资合作、金融合作等高层次的合作仍然较少,影响了双方经济发展。特别是在贸易规模扩大后伴随的贸易不平衡日益成为扩大中印经贸合作的一个障碍的情况下,中、印两国更需要加强产能合作。

导致中印贸易不平衡的原因是多方面的,其中一个重要原因是双方的产业发展层次和发展水平不一样。中国的制造业比印度实力强、技术先进,又有低成本的优势,使得中国对印度出口的主要商品是技术含量及附加值较高的工业制成品,而印度向中国出口的主要产品是原材料或附加值较低的初级产品。2014年印度对中国出口的主要产品有棉花、铜及制品、矿产品、有机化学品、矿物燃料等。其中,棉花为28.0亿美元,铜及制品为21.0亿美元,矿物燃料为15.0亿美元,分别占印度对中国出口总额的21.0%、15.5%和11.3%,三者合计占47.8%。而印度从中国进口的商品主要有机电产品、机械设备、有机化学品、肥料、钢材、塑料制品等,这六大类商品的进口金额达387.0亿美元,占印度从中国进口总额的66.4%❶。这使得中国对印度的贸易顺差日益扩大。而印度当前又十分迫切需要改变这种状况。2015年6月在昆明举行的"中国—印度经贸旅游合作论坛"上,印度外交国务部长V.K.辛格还称,中印贸易不平衡不符合印度和中国的长期利益,希望两国政府采取

---

❶ 2014年印度与中国的双边贸易额为716.0亿美元[EB/OL].(2015-05-05)[2016-07-11]http://www.askci.com/news/2015/05/05/93420gq78.shtml.

措施努力来解决这一问题。但按现在两国的经济发展状况，要想在短时间内改变十分困难。比较好的办法是印度扩大开放，积极引进中国的资金、技术，深化两国产能合作，提高印度产能和国际竞争力。

而且，加强产能合作还有利于双方经济更加融合，促进互利共赢。所谓经济融合就是相互扩大开放，打破制约区域经济发展的各种壁垒，充分发挥各自比较优势，加大培育各方产业主体和支柱产业，推进经济一体化运行，促进区域经济协调发展，加强双方产业对接，实现优势互补，促进经济融合发展，共同提高国际竞争力。

（4）促进优势互补，互利共赢。

互利共赢、共同发展是构建中印新型战略合作伙伴关系的基础。尽管目前中国经济还未进入刘易斯拐点❶，工业化、城镇化也未结束，改革开放的红利还在继续释放，但总体已进入"新常态"。在经济"新常态"下，中国需要更加积极地参与全球新一轮国际分工，大力推进国际产能合作，构建更高层次的开放型经济新体制，为中国经济发展争取更大空间。中、印作为世界人口最多、经济快速发展的两大新兴经济体，尽管双方仍存在着边界争议、贸易逆差等问题，但双方有许多共同利益。一方面，双方同为发展中国家，经济互补性强，可以相互合作和学习借鉴彼此的发展经验；另一方面，双方作密切合与加强协调，可以共同维护发展中国家利益，促进经济共同发展，共同抵御全球经济下滑带来的风险。在产能方面，中国有良好的基础设施、庞大的优势产能及配套能力，需要高度重视海外机遇❷。尽管印度制造业相对不发达，但有相对廉价的劳动力资源、广阔的市场。目前，印度的年龄中位数是 27 岁，年轻人口和廉价劳动力多，官方语言又为英语，教育国际化程度较高，积累了较多的产业人才。中、印相互扩大投资，加强产能合作，不仅有利于将中国的优势与印度的需求结合，释放经济发展潜力，支撑双方经济增长，而且还有利于彼此更好地融入全球分工，促进贸易平衡，提升战略互信。对于印度来说，还可以带动就业，提高居民收入，改善民生。对于中国来说，不仅可以就近利用生产要素，降低企业的劳动力、土地、原材料等成本，优化资源配置，扩大经济规模，而且

---

❶ 袁霓.对中国经济发展阶段的探讨——从刘易斯曲线、人口红利、库兹涅茨曲线角度出发[J].技术经济与管理研究,2012(9).

❷ 林毅夫.经济新常态下企业应重视海外机遇[J].中国总会计师,2014(9).

可以更加准确地了解印度市场行情,生产印度需要的产品,减少生产的盲目性。

2.中国对外直接投资与中印产能合作现状

(1)中国对外投资情况。

中国自1978年实行改革开放后,在吸引外资的同时逐步开始"走出去"投资。20世纪90年代以来,中国对外投资快速增加。2014年中国对外直接投资额达1231.2亿美元,比上年增长14.2%,成为世界第三大对外投资国。20世纪90年代末中国对外直接投资存量为200多亿美元,2005年上升到572亿美元,2014年达8826.4亿美元,占全球外国直接投资流出存量的份额由2002年的0.4%提升至3.4%,在全球排名居第八位❶。2015年尽管中国经济增速下降,但对外投资仍然创新高。在"一带一路"国家投资中,交通运输、电力、通信等优势产业的投资达116.6亿美元。到2015年年末,中国对外直接投资存量超过万亿美元。在国际产能合作方面,成绩十分明显。2015年5月国务院发布了《中国制造2025》和《关于推进国际产能和装备合作的指导意见》,积极支持发展高端装备制造业和大力支持中国企业"走出去"到国外投资。一些产能合作项目相继签署或启动,例如,与巴西商定了49个合作项目(其中7个为优先合作项目),提出"中非工业化合作计划",在东南亚、南亚、中亚、中东、中东欧等地推动建立了若干工业园区。截至2015年12月,中国企业正在推进的合作区达75个,其中一半以上是与产能合作密切相关的加工制造类园区❷。高铁、核电等高端装备制造业"走出去"也实现历史性突破,高端产能合作加快。启动了老挝、泰国及匈塞铁路,签署了印度尼西亚铁路项目,巴基斯坦卡拉奇核电项目二号机组开工,与阿根廷、法国等相关公司签署建设核电站合同。由于2015年中国推进国际产能迈出新步伐,被称为中国国际产能合作"元年"。

(2)中印产能合作现状。

随着中、印双方经济的快速发展,合作领域越来越多,合作规模越来越大。近年来,双方产能合作领域不断拓宽,中国对印度的投资出现快速增长的势头,但从总体看,目前中国对印度的投资规模仍然较小,未来有巨大拓展空间。

---

❶ 2014年中国对外直接投资全球第三[EB/OL].(2015-09-18)[2016-10-13]http://www.gov.cn/xin-wen/2015-09/18/content_2934261.htm.

❷ 2015年末中国对外直接投资首超万亿美元大关[EB/OL].(2016-01-18)[2016-10-16]http://news.china.com/domesticgd/10000159/20160118/21185052.html.

从双方贸易看,近年来中印贸易增长迅速。根据中国海关统计,2000年中印双边贸易额为29亿美元,2004年达70亿美元,2008年增至380亿美元,2013年达654.71亿美元。据印度商业信息统计署与印度商务部统计,2013年中、印双边贸易额为659.5亿美元(其中,印度对中国出口145.6亿美元,自中国进口513.9亿美元),印度对中国的贸易逆差为368.3亿美元❶。据2014年3月2日印度《金融快报》网站报道,中国成为印度头号贸易伙伴❷,其次是美国和阿联酋。近年来虽然中印贸易受世界金融危机影响,但总体仍然保持增长。2014年中国是印度第一大商品进口来源地,在其出口贸易伙伴中居第四位,仅次于美国、阿联酋和中国香港。2015年中印贸易额达716.2亿美元,比上年增长1.4%。中国对印度的贸易顺差为448.57亿美元,增长18.52%。

从经济技术合作看,中国与印度开展的经济技术合作越来越多,印度已成为中国最重要的海外工程承包市场之一。截至2014年年底,中国对印度的工程承包合同累计达640亿美元,累计完成营业额达413亿美元❸。到目前为止,中国已有500多家企业在印度有经营项目,其中涉及金额最大的是电力、电信、路桥、轨道交通、机场、港口等基础设施项目。

从相互投资与产能合作看,中国对印度的直接投资和产能合作自2000年以来快速增长。两国在电力、交通、信息、医药等领域的合作发展势头良好。但中国对印度直接投资明显偏少,产能合作规模有限。据印度政府公布的数据,2000年4月至2014年9月,中国大陆累计对印投资4.48亿美元,占印度利用外资总量的0.19%,在所有国家和地区中排名第28位。据中方统计资料,到2013年年底,中国对印度直接投资的存量仅为24.5亿美元,主要投资于家电、手机、电信、机械、冶金等行业。中国对印度投资的主要企业有华为、中兴通讯、海尔、三一重工、北汽福田、特变电工、华锐风电、万达集团、中材国际、山东电力等。同时,印度也不断增加对中国投资,例如,中国辅仁药业集团与印度熙德隆制药公司共同投资3亿美元,

---

❶ 2013年印度货物贸易及中印双边贸易概况[EB/OL].(2014-03-25)[2016-06-19]http://www.bjspw.com/news/shownews1396946.html.

❷ 中国成为印度头号贸易伙伴[EB/OL].(2014-03-04)[2016-10-21]http://news.xinhuanet.com/world/2014-03/04/c_126217414.htm.

❸ 中国商务部.对外投资合作国别(地区)指南——印度2015版.参赞的话[C/OL].[2016-08-11]http://fec.mofcom.gov.cn/article/gbdqzn/upload/yindu.pdf.

在郑州建立亚洲最大的抗肿瘤和抗艾滋病药品研发、生产"基地"。合资公司建成以后,预计其年销售额可达100亿元人民币以上,成为河南省乃至全国重要的抗肿瘤和抗艾滋病药品生产企业❶。但总体看,印度对中国的投资不多。截至2014年上半年,印度累计来华直接投资项目虽然有902个,但实际投资仅为5.48亿美元。另外,还有10家印资银行在中国设立4家分行和9个代表处,在华资产总额27.5亿元人民币❷。即使是印度最强的IT产业,自2000年不断进入中国后,也没有形成大规模的对华投资。但从发展趋势看,随着中印关系不断改善、经济快速发展、产业互补性强、开放力度加大,产能合作潜力巨大,前景可期,相互投资会越来越多。中国将继续坚持"与邻为善、以邻为伴"和"睦邻、安邻、富邻"的周边外交方针,积极践行"亲诚惠容"的周边外交理念,进一步加强与印度的产能合作,全面推进中印更加紧密的发展伙伴关系不断向前发展。

(3)印度希望与中国加强产能合作。

2014年8月,上台执政不久的印度总理纳兰德拉·莫迪就提出将印度打造成为世界制造中心的"印度制造"(Make in India)计划,9月启动了该计划。其目标是将制造业占经济的比重从15%提高到25%,并每年创造1200万个就业岗位,努力将印度发展为全球制造业大国和出口大国。2016年2月印度专门在孟买举行了印度制造业博览会。在开幕式上,莫迪总理再次承诺积极改善商业环境,吸引全球制造商到印度投资设厂。可以说,"印度制造"已成为当前印度的一个核心政策。同时,莫迪总理多次表示希望中国扩大对印投资,还提出向中国学习。

中国提出"一带一路"倡议后,倡导成立了亚洲基础设施投资银行,设立了丝路基金,印度作为"一带一路"沿线重要国家,已成为亚洲基础设施投资银行和"金砖"国家开发银行的重要成员。而且,印度正与中国共同推进孟中印缅经济走廊建设。2014年7月,莫迪总理到巴西参加第六次"金砖"国家领导人峰会期间,与习近平主席会谈时表示,希望有更多的中国投资进入印度。2014年9月习近平主席访印期间,双方签署了12项经贸投资合作协议,涉及产业园区、铁路建设等多个领

---

❶ 印度熙德隆制药与辅仁药业合资成立肿瘤药生产基地[N/OL].[2016-11-18]http://www.indiancn.com/zy/enterprise/24487.html.

❷ 商务部.中国和印度双边经贸关系一直是稳步发展的[EB/OL].(2014-09-16)[2016-11-18]http://kuaixun.stcn.com/2014/0916/11721215.shtml.

域。中国决定在未来 5 年向印度工业、基础设施领域投资 200 亿美元。同时，印度
政府在北京、上海、广州、青岛、重庆、沈阳等地举行了"印度制造进行时"系列活
动，以吸引中国企业前往印度投资基础设施和制造业。中国企业对于印度的经济
转型和制造业发展非常重要，是印度推进制造业发展最重要的伙伴之一。两国在
基础设施建设、旅游、制造业等领域有很好的合作机会，应该共同把握市场机遇❶。
2015 年 2 月，印度政府还召集相关部门讨论了如何吸引中国投资。5 月，莫迪访问
中国，双方发表的《中印联合声明》指出，"两国领导人对当前两国相互投资的积极
势头感到满意"，中国企业将积极响应"印度制造"倡议。同时，双方同意开展包括
印度金奈—班加罗尔—迈索尔路段提速、德里—那加普尔高速铁路可行性研究
等❷。另外，中、印企业还签署了 20 多项合作协议，总金额高达 220 亿美元，涉及能
源、贸易、金融与工业园区等领域。莫迪总理在"中国—印度经贸论坛"上表示，印
度已经并将进一步调整政策、改善环境，让中国企业家"便利、舒适"地在印度开展
商务活动❸。中印双方深入推进在基建、铁路、经济走廊、智能城市等方面的交流
与合作❹。目前，中国正在印度古吉拉特邦和马哈拉施特拉邦建立两个工业园区，
并积极推进多项基础设施项目。

3.加快推进中印产能合作的对策建议

虽然中印相互扩大产能合作是大势所趋，但仍然需要长期努力，特别是需要双
方政府部门、商会、企业等积极协调配合，才能取得更大进展。

第一，建立产能合作机制和产能合作基金。尽管目前中、印之间已搭建了一些
合作平台，但产能合作平台缺乏。目前，可积极推进成立中印投资峰会，或者在中
国—南亚博览会期间举办中印投资峰会，以促进产业政策、投资政策等的有效对
接，从而加大产能合作力度。与此同时，要推动中印职能部门及省邦之间、城市之
间、产业园区之间建立对话协调机制，及时研究、部署、协调和落实双方高层确定的

❶ 印度高调在华吸引中国企业投资[EB/OL].(2014-09-25)[2016-12-18]http://news.xinhuanet.com/fortune/2014-09/25/c_1112631543.htm.
❷ 中华人民共和国和印度共和国联合声明[EB/OL].(2015-05-15)[2016-10-20]http://news.xin-huanet.com/2015/05/15/c_1115301080.htm.
❸ 中印企业签署 220 亿美元合作协议[EB/OL].(2015-05-16)[2016-08-17]http://news.xinhuanet.com/2015/05/16/c_127808757.htm.
❹ 中国-印度经贸旅游合作论坛在昆举行[EB/OL].(2015-06-12)[2016-10-19]http://www.km.gov.cn/xxgkml/zwdt/708019.shtml.

工作任务,并制定具体的鼓励相互投资合作、产能合作的规划及重大政策,使之转变为具体的行动,以加快双方产能合作步伐。另外,产能合作需要资金支持。目前,中国与哈萨克斯坦、拉美、非洲等都设立了产能合作基金。中、印要加快推进产能合作也需要设立类似基金。

第二,促进贸易投资便利化。尽管目前推进中印产能合作的积极因素较多,但也存在不少障碍。当前最重要的是要打破交通、贸易、投资壁垒,促进贸易投资便利化,大幅度改善投资环境。一是通过建立自贸区推进便利化。中印自由贸易区的建设已经研究多年,但一直没有建立起来,需要双方加快谈判协商,尽快建立自贸区,以方便产能合作。二是加快互联互通建设。双方要把以交通为重点的互联互通放到突出位置,加快公路、铁路、航空、港口等建设步伐,降低企业运输成本。目前,中印推进互联互通项目很多,但陆路交通十分重要。其中,孟中印缅经济走廊、中印公路(又称史迪威公路)、中国—尼泊尔—印度公路等要加快推进。同时,印度国内要加强基础设施建设,尽快摆脱国内交通比较乱、交通堵塞严重的状况,提高公路、铁路、航空、港口的运载能力,降低其运输成本。三是改善投资环境。促进产能合作需要进一步改善双方的投资环境,特别是印度目前的投资环境较差,需要进一步改善。如目前印度的土地主要掌握在高种姓的地区统治者手中,要其出让也比较困难。这使得印度的征地成本一直居高不下,并成为影响其基础设施建设、工业化、城市化的一个重要问题。又如劳工政策,印度《劳动法案》规定,雇员超过100人的企业要裁员需要报政府批准❶。而印度是民主国家,政府官员选举要争取选票,所以政府一般不会批准企业裁员,以免其引起工人反对。如果企业将雇员控制在100人以内,又影响企业规模扩大和做大做强。四是加强利益沟通和协调,加快生产要素自由流动,营造公平开放的合作环境。由于地理、历史、制度等原因,印度一直没有形成一个统一开放的市场,各个经济板块之间联系困难。如税收,印度中央政府权力较小,主要集中在各邦手中,且各邦税收自成体系。货物在各邦运输需要接受各邦相关人员盘查和收税,这不仅使得货物重复征税、运输成本上升,而且降低了要素流通速度。因此,加快推进贸易投资便利化不仅有利于促进

❶ 中国商务部.对外投资合作国别(地区)指南——印度 2015 版.3.5.1 劳工法核心内容[C/OL].[2016-08-11]http://fec.mofcom.gov.cn/article/gbdqzn/upload/yindu.pdf.

印度经济增长,而且还有利于推进中印两国产能合作。

第三,确立优先合作领域。中印加强产能合作是一项系统性、长期性工程,需要根据形势变化,扬长避短,不断调整双方投资行为。中国经过多年发展,在制造业方面拥有很多优势产业,钢铁、水泥、汽车等220多种工业品产量居世界首位,其中,机床产量、造船完工量和发电设备量分别占世界38%、41%和60%。而且这些产能技术先进,属于绿色、低碳的优势产能,有很强的国际竞争力。这为中国优质产能"走出去"创造了良好条件。而印度是"世界办公室",在许多服务业领域有优势。如果中印加强产能合作,不仅可以推动"中国制造2025"和"印度制造"战略对接、相互契合❶,而且能够实现优势互补、共同发展。目前,双方要加强研究,优选合作地区、合作领域,选准切入点,从易到难,由点到面,不断拓宽合作领域,以务实推进合作,发挥示范带动效应。在地区方面,要优先选择投资环境相对较好、社会安全形势比较稳定、产业配套比较齐全、运输相对便利、资源相对丰富的地区,然后发挥其辐射带动作用,逐步扩展业务。在项目方面,要加强对印度的研究,明确投资定位,优先选择情况熟悉、符合印度市场需求、特色明显、优势突出的项目。

第四,深化金融领域的合作。产能合作需要金融提供支持。目前,中印建立了"财金对话"等机制,在对方建立了银行分支机构,正在务实推进金融领域的合作。但总体上,金融领域的合作规模小、领域窄,下一步需要进一步加强在金融领域的合作,以便为双方开展产能合作的企业提供更好的金融服务。一是鼓励双方互设更多金融分支机构,加快推动卢比与人民币之间的直接结算,这不仅可以更好避免因为国际汇率大幅度波动带来的成本不易控制问题,而且可以提高中印产能合作和贸易结算效率不高的问题,从而建立高效、快捷的贸易投资结算体系,促进中印贸易投资便利化。二是扩大货币互换规模。要加紧研究和签订双边货币结算协议,深入推进双边本币结算,减少交易成本和降低汇率波动风险。三是不断推动金融业的相互开放,促进金融要素相互自由流动。逐步开放两国的金融市场,两国资本可以相互在两国的金融市场上投资,不人为设限。四是进一步推进中印央行及

---

❶ 中国外交部.中印产能合作面临"天时、地利、人和"良机[EB/OL].(2015-06-11)[2016-09-26]ht-tp://news.hexun.com/2015-06-11/176667725.html.

金融机构间的交流合作。推进双方央行的政策协调,加强金融市场基础设施建设、信息交换机制、金融稳定等方面的合作。加强资金、技术和人才及股票、债券市场合作。强化对资金流动的实时监测,促进资本安全有序流动,防范金融风险。五是搭建信息流平台。建立金融信息共享系统、区域支付结算平台、区域票据交换中心、区域外汇交易市场、区域信用卡管理中心等,降低企业交易成本,提升中印金融业整体水平。六是充分利用"金砖国家银行""亚投行""丝路基金"等推动产能合作。

第五,提高政治互信水平。互信是扩大产能合作的基础。由于历史、领土等原因,中、印两国互信水平仍然不高,一些国家、一些人仍然希望把印度作为平衡中国的一股力量,这对中印推进产能合作是不利的。由于中、印两国在许多方面都持相近或者相同的观点,共同利益远远大于分歧。两国开展产能合作,不仅实现优势互补、共同发展,而且可以避免许多矛盾和分歧。今后,双方要把发展友好关系作为重要任务,进一步增加政界、学术界、企业界等各层次交往,建立更多友好合作机制,增强双边关系的稳定性。同时,双方要着眼大局、包容互鉴、搁置争议、管控分歧,加强对投资企业利益的维护,不设立针对对方的保护性壁垒,防止将投资行为上升为政治、安全行为。要积极搭建国家间、省邦间、城市间、企业间的产能平台,帮助双方企业更好地"走出去"。对于中国企业来说,在走向印度的过程中,要注意自身行为,自觉遵守印度的法律法规,认真执行其劳工政策和环保标准,加强劳务管理,注意生态环境保护,努力提高产品质量,促进企业与印度经济融合发展,以树立良好品牌和国家形象,防止意外风险发生。

第四节　本章小结

"一带一路"是未来一段时期中国外交布局的优先目标,既承担着内外联动、统筹发展的内在任务,也担负着提供地区公共产品、与"一带一路"沿线国家共同发展、实现互利共赢的外在责任。为实现这一重大目标,单靠中国自身的能力难以完成,必须加强与外部世界的互动与合作。在南亚推进"一带一路",不仅需要战略支点国家的支持,也需要与印度这样的关键性大国的协调与配合。目前,印度出于对中国战略意图、自身的相对收益及与"印太"理念冲突的担忧和顾虑，在"一带一路"合作问题上态度不明确。然而，跳出现实主义框架，印度是可以从中获益的。印度可通过促进"一带一路"与"周边优先"战略的良性互动、寻找"一带一路"与"季风计划"等倡议的战略对接、推进海上基础设施建设与合作等方式在"一带一路"中发挥积极作用。基于此，中、印未来的合作空间巨大，可从战略沟通、海上合作、产能合作、非正式多边磋商机制、人文互联互通五个方面入手，以"一带一路"合作为契机，实现自身发展、双边关系和地区融合的互利多赢。

"一带一路"是新时期中国实施的一项重要的对外战略，其并非仅仅只是一项经济战略，也具有重要的地缘影响。"一带一路"倡议有利于周边地缘政治的重塑。对于未来"一带一路"倡议的实施而言，大国地缘竞争加剧不可避免，但相对而言是旧问题，中国更应关注周边沿线国家地缘风险传导等新问题。"一带一路"倡议是提升中国战略能力的重要实力转化机制，如能成功，将对于中国大战略目标具有重要促进作用。不过该倡议在南亚地区的实施将面临诸多不确定性，因而亟须注意相关战略环节的细节把握，在地缘战略应对上既需要实现地缘政治、安全和经济的融合，也需要有所侧重。对于"一带一路"倡议在南亚地区的推进，中国需要关注其可能产生的地缘影响和带来的中国—南亚地缘重构的契机。

中、巴两国关系始终保持稳定发展，业已成为战略合作伙伴关系。中、巴两国各自的经济成长已经超越国界在两国内部形成盘根错节的利害结构。在两国政治经济改革的进程中，这种利害结构由于复杂的国际政治格局和地缘战略竞争而显得更加突出。同时，由于一些复杂因素的干扰，中、巴外交关系也出现了一些新的动向。中、巴两国政府如能谨慎对待中巴经济走廊，在中巴经济走廊实施过程中扮演建设性角色，那么中、巴两国将在相互交织的经济合作格局中继续彼此受益，并且受益面将扩展至政治、安全、社会各个方面，在国际格局风云变幻中取得国家综合实力的长足发展。

第七章　认知土耳其：变革、繁荣与寻求"适从"[1]

第一节　土耳其经济变革：繁荣之下的隐忧

进入 21 世纪以后，土耳其的经济获得了重大的发展成就。2002 年正义与发展党上台执政以后，土耳其政府对过去的经济体制和发展战略进行了大幅度的调整和改革，实行以私有化为核心和市场经济体制占主导地位的新自由主义经济政策。新政策的实施使土耳其经济很快就从过去的高通胀、高赤字和低增长的困境中摆脱出来，土耳其成为一颗冉冉升起的新型经济明星。在 2002—2007 年正义与发展党执政的第一任期间，年均增长率高达 7%，出口额从 2002 年的 360 亿美元陡升至 2008 年的 1320 亿美元，GDP 总值接近 7300 亿美元，上升为世界第 17 大经济体。就 GDP 总量来看，不管是国际货币基金组织抑或世界银行的数据，不论按汇率计算还是按购买力平价计算，土耳其已经超过印度尼西亚，成为经济实力最强的伊斯兰国家[2]。在 2010 年，该国的国内生产总值已经比 2000 年时增加了 2 倍多，当年的第一季度该国的经济增长率与上年同期相比达到了创纪录的 11.7%[3]，第二季度达到 10.3%。

除了自由开放的经济发展政策之外，土耳其的经济发展成就还得益于以下几个重要因素。首先是庞大的消费人群。2010 年时，土耳其的人口总量达到 7000 多

---

[1] 在《文明的冲突与世界秩序的重建》一书中，美国的亨廷顿称土耳其是一个"无所适从的国家"。

[2] 胡雨.土耳其"东向"外交及其深层逻辑[J].现代国际关系,2011(4).

[3] 格尔德·赫勒尔,迪尔克·海尔曼.被拉扯与东西方之间[N].(德)商报,2010-09-13.

万人,其中的一半不到 30 岁,而该国人口的平均年龄恰好也是 30 岁。年轻的人口在高速的经济增长的大背景之下表现出旺盛的消费欲,对土耳其的经济增长起了强劲的拉动作用。其次,出口贸易大大增加也推动了土耳其的经济增长。值得注意的是,在正义与发展党上台执政之前,欧洲是土耳其的主要国际经济伙伴。该党上台后,土耳其除了继续加强与欧洲的经济关系外,更将注意力转向中亚和中东的伊斯兰世界,与这些国家的经济贸易关系迅速扩大。土耳其是一个能源贫乏的经济体,为了克服这一问题,土耳其与邻国大搞能源外交,随之也带动了土耳其与伊拉克、伊朗,以及中亚国家关系的进一步改善和深化。再次,土耳其的经济结构类似发达经济体,服务业在国民经济中占据了 60%~70% 的比例,其中旅游业居于主导地位。这种经济结构在内外经济环境良好的情况下对经济的推动作用,尤其在促进就业方面的作用是显而易见的。最后,由于正义与发展党在土耳其国内获得了广泛的支持,该党能够在比较小的政治阻力之下推出一些能够拉动经济增长的大型基础设施建设项目。近年来,正义与发展党政府推出的大型基础设施项目主要围绕着将土耳其的政治及经济中心伊斯坦布尔打造成全球化"大都市"这一目标展开。为实现这一目标,土耳其政府推出了以下几个大的基础设施项目,即马尔马拉海海底隧道、博斯普鲁斯海峡第二和第三座跨海大桥、马尔马拉高速公路、伊斯坦布尔第三国际机场、在黑海和地中海沿海建立核电站。土耳其政府推出的最大基础设施项目是在 2023 年土耳其建国 100 周年时完成连接黑海和马尔马拉海人工运河的修建。该运河位于伊斯坦布尔大陆一方,目的是缓解博斯普鲁斯海峡的海上交通。上述基础设施的总投资高达 800 亿美元,毫无疑问将起到吸引投资和拉动经济发展的作用。

然而,高速发展的土耳其经济在最近几年也出现了隐忧,主要表现是高外债、高信贷、高逆差和高通胀。2011 年,土耳其的经济增长率超过了 8.5%,但信贷一度却超过了 40%,资金大多来自国外。同年,土耳其的经常项目逆差超过了国民生产总值的 10%。这些不利的因素使得土耳其的经济增长率在 2011 年的第四季度下降到 5.2%。更为重要的是,经济增长速度虽然呈现出下降的迹象,但通胀率仍超过了 10%。英国《经济学家》杂志的结论指出,土耳其的经济面临的最大危险并不只是过热,而是存在着越来越严重的竞争力问题和对外国资本的过度依赖。该刊指出,为了防止经济出现剧烈波动,土耳其政府不仅要采取严厉的财政政策以减少经常项目逆差,还要进行结构调整和加强劳动力政策的灵活性以提高竞争力❶。

第二节　内政外交:深刻变化之中的深刻矛盾

正义与发展党主政土耳其十多年来,土耳其的内政外交发生了巨大变化,这一方面使得土耳其的政治经济呈现出崭新的面貌,同时也使外交空间得到大大扩展。然而,变化所带来的矛盾也日渐凸显。

具体而言,以下三条原则比较准确地体现了正义与发展党内外发展战略的特点:

(1)通过市场化和改革扩大统治的政治基础。市场化改革带来的经济繁荣使各个社会阶层都不同程度地受惠,使得正义与发展党的发展模式获得了国际合法性和吸引力,向世界表明该党是一个能够将伊斯兰教、议会制民主和现代市场经济体制完美结合起来的政党。

(2)推行仁慈的自由主义。正义与发展党虽然推崇市场经济,但却采取各种措施弥补市场经济所造成的各种弊病,如土政府对贫困和基本需求得不到满足的情况给予了高度重视,从而将市场经济条件下的社会经济分化限制在社会大众可容忍的限度内。

(3)展现自己的"中左翼"立场,作为"中左翼"政党行事。正义与发展党宣称自己是一个保守-民主的政党,愿意将自己定位在中间地带,从而能够联系不同的社会阶层,加强与全球政治社会和欧洲社会的联系,加强在欧洲一体化、外交政策、经济发展和民主治理方面的改革❷。

在上述原则的指导下,土耳其的内部政治在近年来呈现出这样几种比较鲜明的特点。

首先,正义与发展党凭借广泛的政治支持,逐渐扭转了土耳其自建国以来所奉行的世俗主义至上的政治意识形态,从而使伊斯兰教作为一种文化传统和个人信

---

❶ 传递给安卡拉的信息:为什么土耳其是一个令人担忧的经济体[EB/OL].(英)经济学家周刊网站,2012-04-05.

❷ 杨皓.土耳其的现代化、全球化和民主化[J].国外理论动态,2011(5).

仰在土耳其的社会生活中变得日益活跃。从正义与发展党执政实践的角度，该党把打着宗教信仰自由的旗号所造成的伊斯兰教信仰的回潮看做土耳其政治民主化的表现，正义与发展党甚至将土耳其的伊斯兰教称为"民主的伊斯兰教"而不是保守的伊斯兰教。因此，虽然西方社会和土耳其国内对此多有忧虑，却也无可奈何。

其次，与实际上打破世俗主义政治意识形态的现实相适应，土耳其军方主导土耳其政治的局面已经成为过去。近年来，土耳其总理埃尔多安通过多种方式抑制军队对国家政治生活的影响，这使正义与发展党和军队的关系一度相当紧张，然而双方博弈的结果却使埃尔多安的统治更加巩固，军队的许多将领或遭排挤而靠边站，或受到审判而身陷囹圄。

再次，对待奥斯曼帝国历史的态度发生了显著的变化。凯末尔建立土耳其共和国以后，专注于融入西方。为避免刺激邻国，土耳其政府尽量避免在国内政治和对外交往中涉及奥斯曼帝国的历史。然而，正义与发展党改变了以往政策。2009年年初在伊斯坦布尔建成了一座历史博物馆，其中用巨大的 360 度全景画面展示了奥斯曼帝国对君士坦丁堡的征服，扩音器里播放着这场发生于 1453 年的战争中的炮声和喊杀之声❶。

最后，由于拥有相当广泛的政治支持，埃尔多安经常展示出说一不二的强势执政风格，被人非议为狂妄自大的政治家。另外，正义与发展党的反对派也指责埃尔多安及其统治集团不但将伊斯兰教的宗教符号仅仅用于政治目的，而且腐败、任人唯亲、操控媒体和践踏言论自由❷。近年来，随着土耳其经济发展势头的逐渐减弱，对埃尔多安政府的不满则与日俱增。这种不满在上层表现为土耳其司法机构围绕着反腐败问题与埃尔多安政府展开的权力博弈，而在大众社会则表现为 2013年 6 月以来围绕着伊斯坦布尔塔克西姆广场的改造工程所展开的大规模的和持久的民众抗议活动。

---

❶ （德）丹尼尔·施泰因沃思：西线无战事[N].《明镜》周刊,2009-11-16.

❷ （法）巴斯蒂安·德·库尔图瓦.土耳其政权和埃尔多安会受到怎样的影响[N].费加罗报,2013-06-13.

后 记

经过多年的努力,中-南亚地区安全论坛到目前为止已成功举办了六届。在国内数所高校和研究机构的共同打造下,本书(《中-南亚地区安全研究》系列丛书之三)今天和读者们见面了。

众所周知,在国内,中亚和南亚研究属于比较冷门的专业,而从国际政治考量,中亚和南亚又正成为世界大国不断关注的重点地区。深入研究中-南亚地区安全与政治,作出有前瞻性的预测,准确地评估其安全走向等,成为我们义不容辞的责任。

我的想法是:通过编写这本反映近年来中亚、南亚地区安全局势和反恐斗争的专著,在国内发现年轻有为的学者,有意识地培养一支有志于研究中亚和南亚问题的队伍,经过5~10年的努力,有望形成在国内外产生重要影响的学术带头人。

为此,我不断物色国内有发展潜力的年轻学人,时常提出问题并与他们讨论,不断给他们压担子,就是希望我们这个冷门的专业能得到很好的传承,为中国的国际关系研究添砖加瓦。

本书由我提出编写提纲和思路,在各位老师的共同努力下完成。具体编写章节如下。

总　　论:胡志勇

第一章:宫玉涛

第二章:第一节:胡志勇

　　　　第二节:王世达

　　　　第三、四节:胡志勇

第三章:赵隆

第四章:第一、二节:李青燕

第三节:张建成

第四节:李青燕、张建成

第五章:第一节:张文茹

第二节:王彦、沈佳琦、李行、刘沛泽

第三节:卫灵

第四节:张杰、郑海琦

第五节:张文茹、张杰、郑海琦

第六章:第一节:凌胜利

第二节:许娟、卫灵

第三节:陈利君、吴琳、杨凯

第四节:张元

第七章:王鸣野、范红莲

全书最后由胡志勇统稿。

在本书写作过程中得到了论坛理事长杨恕老师、续建宜老师和王鸣野老师的帮助和支持,并得到中国石油大学的资助。

在此表示衷心的感谢!

由于时间有限,书中恐有不当之处,敬请专家和学者批评指正,以便我们在第四集出版时加以改正。

胡志勇

2016 年 8 月于美国夏威夷